영유아교사 인성론

영유아교사 인성론

최애경 · 김혜윤 · 좌승화

KNOWLEDGE COMMUNITY 공동체

Preface

교사라는 직업을 선택하게 되면서, 교사가 되기 전에는 어떻게 하면 좋은 교사가 될 것인가? 교사가 된 이후에는 어떻게 해야 좋은 교사가 될 것인가? 에 대해서 참으로 많은 고민을 했었다. 아이들을 마음 깊이 사랑하고, 격 없이 친하게 지내는 것일까? 어떻게 하면 많은 것을 알려주고, 보여주고, 느끼게 해줄 수 있을까? 어떤 것이 좋은 수업일까? 교사는 무슨 일을 하는 사람일까? 하는 많은 의문들이 꼬리를 물었고, 좋은 교사가 되기 위한 많은 생각으로 마음을 가득 채운 시기가 있었다.

초임교사 시절에는 영유아라는 하얀 도화지를 채워가고, 그들이 스스로 채워갈 수 있는 힘을 길러주는 역할을 하는 사람이 교사라고 생각했었다. 그러나 교사가 되고 경력이 쌓일수록, 영유아들에게 무엇을 주기보다는 오히려 교사가 되고자 하는 자기 자신부터 가득 채우는 것이 중요하다는 것을 깨닫게 되었으며, 그렇게 할수록 좋은 기운을 아이들에게 전해줄 수 있다는 것도 새삼 알게 되었다.

이 책은 교사를 직업으로 선택한 사람들이라면 누구나 갖게 되는 질문에 대한 대답이다. 즉, 교사가 되려면 무엇이 필요할까?라는 질문에서 출발하여 무엇을 갖추어야 하고, 어떤 것을 채워나가야 하는지에 대한 답변이다. 따라서 이 책에서는 교사의 전문적인 자질과 역할뿐만 아니라, 최근 강조되고 있는 교사의 인성 부분을 포함하여 교사교육에 필요한 내용을 최대한 담으려고 노력하였다.

공동 저자들은 좋은 교사가 되고자 하는 예비 영유아교사들에게 도움을 주기 위해 노력하였다. 그리고 유치원교사와 보육교사가 되고자 하는 학생들이 교재로 쉽게 활용할 수 있도록 정리하였다.

이 책은 총 10장으로 구성되어 있다.

1장은 영유아교사와 교직, 2장은 영유아교사의 양성교육과정에 대해 기술하였고, 3장은 영유아교사의 자격과 임용에 대해 다루었다. 4장은 영유아교사의 권리와 의무에 대해 기술하였고, 5장은 영유아교사의 인성을 다루었다. 6장은 영유아교사의 역할과 직무에 대해 다루었고, 7장은 영유아교사의 현직교육을 기술하였다. 8장은 영유아교사의 발달과 전문성에 대해 알아보았고, 9장은 영유아교육기관의 교직문화, 10장은 영유아교사의 인간관계에 대해 기술하였다.

각 장을 집필한 저자들이 나름대로의 일관성을 가지려고 하였지만, 많은 부분에서 만족스럽지 못하고 미흡하다. 아쉬움이 많이 남지만 앞으로 부족한 부분은 보완하고 수정할 것을 약속드린다.

끝으로 출판을 맡아주신 공동체 사장님과 편집부 여러분의 노고에 진심으로 감사드린다.

2023년 10월

저자 일동

Contents

Chapter 01

영유아교사와 교직

1. 영유아교사의 이해
2. 교직의 이해
3. 영유아교사직의 본질

CHAPTER

01 영유아교사와 교직

교사는 교육을 담당하는 교직 전문가로 교육의 대상이 영유아인 영유아교사는 초·중등 교사와는 구별되는 특징이 있다. 또한 교직이란 정신적 노동으로서 고도의 창의력과 고등정신 기능을 요구하는 직업에 해당되며 어느 직업보다도 장기간의 준비기간을 필요로 한다.

따라서 이 장에서는 영유아교사에 대한 이해, 교직에 대한 이해, 영유아교사의 역할과 특성을 중심으로 살펴보고자 한다.

1. 영유아교사의 이해

영유아교사라는 호칭을 이해하기 위해 여기서는 먼저 교사의 정의와 영유아의 개념적 범주를 살펴보고자 한다. 이를 통해 영유아교사의 개념적 의미를 최근 우리나라 교육제도 및 교육기관에서 사용하는 다양한 명칭을 중심으로 살펴보고자 한다.

1) 교사의 개념

교사라는 용어는 직업군의 분류에 따른 사회적 신분을 나타내는 말로 시대의 변천에 따라 '훈장님', '스승', '선생님', '교사', '교원' 등의 다양한 명칭으로 불리어 왔다. '스승'이라는 전통적 의미는 많이 변화되어 오늘날은 스승을 가리켜 '교사'라고 부르고 있다.

현대 이전의 사회에서 스승이란 '도를 깨달은 자', '덕망이 있는 자', '성현의 도를 전하고 학업을 가르쳐 주며 의혹을 풀어주는 자', '학식이 높은 자' 등을 칭하는 용어로 존경과 예의를 표하는 대상이었다(임부연 · 김성숙 · 송진영, 2014).

▲ 어린이집에서 교사가 유아들과 활동하는 모습

오늘날에는 스승이라는 명칭보다는 '선생님'이라는 명칭이 많이 사용되고 있다. 선생님은 나보다 먼저 태어나 배울 것이 있고 도가 앞서는 사람을 칭한다. 즉, 나보다 먼저 태어나 학문을 하는 자로 학식과 덕망이 높아 따르고 존경해야 할 사람으로 이해된다. 이와 같은 전통적 의미를 바탕으로 하여 최근에는 교사의 개념이 다음과 같이 다양하게 정의되고 있다.

- 학생을 가르치는 기관인 학교가 정식으로 생겨나고 국가가 법으로 정하여 허락한 교육기관, 즉 유치원이나 어린이집, 초 · 중등학교에서 소정의 자격을 가지고 학생을 지도하는 사람(이희승 편, 1983)

- 인간의 성장과 발전 또는 개인의 자아실현을 돕고 바람직한 사회구성원으로 적응할 수 있는 인간의 형성을 돕기 위하여 학생들을 가르치는 교육활동에 직접 참여하여 맡은 바 임무를 수행하는 사람(류동훈, 2004)
- 대학의 수준에서 일하든지 유치원의 수준에서 일하든지 간에 가르치는 것을 중점으로 하는 전문가(박은혜, 2012)
- 총체적 인간으로의 바람직한 성장과 변화를 돕는 역할을 하는 사람(박근주 외, 2009)

이처럼 교사에 대한 다양한 설명들은 가르치고 지도하며 이끈다는 의미를 내포하고 있으며, 국가가 정하는 정규 교원양성 과정을 거쳐 교사자격증을 취득해야 한다는 법률적 의미도 지니고 있다.

2) 영유아의 개념

영유아는 영아와 유아를 합친 용어이다. 현재 영유아교육기관에서 일반적으로 사용하는 법령에 따른 영유아의 연령에 대한 정의는 다음과 같다.

■ 영아

'영아'란 출생부터 만 2세까지의 아동을 말한다(영유아보육법 시행규칙 제28조 제1호). 출생 직후의 신생아기를 포함한다.

■ 유아

'유아'란 만 3세부터 초등학교 취학 전까지의 어린이를 말한다(유아교육법 제2조 제1호). 즉, 영아기 이후부터 초등학교 취학 전 아동을 지칭한다.

■ 영유아

'영유아'란 6세 미만의 취학 전 아동을 말한다(영유아보육법 제2조 제1호). 출생 직후의 신생아기부터 취학 이전까지의 아동 범위를 모두 포함한다.

영유아교육의 대상연령은 다양한 관점으로 정의되고 있다. 초등학교에 입학하기 전의 취학 전(preschool) 유아를 지칭하기도 하고, 유치원에 다니는 만 3~5세 유아를 말하기도 한다. 또는 어린이집에 다니는 만 0~5세 유아를 영유아로 보기도 한다.

일반적으로 영유아교육의 대상연령의 범위는 국가가 어떤 교육제도를 채택하고 있는지에 따라 차이가 있다. 우리나라의 경우에는 출생부터 만 5세까지의 유아는 어린이집에 다닐 수 있으며, 만 3세부터 취학 전까지는 유치원에 다닐 수 있는 연령으로 규정하고 있다. 이에 한국유아교육학회(2003)에서는 유아교육을 '출생에서 만 5세까지의 유아를 대상으로 유치원이나 어린이집에서 이루어지고 있는 교육'으로 규정하면서 유아의 개념에 영아를 포함시키고 있다.

3) 영유아교사의 개념

'영유아교사'는 '영아'와 '유아' 그리고 '교사'라는 세 가지의 의미를 함께 가지는 것으로 각각의 개념을 통해 설명될 수 있으며 다음의 그림과 같이 나타낼 수 있다.

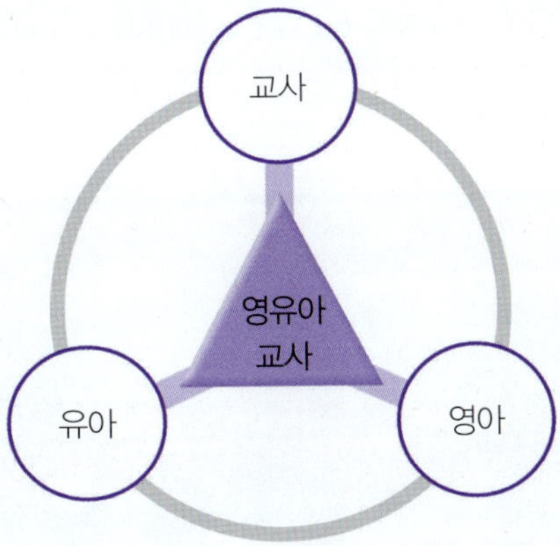

|그림 1-1| 영유아교사에 대한 이해

일반적으로 영유아교사란 '영유아의 보육, 건강관리 및 보호자와의 상담, 그 밖에 어린이집의 관리 · 운영 등의 업무를 담당하면서 일정한 자격을 가지고 만 0세부터 만 5세까지 영유아의 성장과 발달을 위해 보호와 교육서비스를 제공하는 사람'으로 정의할 수 있다. 여기서 영유아교사는 영유아를 돌보고 가르치는 일에 종사하는 모든 교사로 '유치원 교사'와 '어린이집 교사'를 통틀어 말한다.

영유아교사를 지칭하는 말에는 '예비 영유아교사'와 '현직 영유아교사'가 있다. 이를 구분하여 살펴보면 다음과 같다.

(1) 예비 영유아교사

예비 영유아교사(pre-service early childhood teachers)란 일반적으로 영유아교사가 되기 위하여 2년제 이상의 대학이나 보육교사교육원과 같은 교사양성기관에 다니는 학생교사를 말한다. 법령으로 지정된 유치원교사 양성대학이나 교육훈련시설에서 소정의 전공 관련 교과목, 교직과목, 실습교과목 등을 이수하면서 현직교사가 되기 위한 준비과정에 있는 학생을 일컫는다. 즉, 예비 유아교사는 아직 교사자격증을 취득하지 않은 상태로 '직전교육(pre-service)을 받는 자'를 의미한다.

▲ 예비 영유아교사가 모의수업을 하는 모습

(2) 현직 영유아교사

현직 영유아교사(in-service early childhood teachers)는 2년제 이상의 대학이나 교육훈련시설을 졸업하고 국가에서 발행하는 교사자격증을 취득하여 영유아교육기관에 근무하는 교사를 말한다. 즉, 예비 영유아교사 단계인 '직전교사'와 대비하여 '현직교사'라는 용어를 사용한다. 일반적으로 '영유아교사'를 말할 때는 현직 영유아교사를 지칭하므로, 유치원교사와 보육교사 모두를 포함하고 있다.

유치원교사(kindergarten teachers)는 대학에서 교직과목과 전공 관련 교과목을 이수하고, 교육부 장관으로부터 교사자격증을 부여받아 공립 혹은 사립 유치원에서 근무하는 교사를 말한다. 특히 원장이나 원감과 같은 관리자의 보직을 가지지 않은 채 학급운영을 전적으로 책임지는 교사를 말한다.

보육교사(day care center teachers)란 보건복지부의 법령에 따른 보육 관련 교과목과 보육실습을 이수하고 보건복지부 장관으로부터 보육교사 자격증을 취득하여 보건복지부의 관리감독을 받는 다양한 형태의 어린이집에 근무하는 교사를 말한다. 유치원과 마찬가지로 학급을 직접 담당하는 교사를 지칭한다. 예전의 어린이집 교사에게는 교사라는 호칭이 사용되지 않고 '보육시설 종사자'라고 하는 공식적인 호칭이 사용되다가 현재는 '보육교직원'이라는 법적 용어가 사용되고 있다.

이 외에도 현직 영유아교사를 부르는 호칭에는 담임교사, 부장교사, 주임교사, 보조교사 혹은 부담임, 방과후 교사, 인턴교사 등 영유아교육기관의 상황과 특징에 따라 다양한 교사명칭이 사용되고 있다.

▲ 어린이집에서 교사와 영아들이 활동하는 모습

▲ 유아들이 교사와 함께 바깥놀이 활동하는 모습

2. 교직의 이해

'교직'이란 현대사회에서 학교제도가 생겨나면서 만들어진 직업의 하나로 전문직업인의 의미를 가진다. 특히 현대사회에서 교직이란 법령에 따라 국가가 공인한 교육기관에서 교수행위를 업으로 하는 직업을 통칭하는 용어로 교사,

교육행정가, 교육 연구가 등 교육과 관계가 많은 사람을 포괄하는 개념으로 가르치는 일에 종사하는 직업을 총괄적으로 뜻한다(이영애 · 이정욱 · 이금구, 2015).

따라서 교직에 대한 이해를 위해 여기서는 교직의 개념, 교직의 특징, 교직관 등을 중심으로 살펴보고자 한다. 직업이라는 측면에서 교직의 개념과 본질을 구분하여 살펴본 후 교직의 특징과 교직관에 대해 살펴보겠다.

1) 교직의 개념

교직이란 국가가 공인한 교육기관에서 교수행위를 업으로 하는 직업을 통칭한다. 여기서 직업이란 인간의 욕구를 충족시키는 수단으로서 의미를 가진다. 인간은 자신의 욕구를 충족시켜 나가는 존재이며 이를 위해 직업을 가진다. 인간의 욕구는 가장 낮은 차원의 욕구로부터 고차적인 욕구를 성취하려는 것이며, 직업은 인간의 가장 기본적인 욕구인 생리적인 욕구와 안정의 욕구를 해결할 수 있는 수단이 된다. 이와 더불어 직업이란 자신에게 주어진 과업을 수행함으로써 다른 사람으로부터 사랑받고 인정을 받으며 높이 평가받을 수 있는 기회가 되기도 한다. 이처럼 직업은 가족이나 사회를 위해 기여하고 공헌한다는 것으로 자기의 존재이유를 확증하게 되며 이를 통하여 인간은 자아실현이라는 욕구를 충족하게 된다.

세상에는 10만여 종의 직업이 존재하며 시대의 변천에 따라 직업의 종류도 다양해지고 있다. 우리나라의 경우에도 약 12,000여 개의 직업이 존재하며 경제활동을 위해 개인이 하고 있는 일의 형태에 따라 표준직업을 크게 10가지 직업군으로 분류하고 있다. 한국표준직업분류는 직능수준을 기준으로 국제표준직업분류에 근거하여 제정되었기 때문에 국제표준직업분류와도 매우 유사한 성격을 가지고 있다. 현재 우리나라에 존재하는 직업군은 다음과 같다(통계청, 2007).

〈표 1-1〉 한국표준직업분류

대분류		주요 업무	중분류	소분류	세분류
1	관리자	의회의원처럼 공동체를 대리하여 법률이나 규칙을 제정하거나 정부조직의 장으로서 정부를 대표·대리하며 정부 및 공공 또는 이익단체의 정책을 결정하고 이에 대해 지휘·조정한다.	공공 및 기업 고위직 외 4분류	의회의원·고위공무원 및 공공단체임원 외 14분류	의회의원·고위공무원 및 공공단체임원 외 24분류
2	전문가 및 관련 종사자	주로 자료분석과 관련된 직종으로 다양한 분야에서 높은 수준의 전문지식과 경험을 기초로 한다. 전문지식을 이용하여 해당 분야를 연구하고 새로운 상품이나 서비스를 개발하고 적용한다.	과학 전문가 및 관련직 외 8분류	생명 및 자연과학 관련 전문가 외 40분류	생명과학 연구원 외 52분류
3	사무 종사자	관리자, 전문가 및 관련 종사자를 보조하여 경영 방침에 의해 사업계획을 입안하고 계획에 따라 업무추진을 수행한다. 또한 금전취급 활동, 법률 및 감사, 상담 및 통계와 관련하여 사무적인 업무도 수행한다.	경영 및 회계 관련 사무직 외 3분류	행정사무원 외 8분류	조세행정사무원 외 25분류
4	서비스 종사자	공공안전, 신변보호, 의료·복지보조, 이·미용, 혼례·장례, 운송, 여가·스포츠, 조리·음식에 관련하여 대인보호 및 서비스를 제공하는 업무를 수행한다.	경찰·소방 및 보안 관련 서비스직 외 3분류	경찰·소방 및 교도 관련 종사자 외 9분류	경찰관 외 32분류

5	판매 종사자	상품에 대한 영업활동을 하거나 인터넷 및 통신, 또는 상점이나 거리 등에서 상품 판매 및 임대를 한다. 상품을 광고하거나 품질과 기능을 선전하는 등의 활동뿐만 아니라 매장에서 계산하는 활동도 수행한다.	영업직 외 2분류	영업종사자 외 3분류	자동차 영업원 외 12분류
6	농림 어업 숙련 종사자	자기 계획과 판단에 따라 농산물, 임산물 및 수산물의 생산에 필요한 지식과 경험을 기초로 전답작물 또는 과수작물을 재배 · 수확하고 동물을 번식 · 사육하며 산림을 경작, 보존 및 개발한다. 또한 물고기의 번식 및 채취 또는 기타 형태의 수생 동식물을 양식 · 채취하는 업무를 수행한다.	농 · 축산 숙련직 외 2분류	작물재배 종사자 외 4분류	곡식작물 재배원 외 11분류
7	기능원 및 관련 기능 종사자	자동화된 기계의 발전에 따라 사람의 직무영역이 축소되는 추세이지만, 생산과정의 모든 공정과 사용되는 재료나 최종 제품에 관련된 내용은 사람이 파악하여야 하기 때문에 기계의 성능 못지않게 사람의 기능도 중요한 역할을 한다.	식품가공 관련 기능직 외 8분류	식품가공 관련 기능종사자 외 19분류	제빵원 및 제과원 외 72분류
8	장치 · 기계 조작 및 조립 종사자	장치 · 기계조작 및 조립 종사자는 대규모적이고 때로는 고도의 자동화된 산업용 기계 및 장비를 조작하고 부분품을 가지고 제품을 조립하는 업무를 한다.	식품가공 관련 기계조작직 외 8분류	식품가공 관련 기계조작원 외 30분류	제분 및 도정 관련 기계조작원 외 64분류

9	단순 노무 종사자	주로 수공구의 사용과 단순하고 일상적인 업무를 한다. 업무수행에 필요한 창의와 판단능력은 제한적이고, 어떤 경우에는 상당한 육체적 노력이 요구된다.	건설 및 광업 관련 단순노무직 외 5분류	건설 및 광업 단순종사원 외 11분류	건설 및 광업 단순종사원 외 23분류
A	군인	의무 복무 중인 사병, 단기부사관, 장교를 제외하고 현대 군인신분을 유지하고 있는 직업군인을 말한다. 직업정보 취득의 제약 등 특수 분야이므로 직무를 기준으로 분류하는 것이 아니라 계급을 중심으로 분류한다(소 · 중 · 대령, 준 · 소 · 중 · 대장, 중위, 소위, 준위, 장기 부사관, 부사관).	군인	장교 외 1분류	영관급 이상 외 2분류

출처 : 통계청(2007).

한국표준직업분류에 따르면, 직업항목은 대분류 10개, 중분류 52개, 소분류 149개, 세분류 426개, 세세분류 1,206개로 나누어져 있다. 한국표준직업분류에 따른 유치원교사, 보육교사, 초등학교 교사의 직업을 비교해 보면, 유치원교사와 보육교사 및 초등학교 교사는 모두 대분류의 '전문가 및 관련 종사자'로 분류된다. 좀 더 구체적으로 살펴보면 초등학교 교사와 유치원교사는 전문가 중에서도 교육전문가 및 관련직으로 동일하게 분류되어 있는 반면, 보육교사는 보건 · 사회복지 및 종교 관련직으로 분류되어 있어 초등학교 교사나 유치원교사와는 다른 직업군에 속해져 있다. 그러나 초등학교 교사와 유치원교사가 같은 교육전문가 및 관련직에 속하고는 있지만 초등학교는 학교로 분류되는 반면, 유치원은 학교급으로 분류되지 않고 있다는 점에서 차이를 나타내고 있다

(신은수 · 안부금 · 이선명, 2014). 이는 모두 대분류 2의 전문가 그룹에 속하는 것으로, 이를 상세히 살펴보면 다음과 같다.

〈표 1-2〉 전문가 및 관련 종사자(대분류 2) 직업분류표

<table>
<tr><th colspan="2">대분류</th><th>중분류</th><th>소분류</th><th>세분류</th></tr>
<tr><td rowspan="19">2</td><td rowspan="19">전문가
및
관련
종사자</td><td>과학 전문가 및 관련직</td><td rowspan="3">…</td><td rowspan="3">…</td></tr>
<tr><td>정보통신 전문가 및 기술직</td></tr>
<tr><td>공학 전문가 및 기술직</td></tr>
<tr><td rowspan="8">보건 · 사회복지 및 종교 관련직</td><td>의료진료 전문가</td><td rowspan="8">– 사회복지사
– 보육교사
– 직업상담사 및 취업알선원
– 상담전문가 및 청소년지도사
– 시민단체 활동가
– 기타 사회복지 관련 종사원</td></tr>
<tr><td>약사 및 한약사</td></tr>
<tr><td>간호사</td></tr>
<tr><td>영양사</td></tr>
<tr><td>치료사 및 의료기사</td></tr>
<tr><td>보건의료 관련 종사자</td></tr>
<tr><td>사회복지 관련 종사자 →</td></tr>
<tr><td>종교 관련 종사자</td></tr>
<tr><td rowspan="5">교육 전문가 및 관련직</td><td>대학교수 및 강사</td><td rowspan="2">중 · 고등학교 교사
초등학교 교사
특수학교 교사</td></tr>
<tr><td>학교 교사 →</td></tr>
<tr><td>유치원교사 →</td><td>유치원교사</td></tr>
<tr><td>문리 · 기술 및 예능 강사</td><td rowspan="2">…</td></tr>
<tr><td>기타 교육 전문가</td></tr>
<tr><td>법률 및 행정 전문직</td><td rowspan="3">…</td><td rowspan="3">…</td></tr>
<tr><td>경영 · 금융 전문가 및 관련직</td></tr>
<tr><td>문화 · 예술 · 스포츠 전문가 및 관련직</td></tr>
</table>

예전에는 보육교사의 직업분류가 대분류에서 전문가가 아닌 서비스 및 판매 종사자로 분류되고, 중분류에서 보육종사자로 분류되었다가 2007년 제6차 개정에서 한국직업표준분류의 대분류인 전문가 직종으로 변경되었다. 그러나 중분류에서는 유치원교사를 교육 전문가군으로 보육교사를 보건복지로 구분하고 있어 같은 직업군에 속하지 않지만 동일 연령의 유아를 돌보고 기능이 유사하므로 유아교사로 통칭하는 경향이 있다.

한편 최근 우리 사회에서 공교육과 더불어 사교육이 활성화되면서 어학 및 예체능 분야의 학원강사의 명칭도 교사라고 지칭되고 있다. 한국표준직업분류에 따르면, 학원강사의 경우 대분류는 전문직으로 분류되어 있으나 소분류에서 문리 · 기술 및 예능 강사에 포함되어 있다.

질 높은 교육내용 및 교육환경과 우수한 학생이 있더라도 학생을 올바르게 지도하고 교육내용을 실행하기 위해서는 교사의 자질과 전문성을 갖춘 질 높은 교사의 역할은 매우 중요하다. 이러한 교육활동에 핵심적인 역할을 하는 교사는 일반적으로 가르치는 사람을 뜻하며, 인간의 성장과 발달 또는 개인의 자아실현을 도와 바람직한 사회인이 될 수 있도록 임무를 수행하는 사람들이다. 이러한 교사들이 몸담아 일하는 직종이 바로 교직이며, 교육현장에서 학생들을 가르치는 임무를 수행하는 직종이 바로 교직이다(이윤식 외, 2007).

2) 교직의 특징

인간은 누구나 의식주 문제를 해결하기 위해 경제활동에 종사하게 되며, 이를 직업이라고 한다. 이러한 직업을 통하여 자신과 가족이 생계를 유지하고 자신의 능력을 발휘함으로써 자아를 발견하며 사회 속에서 자기를 실현하는 것이다.

이 사회에는 직업의 종류가 수없이 많다. 일반적으로 볼 때 육체노동을 요구하는 직업과 정신노동을 요구하는 직업이 있다. 또한 기계적으로 단순하며 반복적인 업무가 있는가 하면 고도의 창의력이나 고등정신 기능을 요구하는 직업도 있다. 이러한 점에서 교직은 정신적 노동으로 고도의 창의력과 고등정신 기능을 요구하는 직업에 해당된다.

교직은 다른 직업과 공통적인 측면도 있으나 대체로 장기간의 준비기간을 필요로 하며 교직만이 가지는 특징이 있다. 교사가 자신의 업무를 성공적으로 수행하기 위해서는 교직의 특징에 대해 제대로 인식해야 한다. 따라서 교사는 교직의 특수성을 이해하고 교직수행에 요구되는 전문성을 갖추도록 부단히 노력해야 할 것이다. 일반적으로 교직만의 직업적 특징의 공통점을 정리하여 살펴보면 다음과 같다(염지숙 외, 2014; 이영애 · 이정욱 · 이금구, 2015; 한국교원단체총연합회, 1997).

(1) 교직은 인간을 대상으로 하는 직업이다

교사는 인간을 대상으로 하는 직업이며 영유아교사는 그중에서도 가장 어린 영유아와 그 부모를 대상으로 하는 직업이다. 사람을 다루는 직업이므로 감정과 느낌이 있으며, 의사소통을 해야 하므로 인간의 신체적 · 정서적 · 인지적 · 언어적 · 사회적 발달 특성에 대한 기본적인 이해를 필요로 한다. 인간의 성장과 발달에 대한 다양한 이론들이 인간의 특성을 설명하고자 노력하고 있지만 어떠한 이론도 완벽하게 설명하지는 못한다. 그러므로 인간을 대상으로 하는 교직에 몸담은 교사는 서로가 서로를 이해하기 위한 자세와 따뜻하게 대하는 마음을 지녀야 할 것이다.

(2) 교직은 인간의 전인발달에 관심을 가지는 직업이다

의사나 법률가 등의 직업은 인간을 대상으로 병적인 증상이나 법률적인 측면 등 특정한 부분만을 다루는 것에 비해 교사는 아직 성장과 발달이 완성되지 않은 교육대상자, 즉 미성숙자인 유아나 학생을 대상으로 한다. 즉, 미성숙한 학생들이 건전하고 이성적이며 건강한 정신을 가진 전인적인 인간으로 성장해 나갈 수 있도록 교사는 이들의 조화로운 성장 발달을 지원하고 교육하는 업무를 담당한다.

(3) 교직은 미성숙자를 대상으로 하는 직업이다

인간을 대상으로 하는 직업 중에서 교직은 아직 성숙하지 않은 인간, 즉 미성숙한 인간을 대상으로 훌륭한 인간상을 갖추도록 도와주는 직업이다. 이처럼 교직은 발달 가능성이 많으며 미성숙한 인간을 대상으로 하기 때문에 고도의 전문성과 높은 윤리관이 요구되는 직업이다. 여기서 '미성숙'이란 모자라거나 부족하다는 의미보다는 '가소성(plasticity)'을 의미하는 것으로 앞으로 성장할 가능성과 유연성이 매우 풍부하다는 의미로 이해되어야 한다. 특히 영유아교사가 대상으로 하는 영유아기는 가소성이 크므로 교사는 영유아를 무한한 가능성을 지닌 한 인간으로 인식하고 영유아 중심의 교수활동을 실행해야 할 것이다.

(4) 교직은 봉사직이다

교직도 개인의 경제생활을 영위하기 위한 수단으로 가지는 직업의 일종이지만 다른 직업과는 달리 물질적 · 경제적인 보상을 추구하기보다는 국가와 사회에 대한 소명의식과 헌신적인 자세가 필요한 직업이다. 교사는 수업 이외에도

영유아의 영양상태, 학부모 상담, 가정환경에 대한 배려, 특별한 요구에 대한 배려 등 다양한 역할수행을 필요로 하는 봉사직이다. 영유아의 마음과 심리상태를 고려하면서 어려운 감정노동을 수행해야 하는 교직의 특성으로 인해 교직은 특별한 사명감과 소명의식 없이 수행하기 어려운 직업이다.

(5) 교직은 사회와 국가, 민족에 지대한 영향을 미치는 직업이다

교직은 피교육자인 학생에게 관심을 가져야 하는 동시에 그들이 성장하여 올바른 사회구성원인 민주시민으로 성장할 수 있도록 지원하는 직업이다. 교직은 단순히 한 개인을 교육하는 것과 동시에 사회구성원으로서 국가 발전에 기여할 초석을 다지는 역할을 하므로 국가나 민족의 장래에 대하여 지대한 영향을 미치는 공적인 업무의 성격을 지닌다. 따라서 교사는 한 교실 안에서 제한된 교육활동을 전개하지만 궁극적으로는 국가와 사회의 발전에 이바지할 인재를 양성하고 인류의 문화발전을 계승할 미래사회의 인재를 양성한다는 점에서 공공성과 인류공영에 공헌하는 직업이다.

(6) 교직은 전문직이다

교직은 다른 전문직과 같이 장기간에 걸친 준비 교육과 계속적인 연구를 필요로 하며, 가르치는 내용에 대한 지적 능력, 교육대상자에 대한 이해, 그 내용을 전수하는 특별한 기술, 전인격적인 가르침을 행하는 노력 등이 필요한 전문직이다. 또한 교직은 고도의 정신노동과 창의력을 필요로 하기 때문에 교직수행을 위해서는 계속적으로 연구해야 하는 직업이다. 무엇보다도 교사가 된 후에도 각종 연수 등에 참여하여 자기 계발과 자아 성장을 위하여 노력해야 한다.

(7) 교직은 청빈과 윤리성을 요하는 직업이다

교직은 단순히 생계유지나 경제적인 부를 추구하는 직업과는 차별성을 가지는 직업으로 기존의 다른 직업에 비해 높은 도덕성이 요구되는 직업이다. 교직은 학생의 모범이 되어야 하므로 청빈과 윤리성을 요하며 교육자로서의 품위를 유지해야 한다.

이상과 같은 교직의 특성들 이외에 무엇보다도 가르칠 때 하는 일과 배울 때 하는 일의 성격이 동일하다는 점이 다른 어떤 직종과도 차이가 있는 전문성을 지닌다. 교직은 다른 일반직과 달리 깊은 이론적 뒷받침과 교수법 관련 기술이 필요한데, 이것은 전문직으로서의 교직의 특성이다. 전문직이 지니는 특징에 비추어 교직의 전문성을 다음과 같이 기술할 수 있다(서울대학교 교육연구소, 1995).

- 고도로 체계화되고 일반화된 지식과 기술을 요구하고 있다. 즉, 가르치는 일은 단순한 지식의 전수가 아니고 인간 개발을 꾀하는 활동이기 때문에 강력한 이론적 뒷받침 없이는 소기의 목적을 달성하기 어렵다.
- 교사가 되려면 누구나 장기간의 전문적 교육과 훈련을 받아야 한다.
- 사회봉사를 위한 봉사적 기능을 띠고 있다. 즉, 교직은 개인적 성장이나 영달보다는 남을 위한 봉사의 직업으로 여겨지고 있다.
- 교직에 종사하기 위해서는 높은 수준의 지적 · 도덕적 · 인격적 표준에 도달해야 한다.
- 교사는 그들이 윤리강령에 의해 다스려지고 있다.
- 교직자는 전문적 자치단체를 조직할 수 있다. 교사는 교직의 발전이나 사회적 지위향상을 위한 집단적 노력의 일환으로 전문적 자치기구인 교직

단체를 만들어 전문성 신장을 꾀하고 있다.

- 교직은 다른 전문직과 달리 미성숙한 인간을 대상으로 하고 있다.

3) 교직관

교직관이란 교직이라는 직업의 본질을 어떻게 이해하는지의 문제이며 교직 또는 교원 직무의 기본성격을 어떻게 파악하는지에 관련되어 있는 개념이다. 즉, 교육의 본질과 성격에 대한 기본적인 관점이 교육관인 것처럼 교직관이란 교직의 본질과 성격을 어떻게 이해하고 인식하는지에 대한 관점을 의미한다. 여기에는 인지적 측면, 정서적 측면, 신체적 측면 등 교직을 개념화하는 데 있어 다양한 견해가 종합적으로 포함될 수 있다(김순옥, 2003). 교육의 본질에 대한 다양한 관점인 교직관은 교직의 존재 가치, 의미, 목적 등에 관하여 학생, 교사, 학부모들이 가지고 있는 사고방식을 의미하는 것으로 교사와 교직이 어떻게 기능하기를 기대하는 일종의 역할 기대라고 할 수 있다(황기우, 2005).

그렇다면 이러한 교직은 어떠한 관점으로 이해될 수 있는가? 교직에 대한 관점은 다양하게 논의될 수 있지만 성직으로서의 교직, 노동직으로서의 교직, 전문직으로서의 교직, 생명인으로서의 교직관으로 나누어서 살펴보면 다음과 같다(권미량 외, 2015; 김은주 · 권미량, 2008).

(1) 성직자관

교직을 성직으로 보는 관점은 가장 전통적인 관점이다. 성직으로서의 교직은 정신적인 봉사활동을 강조하는 직업관으로 교직을 경외와 존중의 대상으로 본다. 이러한 입장에서 교직이란 사랑과 헌신에 기반을 둔 소명의식을 가지고 있어야 한다. 따라서 교사는 영유아들의 영혼과 정신을 다루며 단순한 지식과 기술보다는 참다운 인격을 형성시키는 사람이다. 성직관을 가장 잘 대표하는 말로 '군사부일체'라든지 '스승의 그림자를 밟지 않는다'와 같은 말을 예로 들 수 있다.

이 관점에서 보는 교직은 경제적 이익이나 보수와 같은 세속적인 기준에 따라 임하는 것이 아니라 높은 이상을 추구하며 끊임없이 헌신과 봉사로서 역할에 전념하기를 기대한다.

(2) 노동직관

노동직으로서의 교직관은 교사도 생계를 유지하기 위해 직업을 가지게 된다는 관점이다. 노동을 함으로써 인간의 생계를 유지하게 되는 현대사회 구조에서 출발한 교직관이라고 볼 수 있다. 이러한 측면에서 교직을 노동을 통해 삶을 유지해 가는 하나의 수단으로 여기므로 교사도 노동의 대가로 보수를 받기 때문에 노동의 강도에 맞게 적절한 처우와 보상을 요구할 수도 있다. 따라서 교사도 보수와 근무조건의 개선을 위하여 노동조합을 결성한다거나 단체행동으로 권익을 쟁취하기 위한 활동을 할 수 있다.

그러나 교사는 현실적으로 피고용자이며, 또한 교육 자체가 국가임무의 일부이기 때문에 교사의 교육노동이 고용자인 국가나 사학재단의 의지와 결정에 따르는 경향이 많다. 근본적으로 교사의 교육노동은 전문직으로서의 자율노동의 문제와 피고용자로서의 종속노동이라는 이율배반적인 모순을 동시에 내포하고 있다고 볼 수 있겠다.

(3) 전문직관

교사를 단순히 세속직이나 노동자가 아니라 의사나 변호사와 같이 지식이 높은 전문적 직업인으로 보는 관점이다. 따라서 전문직으로서의 교직관은 전문적인 지식과 기술을 필요로 하는 직업으로서 교직을 바라보게 된다. 교직은 전문직이 가지는 일반적인 특성을 포함하며, 전문적 서비스 기능을 담당한다고 보는 관점이다. 여기서 전문성이란 자신의 일에 대한 신념, 오랜 기간 자신의 직업에 헌신하는 태도, 전문가로서 지니고 있는 지식에 의해 결정할 자유가 있다는 믿음 등의 태도와 행동을 포함하고 있다(이은화 · 배소연 · 조부경, 2001). 즉, 전문직은 사회적 필요, 이타주의, 자율과 윤리, 객관성, 전문화된 지식과 같은 특성을 포함하는 직업에 종사하는 사람을 의미한다고 볼 수 있다.

이러한 전문직으로서의 교직은 특별한 교육과 자격을 소유하게 되는데 자율성과 더불어 책임을 가지게 되며 이에 상응하는 권리와 사회적 지위를 법적으로 보장받게 된다.

(4) 생명인관

생명인으로서의 교직관은 교사를 자연인으로서 영유아와 더불어 삶을 나누는 생명인으로 보는 관점이다. 이러한 생명인으로서의 교사는 단지 영유아의 인지적 능력뿐만 아니라 몸, 마음, 영혼을 돌보며 나아가 함께 살아가는 교육 공동체의 일원으로 본다. 따라서 교사는 자연, 영유아, 사회적 환경과의 관계 속에서 생명인으로서의 자기관리 및 관계맺기를 해나가게 된다. 이러한 생명인으로서의 교직관은 어머니나 농부의 마음으로 생명을 섬기고, 관계를 돌보며, 삶을 보듬는 과정을 내포한 교사상을 지니게 된다.

그러나 현대사회로 진입하면서 교직관은 전문성을 강조하고 있으며 교직은 직업으로서의 의미를 더 많이 가지게 되었다. 이러한 변화 가운데 교직이 성직인지, 노동직인지, 전문직인지에 대한 논의를 한마디로 규정짓기는 어려운 실정이다. 왜냐하면 교직은 일반적으로 법학, 의학 등과 같은 높은 수준의 학식을 요구하는 직업들의 전문성과 더불어 전통적으로 성직으로서의 특성을 함께 요구해 왔고, 실제로도 봉사와 헌신이라는 개념을 많이 내포하고 있기 때문이다.

따라서 교직이라는 것은 일반적 직업군으로서의 전문직과 구별되는 특성에 대한 이해가 필요하다. 교직은 인간의 생명을 다루는 직업이며 한 생명의 몸, 마음, 영혼과 더불어 삶을 나누는 직업이기 때문에 이에 대한 심층적 성찰이 필요하다고 볼 수 있다. 이에 교사와 영유아를 교수자와 학습자로 분리된 개념이 아니라 하나의 교육공동체 안에서 함께 살아가는 '생명인'으로서의 새로운 교직관으로 제시할 수 있겠다(김은주 · 권미량, 2008).

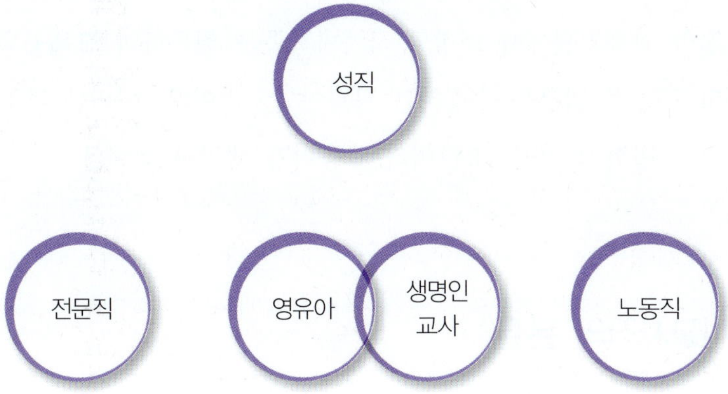

|그림 1-2| 교직에 대한 다양한 관점들

이에 반해 고 전(1997)은 교직의 전문성, 근로성, 공공성 및 인격성을 첨가하여 교직관을 다음과 같이 정리하였다.

〈표 1-3〉 교직관

교직관	교사의 지위유형	교직의 본질	교사의 지위명칭	교사의 지위기능
성 직	인격자	인격성(윤리성)	스승(선생)	본질적 지위
전문직	전문가	전문성(자율성)	교육자(교사)	
공 직	공직자	공공성	교원(교육공무원)	수단적 지위
노동직	근로자	근로성	교육근로자 (교육노동자)	

여기서 공직관은 교직이 가지는 법적 지위와 자격을 강조한 관점이다. 왜냐하면 교직은 헌법에 보장된 국민의 교육받을 권리를 보장하려는 목적을 가지고 있어 공공성을 지닌 직업이기 때문이다. 공직으로서 교사를 보는 관점은 국가에서 정한 교육기관에서 소정의 국가자격증을 취득하여 교육공무원의 지위를 가지고 공공적 업무를 수행하는 자로 보는 것이다. 이러한 관점에서 교사를 지칭하는 법적 용어인 '교원'이라는 용어가 생겨난 것이다.

3. 영유아교사직의 본질

영유아교사는 교육의 대상이 미성숙 단계의 유아나 학생을 대상으로 하므로 그 역할과 특징이 초·중등학교 교사의 역할과는 구별된다. 영유아교사의 다양한 역할과 특성, 영유아교육기관의 교직 문화 및 초임교사의 교직 적응 등을 중심으로 영유아교사직의 본질을 살펴보고자 한다.

1) 영유아교사의 역할

영유아교사의 역할이란 영유아에게 요구되는 보호와 교육이 수행 가능하도록 사회나 조직에서 교사에게 기대하는 행동유형 및 활동수준이라고 볼 수 있다. 우리나라의 경우 유치원에서는 교육의 역할이 좀 더 강조되어 왔고, 어린이집에서는 보호의 역할이 좀 더 강조되어 왔다고 할 수 있다. 그러나 최근에 들어서는 3~5세 연령별 누리과정이 유치원과 어린이집에 동시에 도입되면서 이러한 구분이 약해져 두 기관이 유사한 역할을 하고 있다.

사실 영유아교사를 대표하는 광의의 역할로는 양육자로서의 돌봄의 역할과 교육자로서 지적 학습제공자로서의 역할이 동시에 이루어져야 하는 특징을 가지고 있다(박근주 외, 2009). 이에 영유아교사의 역할을 양육자와 교육자로 구분하여 살펴보고자 한다.

(1) 양육자로서 돌봄의 역할

영유아들이 교사와 밀접한 상호관계를 경험하는 경우, 그들은 교사와 친밀한 관계를 형성하게 된다. 영유아들은 집에서 부모와 애정관계를 형성하는 것처럼 영유아교사와도 이와 유사한 애착관계를 형성할 수 있다. 따라서 교사들은 영유아들과 더 밀접한 관계를 맺으면서 세심하고 지속적인 태도를 지녀야 할 것이다.

교사와 영유아가 친밀한 관계를 형성한다고 해서 영유아와 엄마의 관계가 훼손되지는 않는다. 영유아가 자신의 엄마와 안정적인 관계를 맺지 못하는 경우에는 영유아교사와의 관계에서 위로를 받을 수 있으므로 교사는 영유아와 확고한 애착관계 형성을 위해 노력해야 할 것이다. 왜냐하면 교사와의 애착형성은 가정에서 엄마와 불안정한 관계를 보충하는 데 도움을 주기 때문이다(박근주 외, 2009).

이와 같은 애착형성의 역할 외에도 영유아교사는 다음과 같은 다양한 역할을 수행해야 한다(임부연 · 김성숙 · 송진영, 2014).

첫째, 영유아교사는 사랑과 배려를 근간으로 하여 영유아를 돌보아야 한다. 영유아교사는 자신의 몸이 아파도 등원하는 영유아를 웃음으로 맞아야 하는 등 사랑과 웃음을 지니고 영유아를 돌보는 역할을 수행해야 한다.

둘째, 영유아는 집에서 하루를 보내는 것처럼 교실에서 밥을 먹고 낮잠을 자고 배변훈련을 하는 등의 일상생활을 하기 때문에 교사는 생활과 교육을 구별하지 않고 교사역할을 해야 한다.

셋째, 영유아교사는 영유아가 싸우거나 규칙을 지키지 않았을 때에도 잘못을 따지기에 앞서 영유아의 속상한 마음을 헤아려 주고 어루만져 주어야 하는 감정노동자의 역할을 수행해야 한다.

(2) 교육자로서 가르침의 역할

영유아교사의 중요한 역할은 돌봄과 보호를 근간으로 한 가르치는 일이다. 영유아들의 전인적인 발달을 도모하기 위하여 교사는 흥미로운 교수-학습 매체와 발달에 적합한 교육활동을 제공해야 할 것이다.

연구에 따르면, 영유아교육기관에서 다양하고 풍부한 언어적 교육환경은 영유아들의 언어능력과 인지능력 향상에 긍정적인 영향을 미치는 것으로 나타났다. 이러한 결과는 장기적인 영향력을 지니고 있어 이후 학교생활에서 학습능력, 호기심, 언어능력이 지속적으로 높게 나타났다. 또한 영유아교육기관에서 교사의 적극적인 교육환경 제공과 가르침이 그들의 사회성 발달에도 긍정적인 영향을 미쳐 또래 및 성인과 관계형성이 용이하며, 리더십과 언어능력이 우수한 리더로 성장하는 데 중요한 역할을 한 것으로 나타났다(박근주 외, 2009).

이처럼 교사들은 영유아의 전인적 발달을 도모하기 위해 교육자로서의 역할을 담당한다. 사실 교사들은 대부분의 시간을 교육과정 계획과 운영을 위해 사용한다. 따라서 교사는 많은 전문적인 이론적 지식과 실천적 지식을 교사양성 과정에서뿐만 아니라 연수 및 장학 등의 현직교육을 통해 쌓아야 한다.

영유아교사들이 이와 같은 교육자로서의 역할을 수행해 나가면서 가지게 되는 몇 가지 특성이 있다. 이를 불확실성, 동시성, 딜레마를 중심으로 살펴보면 다음과 같다(박은혜, 2012; 임부연 · 김성수 · 송진영, 2014).

▪ 불확실성

가르치는 일의 과정은 교사도 학습자도 모두 다음에 일어날 일에 대해 예언할 수 없으며, 계획은 미리 하지만 항상 계획대로 진행되는 것이 아니다. 교육은 예기하지 않은 상황 속에서 성취기회가 발현적으로 일어나기 때문에 가르치는 일은 역동적이다. 왜냐하면 가르치는 일은 교육목표와 교육계획을 바탕으로 이루어지지만 교사와 학습자 간의 예측하기 어려운 상황이 자주 발생하기 때문이다. 이러한 측면에서 교사의 역할은 불확실성을 지니고 있다고 볼 수 있다.

▪ 동시성

영유아교사는 한 교실에서 일어나는 영유아들의 다양한 요구를 동시에 받아들이고 해결하는 역할을 수행해야 한다. 영유아교사는 서로 다른 발달적 특성과 흥미를 가진 영유아 20여 명 이상을 동시에 가르치고, 교육활동 중에 발생하는 돌보기, 문제해결, 갈등해소, 안전문제 등에 다각적으로 살펴야 한다. 즉, 한 교실에 있는 영유아들이 각자 하는 행동과 또 이들이 서로 상호작용하는 행동들은 동시에 발생하기 때문에 복잡한 상황에 적절하게 대응하는 역할이 교사에게 필수적으로 요구된다.

- 딜레마

영유아교사는 교육활동에서 다양한 문제로 인해 도덕적 갈등과 윤리적 딜레마를 겪게 된다. 예를 들어, 문제행동을 자주 하여 수업활동을 방해하는 영유아가 있을 경우 교사는 인내심과 사랑을 가지고 지도하지만 자신이 맡고 있는 다른 영유아들에 대한 관심과 요구를 어떻게 절충할지는 어려운 판단이라고 할 수 있다. 왜냐하면 문제행동을 하는 영유아를 지속적으로 지도하여 성공적인 유치원 활동을 하도록 돕는 일도 중요하지만 교사를 지치게 하고 힘들게 하는 영유아에 대한 긴밀한 관심과 지도로 인해 다른 영유아에게 소홀해질 수도 있다는 균형성의 문제가 항상 존재하기 때문이다. 딜레마 상황에서 하나의 정답을 찾는다는 것은 불가능하므로 최선을 다하여 많은 사람들에게 최선의 이익이 될 수 있는 의사결정을 하는 것만이 있을 뿐이다.

이상에서 살펴본 바와 같이 교육자로서 가르치는 역할은 매우 역동적이며 불확실하고 동시다발적이라는 특징이 있다. 학자들은 영유아교사의 돌봄과 가르침의 역할 유형 외에 다양한 역할을 제시하고 있는데, 영유아교육기관의 교사 역할에 대해 '돌봄' 혹은 '보호'에 초점을 두던 과거와는 달리 점차 '보호'와 '교육' 모두를 포함하는 다양한 역할을 강조하는 입장으로 변화하는 경향이 있다. 특히 최근에는 다양한 상황에서 전문적인 결정을 내릴 수 있는 능력이 강조되고 있으며 여러 학자들이 제시한 영유아교사의 역할을 정리해 보면 〈표 1-4〉와 같다.

〈표 1-4〉 영유아교사의 다양한 역할 유형

학 자	영유아교사의 역할
이연섭(1984)	• 양육자 • 안내자 • 교수자 • 의사결정자
Spodek(1985)	• 양육 역할 • 교수 역할 • 관련적 역할
이정환(1999)	• 보호 및 양육자 • 상호작용자 • 학습 촉진자 • 의사결정자
이영애 · 이정욱 · 이금구(2015)	• 교육과정 설계자 • 일과계획 및 수행자 • 상담자 및 조언자 • 연구자

2) 영유아교사의 특성

영유아교사의 직업적 역할과는 다른 관점에서 영유아 교직만이 가지는 특성을 몇 가지 추가로 생각해 볼 수 있다. 여기서는 교직으로서의 영유아교사의 특성을 카츠와 고핀(Katz & Goffin, 1990)이 설명한 내용을 중심으로 정리하고자 한다.

- 영유아교사는 영유아의 개인적 발달 특성에 따른 요구와 발달적 과업에 적합한 교수행위를 수행해야 하기 때문에 교사의 역할이 광범위하고 역할 경계선이 명확하지 않다.
- 영유아교육과정은 교육목표와 교육내용이 프로그램별로 독특성이 인정되는 경향이 있다. 이에 국가수준의 교육과정에 수립되어 있는 경우라도 교육과정의 운영에 있어서 융통성이 상당히 허용되기 때문에 실시하는 프로그램의 성격에 따라 교사의 임무와 교육이념이 달라질 수 있다.
- 교육의 대상인 영유아는 인적 · 물리적 환경의 영향을 많이 받는 존재이므로 교사에 대한 의존도가 높은 편이다. 그러므로 영유아에게 전인적 경험을 제공할 수 있는 교육적 환경이 제공되어야 하고, 영유아의 건강과 안전을 책임질 수 있는 자질을 갖춘 교사를 필요로 한다.
- 영유아들이 태어나 부모와 떨어져 처음으로 접하는 사회적 환경이 유치원 혹은 어린이집이므로 그들이 분리불안을 극복할 수 있도록 도와줄 수 있어야 한다. 또한 교육기관에서의 일상생활에 적응할 수 있도록 도와줄 수 있는 자질을 갖춘 교사를 필요로 한다.
- 영유아교사는 영유아의 발달상태나 원에서의 생활 등에 대해 부모와 정서적 관계를 맺으며 지속적인 교류를 유지해 나가야 한다.
- 영유아교사는 사회적 · 교육적으로 높은 도덕성을 요구받으므로 내면화된 윤리강령을 준수하고자 노력해야 한다.
- 영유아교육과정의 실행은 통합성에 근간을 두고 있으므로 영유아의 발달과 흥미를 고려한 일과운영을 계획하고 운영해야 한다.

3) 영유아교육기관의 교직 문화

문화는 지식, 태도, 기술, 도덕, 법률, 습관 등 인간이 그 사회의 구성원으로서 획득한 생활 및 행동 양식을 총체적으로 포함하는 것으로, 모든 조직은 독특한 문화적 공동체를 이루고 구성원은 그 집단에 귀속감을 가지고 생활하게 된다. 즉, 여성적 직업, 소규모 조직, 비구조적인 교육과정, 영리 추구 및 열악한 근무 조건에 의한 짧은 교직 주기 등으로 영유아교육기관의 독특한 교직문화를 형성하고 있다(김은심 외, 2018).

조직의 문화는 구성원의 일체감과 분위기를 좌우함으로써 직무에 대한 성취동기를 불러일으키는 중요한 요인이다. 따라서 영유아교육기관의 능동적인 운영과 효율적인 목표 달성은 조직문화의 특성에 의해 많은 영향을 받게 되므로, 조직의 구성원 각자는 반성적 사고를 통한 자기 성찰을 바탕으로 인간관계가 형성될 때 원활한 의사소통이 이루어져 기관의 운영과 발전이 이루어진다. 사회 전반에 걸쳐 여성들의 보육에 대한 요구가 매우 높아지고 있어 국가적인 차원에서 적극적으로 영유아교육기관을 지원하여 열악한 근무조건으로 야기되는 교직 문화의 어려움을 감소시키는 노력이 필요하다고 본다.

유치원의 경우 교직문화를 형성하는 요인으로 조혜선(2008)은 여성적 직업, 소규모 조직, 비구조적인 교육과정, 열악한 근무조건 등을 들고 있다. 유치원의 조직 특성을 중심으로 영유아교육기관의 교직문화를 살펴보면 다음과 같다.

첫째, 유치원은 초·중등학교에 비해 그 규모가 매우 작다. 우리나라 공립유치원의 평균 학급 수는 2학급 미만이며, 사립의 경우 3~4학급이다. 단설 공립유치원 및 대형 사립유치원이 대도시를 중심으로 있지만 일반적으로 유치원에서 교사는 적으면 2명에서 5~6명 정도가 대부분이다. 즉, 한 명의 교사는 기관의 조직원인 동시에 여러 가지 과제를 수행하거나 분명한 업무분장 없이 함께 일을 하는 경우가 많아 구성원 간에 과제 수행에 대한 부담과 과제 완성에 대한 책임소재가 불분명할 수 있어 갈등이 발생할 소지가 많다.

둘째, 유치원은 일반적으로 거의 여성 교직원으로 이루어져 있다. 여성의 의사소통 방식은 사적이거나 인간관계를 중심으로 이루어지는 경향이 있으므로 공적인 일을 개인적인 상황에 대한 양해와 이해를 바탕으로 처리할 수 있음을 의미한다.

셋째, 유치원에 재원하는 원아 수로 보면 사립의 비중이 70%에 이르고 있다. 이는 대부분의 유치원이 설립자의 사유 재산임을 의미하므로 유치원의 운영이 교육적인 목표 외에 영리를 추구하는 경향이 높음을 의미한다.

넷째, 유치원 교사들의 교직 주기가 짧은 편이다. 유치원 교사의 이직률이 높은 이유로 열악한 근무 조건을 들 수 있다. 이로 인해 유치원 교사들이 충분한 경력을 쌓고 능력을 신장시킬 수 있는 기회가 줄어들게 되어 실제 교사 경력과 역량에 비해 기대되는 업무가 과중하여 역할 갈등을 초래하기도 한다. 이는 결국 유치원의 안정적인 운영이 어려워지는 악순환으로 이어질 수 있다.

4) 초임교사의 교직 적응 과정

영유아교사는 교원양성기관 과정에서 예비 영유아교사로 짧은 실습 기간을 거쳐 졸업과 동시에 실제 교육현장에서 경력교사와 동일한 역할을 감당하게 된다. 교사가 되는 첫 해는 직업을 처음으로 시작하는 시기이고 성인 세계로 입문하는 시기로 현장에서 생존해야 하는 절박한 시기이며 교사가 되어가는 시기이다(조부경, 1989). 임용 첫 날부터 가르쳐야 하는 초임교사는 교수, 학급

운영, 영유아들의 동기유발, 학부모와의 상호작용 등 다양한 업무를 감당하게 된다. 이러한 과정에서 초임교사는 여러 가지 어려움에 직면하고 능력의 한계를 느끼면서 어려움을 호소하게 되며, 이런 이유로 최근 예비교사 교육에서 현장의 문제를 해결할 수 있는 지식과 방법을 강조하고 있다(이영애 · 이정우 · 이금구, 2015).

훼슬러(Fessler, 1985)에 의하면 교직 주기란 한 명의 교사가 교사양성기관에서 교사가 되기 위한 준비를 하고, 교직에 입문하여 교사로서 성장하고 퇴직할 때까지의 일련의 과정을 의미한다. 여기서 초임교사란 교직 입문 단계에 해당하는 교사로서 교직 경력 1~3년의 교사를 의미하지만 일반적으로 1년 이내 경력을 지닌 교사를 말한다(Katz, 1972).

〈표 1-5〉 훼슬러의 교직 주기

교직 단계	내 용
교직 준비	대학에서 교사가 되기 위한 준비
교직 입문	교직 1~3년 시기
능력 구축	교수 행위와 관련된 기술 증진에 관심
열중과 성장	높은 수준의 직업 만족도를 가지고 교직 수행
좌절감 경험	교직에 대한 좌절감과 환멸감 경험
안정과 침체	교사에게 기대되는 역할을 적절하게 수행하고 안정적인 상황 경험
교직 쇠퇴	퇴직 준비
교직 퇴직	은퇴하거나 교직에 대한 대안 모색

Chapter 02

영유아교사의 양성교육과정

1. 영유아교사의 양성교육
2. 실 습

CHAPTER

02 영유아교사의 양성교육과정

영유아교사가 되기 위해서는 교사를 양성하는 기관에서 일정 기간 동안 교사자격 취득조건을 충족하는 교육을 받아야 한다. 이는 영유아교사의 직전교육으로 매우 중요한 과정이다. 현재 우리나라는 유아교육과 보육이 이원화 체제로 이루어져 있기 때문에 유치원교사를 양성하기 위한 교육과정과 보육교사를 양성하기 위한 교육과정은 차이가 있다. 따라서 이 장에서는 유치원교사와 보육교사의 양성교육과정의 내용을 살펴보고, 교사자격 취득의 필수조건이며, 대학에서 배운 이론과 지식을 실제 현장에 적용해 보는 핵심과정인 실습에 대해 알아보고자 한다.

1. 영유아교사의 양성교육

1) 유치원교사

유치원교사 양성교육과정은 대학[1]에서 교육부가 고시한 유치원교사 자격취득에 필요한 세부기준에 따라 운영되고 있다.

1) 대학이란 전문대학 및 이와 동등 이상의 각종 학교와 평생교육법 제31조 제4항에 따른 전문대학 학력인정 평생교육시설을 포함한다(산업대학 포함).

현재 교원자격검정령 제19조 무시험검정의 방법 및 합격기준에 의하면, 유치원교사 자격증을 취득하기 위해서는 교과교육 8학점을 포함한 전공과목 50학점, 그리고 교육실습 4학점을 포함한 교직과목 22학점을 이수하여야 한다. 유치원교사 자격 무시험검정을 위한 이수 교과목 및 합격기준은 다음 〈표 2-1〉과 같다(교육부, 2020).

〈표 2-1〉 유치원교사 자격 무시험검정을 위한 이수 교과목 및 합격기준

<table>
<tr><th>구 분</th><th>세부 이수기준</th><th>교과목</th><th>비 고</th></tr>
<tr><td rowspan="3">전공과목</td><td>50학점 이상
(전공기초 교과목 제외)</td><td></td><td rowspan="3">2016학년도 입학생부터 유아안전교육 신설</td></tr>
<tr><td>① 기본 이수과목
21학점(7과목) 이상 포함</td><td>유아교육론, 유아교육과정, 영유아발달과 교육, 유아언어교육, 유아사회교육, 유아과학교육, 유아수학교육, 유아미술교육, 유아음악교육, 유아교사론, 유아동작교육, 유아놀이지도, 유아교육기관 운영관리, 아동복지, 유아건강교육, 유아관찰 및 실습, 부모교육, 유아안전교육</td></tr>
<tr><td>② 교과교육 영역
8학점(3과목) 이상 포함</td><td>교과교육론, 교과교재 연구 및 지도법, 논리 및 논술에 관한 교육, 기타 교과교육 영역</td></tr>
<tr><td rowspan="2">교직과목</td><td>22학점(11과목) 이상</td><td></td><td rowspan="2"></td></tr>
<tr><td>① 교직이론
12학점 이상(6과목 이상)</td><td>교육학개론, 교육철학 및 교육사, 교육과정, 교육평가, 교육방법 및 교육공학, 교육심리, 교육사회, 교육행정 및 교육경영, 생활지도 및 상담, 그 밖의 교직이론에 관한 교육</td></tr>
</table>

	② 교직소양 6학점 이상	특수교육학개론(2학점 이상) * 영재교육 영역(단원) 포함 교직실무(2학점 이상) 학교폭력 예방의 이론과 실제, 학교폭력의 이해, 학교폭력의 예방, 학교폭력의 대처방안 등 학교 현장에서 활용 가능한 실제적인 내용을 학습(2학점 이상)	'학교폭력 예방의 이론과 실제'는 '생활지도 및 상담' 과목으로 대체하여 교직소양 영역으로 인정 가능. 다만, 이 경우 '생활지도 및 상담' 과목의 교수요목에 학교폭력의 이해, 예방 및 대처방안 등을 50% 이상 반영하여야 함
	③ 교육실습 4학점 이상	학교현장실습(2학점 이상) 교육봉사활동(2학점 이내 포함 가능)	교육봉사활동 P/ F제 가능
성적기준	① 전공과목 평균성적 75/100점 이상 ② 교직과목 평균성적 80/100점 이상		
교직적성 및 인성검사	적격판정 2회 이상		교직과정, 편입학, 재입학, 전과의 경우 선발과정에서 교직 인·적성검사를 실시할 경우 1회 실시한 것으로 인정 가능(신입학의 경우는 제외)
응급조치 및 심폐소생술 실습	2회 이상		시행일 : 2016년 3월 1일
성인지 교육	연 1회 이상		교원자격검정령 제19조 제3항 (2021. 2. 9)

2) 보육교사

보육교사를 양성하는 기관은 2년제 및 3년제 전문대학(교), 4년제 대학교, 방송통신대학교, 사이버대학교와 교육대학원, 그리고 보육교사교육원, 학점인정제 과정 등 매우 다양하다. 더욱이 보육교사를 양성하는 대학의 학과나 전공에 상관없이 일정 기준의 교과목과 학점만 충족되면 교사자격이 부여되는 교과목 중심의 양성체제를 따르고 있으므로 보육교사는 전문대학(교)과 대학교 등에서 다양한 양성과정을 통해 배출되고 있다.

그러나 최근 어린이집에서 발생하는 아동학대 사건으로 인해, 보육교사의 인성 및 자질 향상에 대한 사회적 관심과 요구 증대로 사이버 교육만으로 보육교사 자격을 취득하는 등에 따른 부작용을 해소하고, 보육교사의 전문성을 강화하기 위해 대면교육 및 현장실습 강화를 주요 내용으로 하여 보육교사의 자격기준이 변경되었다. 이에 따라 보육교사 자격취득 17개 교과목 중 9개 과목을 대면 교과목으로 지정하고, 8시간 출석 수업 및 1회 이상의 출석시험을 의무화하였다. 보육교사 자격취득을 위해 이수하여야 할 보육 관련 교과목 및 학점을 대학과 교육훈련시설로 구분하여 제시하면 다음과 같다.

〈표 2-2〉 대학 등에서 이수하여야 할 교과목 및 학점

영 역		교과목	이수과목(학점)
가. 교사 인성		보육교사(인성)론, 아동권리와 복지	2과목(6학점)
나. 보육 지식과 기술	필수	보육학개론, 보육과정, 영유아 발달, 영유아 교수방법론, 놀이지도, 언어지도, 아동음악(또는 아동동작, 아동미술), 아동수학지도(또는 아동과학지도), 아동안전관리(또는 아동생활지도)	9과목(27학점)
	선택	아동건강교육, 영유아 사회정서지도, 아동문학교육, 아동상담론, 장애아 지도, 특수아동 이해, 어린이집 운영관리, 영유아 보육 프로그램 개발과 평가, 보육정책론, 정신건강론, 인간행동과 사회환경, 아동간호학, 아동영양학, 부모교육론, 가족복지론, 가족관계론, 지역사회복지론	4과목(12학점) 이상
다. 보육 실무		아동관찰 및 행동연구, 보육실습	2과목(6학점)
비 고		1. 교과목의 명칭이 서로 다르더라도 교과목의 내용이 비슷하면 같은 교과목으로 인정하고, 다목의 교과목 중 보육실습은 교과목 명칭과 관계없이 보육실습기관과 보육실습기간의 조건을 충족하면 보육실습으로 인정한다. 2. 각 교과목은 3학점을 기준으로 하되, 최소 2학점이어야 한다. 3. 17과목 이상, 51학점 이상 이수하여야 한다.	

출처 : 영유아보육법 시행규칙 제12조 제1항 관련 [별표 4].

한편 대면 교과목과 그 기준은 다음과 같다.

〈표 2-3〉 대면 교과목 및 기준

영 역	교과목
가. 교사 인성	보육교사(인성)론, 아동권리와 복지
나. 보육 지식과 기술	놀이지도, 언어지도, 아동음악(또는 아동동작, 아동미술), 아동수학지도(또는 아동과학지도), 아동안전관리(또는 아동생활지도)
다. 보육 실무	아동관찰 및 행동연구, 보육실습
비 고	1. 대면 교과목은 8시간 이상 출석 수업과 1회 이상 출석 시험을 실시한다. 2. 다목의 교과목 중 보육실습에 관한 기준은 다음 각 목에 따른다. 가. 보육실습은 이론수업과 보육현장실습으로 운영한다. 나. 보육현장실습은 6주 이상 240시간 이상을 원칙으로 하되, 2회에 나누어 실시할 수 있다. 다. 보육교사의 자격을 취득하려는 사람이 보육실습을 신청하는 때에 법적으로 인가받은 정원 15명 이상으로 평가인증을 유지하는 어린이집 또는 교육과정과 방과후 과정을 운영하는 유치원에서 보육교사 1급 또는 유치원 정교사 1급 자격을 가진 사람이 보육실습을 지도하여야 한다. 이 경우 실습지도교사 1명당 보육실습생은 3명 이하로 한다. 라. 보육실습은 평일 오전 9시부터 오후 7시 사이에 한 경우에만 인정하며, 보육실습시간은 하루 8시간을 초과할 수 없다. 마. 보육실습의 평가는 보건복지부 장관이 정하는 보육실습일지와 보육실습평가서에 근거하여 하되, 평가점수가 80점 이상인 경우에만 보육실습을 이수한 것으로 인정한다.

출처 : 영유아보육법 시행규칙 제12조 제1항 관련 [별표 5].

〈표 2-4〉 교육훈련시설의 교육과정

영 역	교과목(학점)	이수과목(학점)
가. 교사 인성	보육교사(인성)론(3학점), 아동권리와 복지(3학점)	2과목(6학점)
나. 보육 지식과 기술	보육학개론(3학점), 보육과정(3학점), 영유아 발달 및 지도(3학점), 아동생활지도(3학점), 영유아 문제행동지도 및 상담(3학점), 특수아동 이해와 지도(3학점), 놀이지도(3학점), 언어지도(3학점), 아동음악과 동작(3학점), 아동미술지도(3학점), 아동수학지도 · 아동과학지도(3학점), 영유아 교수방법론(3학점), 교재 · 교구개발(3학점), 부모교육(3학점), 영유아 건강지도(2학점), 영유아 영양지도(2학점), 아동안전관리(3학점), 어린이집 운영관리(3학점)	18과목(52학점)
다. 보육 실무	아동관찰 및 실습(3학점), 보육실습(4학점)	2과목(7학점)
비 고	1. 각 교과목당 평가점수가 70점 이상인 경우에만 이수한 것으로 인정한다. 2. 학점당 시간은 15시간을 기준으로 한다.	

출처 : 영유아보육법 시행규칙 제12조 제2항 관련 [별표 5].

3) 양성과정에서 배우는 지식

예비 영유아교사 양성과정에서 가르치는 지식을 대학의 교육과정을 중심으로 살펴보면 교양영역, 교직영역, 전공영역으로 구분된다.

영유아교육의 질은 교사의 질을 능가하지 않는다. 이에 따라 영유아교사의 교양영역 지식은 전문적 지식을 보다 깊게 이해하도록 도와주며, 실제 현장에서의 실천적 기술을 통합하는 데 필요한 사고능력을 기르게 한다. 또한 교직

영역 지식은 보육 및 교육 현장에서 일어나는 다양한 교육문제와 현상에 대한 이해를 돕기 위한 중요한 지식들(박세정 외, 2014)이며, 전공영역 지식은 교육활동을 수행하는 데 필요한 실천적 지식을 구성하는 데 도움을 준다.

(1) 교양영역

교양을 뜻하는 영어 'culture'의 원뜻은 경작(耕作)으로 인간 정신을 계발하여 풍부한 것으로 만들고 완전한 인격을 형성해 간다는 뜻을 포함하고 있다. 이는 영유아교육이 특정한 학문의 습득이 아니라 전인적인 인간을 육성한다는 점에서 유사성을 찾을 수 있으며, 영유아를 교육하는 교사의 교양적 소양이 의미 있게 작용할 수 있음을 내포하고 있다.

특히 영유아교사가 가진 인격, 가치관, 태도 등 그 자체가 유아들의 조화로운 인격체 형성에 영향을 미치고, 교양영역의 지식과 경험이 교직의 실천적 지식 함양에 바탕이 되므로 예비 영유아교사는 교양과목을 통해 인문사회, 과학기술, 예술 등의 다양한 분야에 대한 교양지식을 기르는 데 힘써야 할 것이다.

교사양성 교육과정을 운영하는 대학에서 교양과정을 설치하고 일정한 학점을 이수하도록 하는 이유는 일반대학과 크게 다르지 않은데, 이은화 등(1995)은 예비 교사들이 교양과정을 이수함으로써 다음과 같은 능력을 배양하게 된다고 하였다(박선해 외, 2015 : 103 재인용).

첫째, 교사이기 이전에 전인적인 인간으로 발달하는 데 필요한 다양한 지적 경험을 함으로써 나라의 발전을 주도할 지성인으로서의 자질을 갖추게 된다.

둘째, 여러 가지의 교양과목을 통해 교사에게 필요한 다양한 지식을 보다 깊이 이해하게 된다. 특히 유아교사는 유아들에게 생활환경 속에서 다양한 지식과 경험을 직간접적으로 소개하는 역할을 하므로, 교양과목을 통해 여러 분야에 대해 정확하고 해박한 지식을 가지는 것은 매우 중요한 일이다.

셋째, 교양과목을 이수함으로써 유아교사가 가지고 있어야 할 기술이나 태도 등을 형성하는 데 필요한 기초능력을 기를 수 있다.

유보통합에 대한 활발한 논의가 진행되고 있고, 영유아교사에 대한 사회적인 기대가 높아지는 것을 감안하면, 교사양성 과정 단계에서부터 유능한 교사로서의 역할수행에 반드시 필요한 교양교육은 중요하며 폭넓게 학습되어야 한다.

(2) 교직영역

교직영역은 교육현장에 대한 이론적인 이해와 교사로서 갖추어야 할 실무능력을 배양하기 위한 것이다(임부연 외, 2014). 즉, 예비교사로 하여금 교직에 관한 이론 및 실제적 지식과 경험을 바탕으로 교육 전반에 대한 올바른 교육관과 가치관을 정립하고, 지속적으로 탐구하여 직무수행에 필요한 능력을 향상시켜 준다.

이러한 목적으로 교육부에서는 유치원교사(2급) 무시험 자격검정을 위한 교직과목과 학점의 세부 이수기준을 제시하고 있다(표 2-1 참고). 반면 보육교사 자격취득을 위한 교과목에는 교직과목에 대한 기준이 마련되어 있지 않기 때문에 교직영역은 유치원교사 양성과정과 보육교사 양성과정을 구분 짓는 영역이기도 하다.

(3) 전공영역

전공영역은 영유아교육 전문인으로서의 역할을 수행하기 위해 예비 영유아교사들이 전공에 대한 철학에서부터 교과교육, 실천적 지식에 이르기까지 다양한 지식을 구성할 수 있는 과목들로 구성된다. 전공과목은 각 학문의 영역에 관한 교과내용과 이를 학습자의 특성에 맞게 교육할 수 있는 방법을 배우는 교과교육이 있다. 영유아교사는 영유아들에게 의미 있는 교육활동을 실행하고, 영유아의 지식확장과 개념발달을 지원하기 위해 전공영역에 대한 지식을 익히는 것이 필요하다. 영유아교사 양성과정에서 전공 관련 지식과 관련하여 제시하고 있는 교과목의 구성은 다음과 같다(문혁준 외, 2014; 박선해 외, 2015; 박은혜, 2015; 임부연 외, 2014).

① 영유아 발달 및 학습에 관한 영역

영유아교사 양성과정에서 영유아 발달 및 학습에 관한 전공지식을 배우는 궁극적인 이유는 영유아의 발달적 행동 특성을 이해하고, 그에 적합한 교육활동을 계획하기 위해서이다. 영유아의 발달에 대한 이해는 이들의 연령 범위가 다양하고, 개인차와 발달에 영향을 미치는 환경적 요인 등이 작용하므로 한두 가지 이론만으로는 충분하지 않다. 따라서 피터스와 클린징(Peters & Klinzing, 1990)은 교사양성 교육과정에 인간의 성장 · 발달을 다루고 있는 과목, 각 발달 시기별 영유아의 특성을 구체적으로 다루는 과목, 발달적으로 지체를 가진 유아에 대한 과목이 포함되어야 하며, 각 과목은 강의와 현장을 연계하여 실제 사례를 많이 접하고 경험할 수 있도록 구성하여야 한다고 주장하였다(문혁준 외, 2014 : 124 재인용). 영유아의 발달 및 학습에 관한 지식을 습득할 수 있는 영유아 발달 관련 교과목은 대부분의 대학에서 필수적으로 개설되어 있다.

② 영유아 교육(보육)과정 운영 및 교수-학습 과정에 관한 영역

영유아교사들은 영유아교육(보육) 과정의 운영 및 각 교과영역의 지도방법에 관련된 교과목을 통하여 영유아들을 위한 교육(보육)활동을 계획하고, 효과적인 지도방법을 선택하는 데 필요한 지식과 기술 및 태도를 학습하게 된다. 특히 각 교과영역의 교과목들은 대학에서 이론과 실기의 비율을 1:1 또는

1:2로 적용하도록 규정함으로써, 교사역할을 수행하는 데 필요한 기본 이론을 토대로 실제 현장에서 필요로 하는 실천적 지식을 형성하는 방향으로 운영되고 있다.

영유아교사의 역할수행 중에서 중요한 일은 가르치는 것이다. 국가수준의 공통교육 과정인 누리과정(3~5세)과 표준보육과정(0~2세)을 이해하고, 그에 제시된 연령과 발달상황에 적합한 교육내용과 지도방법을 선택하는 것이야말로 가르치는 일의 시작점이다. 이를 위해 대부분의 관련 대학에서 유아교육 또는 보육과정의 기본적인 이론을 다루는 '유아교육 또는 보육과정'과 교수-학습의 핵심과목인 '놀이지도'를 개설하고 있으며, 교과 관련 과목으로는 언어, 문학, 수학, 과학, 사회, 음악, 동작, 미술 등의 과목이 독립된 과목으로 운영되거나 또는 통합하여(예 수 · 과학, 언어와 문학, 음악과 동작) 개설되기도 한다.

③ 영유아 교육(보육)의 역사, 철학 및 사회 기초에 관한 영역

영유아의 발달과 학습은 그들이 속한 사회 · 문화적 맥락과 밀접한 관계가 있으므로 영유아교사는 사회 및 문화현상과 교육 실제에 대한 폭넓은 이해를 할 필요가 있다. 또한 영유아교사는 현재의 사회적 현상이 나타나게 된 역사적 배경에 대한 선행지식 및 현재 또는 미래에 발생 가능한 다양한 사회적인 변화까지도 가늠할 수 있는 능력이 필요하다(박은혜, 2009; 서소정, 2010, 문혁준 외, 2014 재인용). 이와 관련된 지식은 '유아교육개론'과 '보육학개론', '아동학개론' 등의 과목에서 다루어지며, 그 중요성을 인정하여 3학점 필수 교과목으로 규정되어 있다.

④ 영유아교사의 전문성과 관련된 영역

영유아교사로서의 전문성은 전문성 자체를 이해하는 것과, 학습자의 발달에 적합한 교육내용을 선정하고, 조직하고, 수행하고, 평가하는 능력, 그리고 다양한 집단(예 유아, 동료 및 상급자, 학부모 등)과 의사소통할 수 있는 능력 등을 포함한다. 교사로서의 전문성에 대한 이해는 주로 '보육교사 인성론', '교직실무'에서 다루어지며, 연구나 평가 관련 능력은 '영유아 관찰 및 평가', '아동관찰 및 행동연구', '영유아 연구방법' 등의 교과목에서 다루고 있다. 그리고 유아와의 의사소통 기술은 '유아생활지도'에서, 학부모와의 의사소통은 '부모교육'에서, 동료 및 상급자와의 의사소통은 '유아교사론'과 '교직실무'에서 부분적으로 학습할 수 있다.

2. 실 습

1) 실습의 개념

실습은 영유아교사가 되기를 희망하는 학생이 실습기관의 교사로부터 지도를 받으며 실제 교육현장에서 학생 신분이 아닌 교사로서의 역할을 경험해 보는 훈련과정으로 정의되며, 교사로서 갖추어야 할 지식, 기술, 태도 등을 실제 교육현장에서 직간접적으로 배우는 모든 과정을 의미한다(류진희, 2000). 따라서 실습은 대학에서 배운 이론과 실제 현장과의 접목이며, 교사 직전교육의 핵심과정이면서 교사로서의 입문과정이다.

우리나라 교사양성 과정에서 실습은 교사자격 취득을 위해 반드시 이수해야 하는 필수과목으로 규정되어 있다. 보육교사 2급 자격증 취득을 위해서는 3학점의 보육실습을 필수로 이수해야 하고, 보육교사 3급 자격증 과정의 경우는 4학점의 보육실습을 필수로 이수해야 한다. 그리고 유치원교사 자격증 취득을 위해서는 4학점(교육봉사활동 2학점 이내 포함) 이상의 교육실습 과목을 필수로 이수해야 한다. 실습을 통해 예비 영유아교사들은 유아교육 및 보육 환경에 대한 이해도를 높이고, 교사에게 요구되는 개인적·전문적 자질과 태도를 길러 성공적인 교사의 역할을 수행할 수 있는 바탕을 마련해야 한다. 그러므로 실습생들은 단순히 현장을 경험하고 실습점수를 받는다는 생각 이상으로 실습을 통해 자신의 능력을 평가해 보고 교사로서의 자기 변화 및 성장의 기회로 삼겠다는 다짐이 필요하다.

2) 실습의 의의

(1) 실천적 지식과 기술의 획득 및 심화

실천적 지식이란 제3자에게서 배울 수 있는 것이 아니라 교사가 현장에서 문제를 해결하거나 결정을 내려야 하는 경우 그 상황에 맞도록 교사 스스로가 참고한 전문가적인 지혜를 의미한다(박은혜, 2015). 실천적 지식은 단편적인 이론 지식만으로 형성할 수 없으며, 현장에서의 경험이 반드시 필요하다. 따라서 실습은 현장에서 생활하고 경험하면서 배우는 과정이다. 강의나 교재에서 배웠던 이론중심의 지식을 실습현장에 직접 적용해 보고 또한 여러 문제상황에 직면하여 이를 최선의 방향으로 해결해 봄으로써 실천적 지식과 기술을 획득하고 심화시킬 수 있는 기회를 가지게 된다.

(2) 교직관과 사명감 증진

실습은 교육자로서의 첫 출발이다. 학생 입장이면서 동시에 교사 입장에도 서게 되는 만큼 교사가 된다는 것의 의미와 실제를 직접 체험하게 된다. 이

과정에서 실습생들은 자신의 교직관을 정립하고, 교사에게 주어진 임무에 대한 사명감을 증진시키는 기회를 가지게 된다.

(3) 영유아교육 이론과 실제의 통합적 이해 및 실천

전공 및 교직 과정에서 배운 영유아교육 이론들은 시험을 치르기 위해 단편적인 지식으로 암기되거나, 또는 실제 의미를 완전히 이해하지 못하는 경우가 많다. 강의실 수업의 특성상 이론과 실제를 통합시키는 데에도 한계가 따른다. 그러나 실습은 영유아 발달이론이나 교육과정, 교수–학습 이론 등을 적용해 보고, 관찰 · 분석해 봄으로써 유아교육 이론이 현장에서 어떻게 통합되고 실천되는지 이해할 수 있는 기회를 제공한다.

(4) 교사로서의 적성과 자질 점검

실습생들은 대학에서 교직적성 및 인성검사와 기타 적성검사를 통해 교사로서의 적성 유무를 점검하고, 교사직에 대한 희망적인 마음으로 실습에 참여한다. 그러나 실습과정에서 교직에 적성이 있다고 생각한 사람이 교사로서의 적성이나 자질이 없음을 발견하는 경우도 있고, 교직에 매력을 느끼지 않던 사람이 의외로 교직이 자신의 적성에 맞다는 것을 확인하고 자신감이 생기는 경우도 있다. 실습생들은 실습기간 동안에 자기 이해와 평가의 시간을 가지고 영유아교사라는 직업이 자신의 적성에 맞는지 또는 자신이 교사가 될 자질을 가지고 있는지를 점검해 보는 것이 바람직하다.

(5) 행정적 · 실무적 역할 경험

실습을 통해 예비 영유아교사는 학급운영에 직접 참여해 보고, 가르치는 일 이외에 학급운영에 필요한 행정적 · 실무적 교사업무를 관찰하고, 경험하는 기회를 가지게 된다. 가정통신문 작성, 행사업무, 사무관리 및 문서관리 등 다양한 경험을 하게 되는데, 실습은 교사로서 교육, 행정, 학급운영, 인간관계의 다양한 실무능력을 향상시키는 기회를 제공한다.

3) 실습의 내용

(1) 학교현장실습

① 학교현장실습의 목적

교육실습은 교직을 희망하는 학생이 대학의 지도교수와 실습 유치원 지도교사의 지도를 받으며, 실제 교육현장에서 일정 기간 동안 교사로서의 경험을 해보는 훈련과정이자 교사양성 교육과정 중에서 가장 필수적인 과정이다.

실습을 통해 예비교사들은 대학에서 배운 이론과 실제를 교육현장에 직접 적용해 볼 수 있는 기회를 가지게 될 뿐만 아니라 교수-학습 방법, 대인관계, 행정적·사무적 교사역할에 대한 실무적 지식과 구체적인 기술, 태도 등을 직접 경험하고 배울 수 있다. 우리나라에서 교사자격 취득요건으로 교육실습을 반드시 이수해야 하는 필수 교과목으로 규정하고 있는 만큼, 학교현장실습은 교사로서의 전문적 자질을 형성하는 핵심적인 과정이라고 할 수 있다.

결국 학교현장실습의 목적을 정리하면 다음과 같다.

첫째, 대학에서 배운 이론과 실제를 직접 교육현장에서 경험하고, 적용해 볼 수 있는 기회를 가질 수 있다.

둘째, 유아의 발달단계와 특성에 대한 관찰을 통해 발달에 적합한 교육내용 선정 및 조직하기, 적절한 지도방법 등 교육하는 데 필요한 구체적이고 실제적인 기술을 배울 수 있다.

셋째, 학급운영 및 행정적 · 사무적 측면의 폭넓은 교사역할에 대해 경험할 수 있다.

넷째, 유아교육에 대한 이해도를 높이고, 교사로서 갖추어야 할 교직관과 교육자다운 태도를 배울 수 있다.

다섯째, 유아교육기관의 다양한 물리적 환경(교실 내 환경, 바깥놀이시설 등)과 인적 환경(유아, 교직원, 학부모 등)을 경험해 볼 수 있다.

여섯째, 교사가 직면하는 다양한 문제들을 최선의 방향으로 의사결정해 보는 연습기회를 가질 수 있다.

일곱째, 이 모든 것을 배우고 경험해 봄으로써, 교사로서의 자질과 능력을 갖추고 있는지 확인해 보는 기회로 활용할 수 있다.

② 학교현장실습 세부기준

가. 학교현장실습 교과목 및 학점당 기준시간

교육실습은 대학에서 '학교현장실습'이라는 교과목으로 이수하도록 규정되어 있다. '학교현장실습'은 대학에서 교육실습 이론교육을 이수한 후 유치원에서 실시하는 교육실습을 말한다.

학점은 2학점 이상으로 이수하여야 하고, 전일제로 실시하는 경우에는 1학점당 2주로 하며, 실습기간 중에 공휴일 등이 포함되어도 상관없다. 다만, 실습기간이 연속되지 않은 학교현장실습은 1학점당 80시간 이상을 기준으로 한다.

나. 학교현장실습 기관

학교현장실습은 반드시 취득하고자 하는 교사자격증에 해당하는 학교급에서 실시하여야 한다. 유치원교사 자격증 취득을 위해서는 유아교육법 제2조 제2호에 따른 유치원에서의 실습만 학교현장실습으로 인정한다. 영유아보육법에 의한 보육시설에서는 학교현장실습이 불가능하다.

학교현장실습 협력학교(유치원)의 선정은 대학이 책임지고 하지만, 학생이 희망하는 경우에는 개별적으로 선정이 가능하다. 실습대상 인원 및 협력학교(유치원)의 규모, 교육적 측면 등을 감안하여 선정하고, 유치원에서는 실습생이 실제 수업과 실무를 충분히 경험할 수 있도록 해야 한다.

다. 학교현장실습 실시시기

교육실습 중 학교현장실습의 실시 학년 및 시기 등은 특별히 규정되어 있지 않다. 대학에서 자율적으로 결정하도록 되어 있으며, 유치원의 방학기간 중 실습은 대학과 유치원의 협의에 따라 실시가 가능하다.

학교현장실습 관련 세부기준을 요약하면 〈표 2–5〉와 같다(교육부, 2021).

〈표 2–5〉 학교현장실습 세부기준

구 분	교육실습 세부기준 내용
교과목	• '학교현장실습' 교과목으로 이수함 • 학점은 2학점 이상으로 이수함
실습기준 시간	• 전일제로 연속적으로 실시하는 경우 1학점당 2주, 2학점은 4주를 기준으로 함 • 실습기간 중 공휴일 등이 포함되어도 무방함 • 실습기간이 연속되지 않은 실습은 1학점당 80시간 이상을 기준으로 함
실습기관	• 학교현장실습 협력학교로 선정되고, 유아교육법 제2조에 따른 유치원에서만 인정됨 ※ 영유아보육법에 의한 어린이집에서는 실습 불가함
실습시기	• 실습 실시 학년 및 시기 등은 대학에서 자율적으로 결정함 • 방학기간 중 실습은 대학과 유치원의 협의에 따라 실시 가능함

출처 : 교육부(2021). 교원자격검정 실무편람.

(2) 보육실습

① 보육실습의 목적

한국보육진흥원의 보육실습에 관한 기준에 의하면 보육실습을 향후 어린이집 교사자격증을 취득하고 영유아교사가 되고자 준비하는 학생이 어린이집 현장에서 예비 보육교사의 역할을 직접 경험해 보는 과정으로 규정하고 있다(보육인력국가자격증 홈페이지, 2021). 국가가 발급하는 '보육교사 자격증'을 취득하기 위해 보육실습은 필수적일 뿐 아니라 양성교육기관에서 배운 이론과 지식을 현장에서 실제 적용해 보는 핵심적 과정이라고 규정하고 있다. 보육실습의 목적을 구체적으로 정리해 보면 다음과 같다(보육인력국가자격증 홈페이지, 2021).

- 보육의 철학과 목적 및 목표에 대한 생각을 발전시킨다.
- 실제 경험을 토대로 영유아에 대한 심화된 이해를 한다.
- 연령과 발달수준에 적합한 구체적인 보육내용, 놀이중심의 상호작용, 영유아의 흥미를 고려한 효과적인 교수법 등을 관찰하고 직접 수행해 본다.
- 실습기관 실내 · 외의 환경구성 및 자료의 적절한 활용을 경험한다.
- 보육교사의 전문적 역할과 책임, 태도를 직접 경험한다.
- 보육실습생 스스로 보육교사로서의 자질을 파악하고, 전문성을 향상시키기 위한 노력을 하며, 향후 진로를 탐색한다.
- 보육실습기관과 지역사회, 부모 간 연계를 경험하고, 어린이집 내 조직문화 등을 이해한다.

② 보육실습 교과목 및 학점 기준

가. 보육실습 교과목 및 학점 기준

보육실습은 '보육실습' 교과목으로 이수하는 것을 원칙으로 하고, 현장실습과 이론수업으로 구성되어야 하며, 성적증명서를 통하여 교과목 확인이 가능해야 한다. 다만, 교과목 명칭이 다르더라도 유사 교과목(보육현장실습, 교육실습 등) 인정범위 내의 과목을 이수한 경우로서 보육실습기관 및 실습기간이 조건을 만족하는 경우에는 보육실습으로 인정한다.

보육실습 교과목은 3학점(보육교사 3급 자격기준 보육실습은 4학점)으로 이수하여야 하며, 평가점수가 80점(B학점) 이상인 경우에만 보육실습을 이수한 것으로 인정한다.

나. 보육실습기관 및 지도교사

보육실습은 다음의 기관에서 해야 한다.

- 법적으로 인가받은 정원 15인 이상으로 평가인증을 유지하는 어린이집
- 교육과정과 방과후 과정을 운영하는 유치원

법적 기준에 대한 충족은 물론 실습기관 선정 시 평가인증을 받은 어린이집, 질적 수준이 높다고 판단되는 어린이집, 실습생 지도에 최선을 다하는 어린이집 등 실습생들이 좀 더 우수한 곳에서 실습을 경험할 수 있도록 실습기관 선정에 신중을 기하도록 한다. 실습지도는 보육교사 1급 또는 유치원 정교사 1급 자격을 가진 교사가 지도해야 한다. 이 경우 실습지도교사 1명당 보육실습생은 3명 이내로 한다.

다. 보육실습 이수시기 및 기간

보육실습은 '보육실습' 교과목이 개설된 학기 중(직전 및 직후 방학 포함)의 시기에 반드시 해야 하며, 일상적인 보육이 이루어지는 3~6월, 9~11월에 실습을 하는 것이 바람직하다.

보육교사의 보육현장 적응력을 높이기 위해 실습기간은 연속으로(월~금요일) 6주, 240시간 이상이어야 한다(2회에 나누어 실시 가능). 실습 인정시간은 오전 9시부터 오후 7시 사이의 보육실습기관 운영 중에 1일 8시간 동안 하는 것이 원칙이다. 그리고 평가인증을 유지한 어린이집에서 실습이 진행되어야 인정된다.

보육실습 관련 세부기준을 요약하여 정리하면 〈표 2-6〉과 같다.

〈표 2-6〉 보육실습 세부기준

구 분	보육실습 세부 기준 내용	비 고
교과목	• '보육실습' 교과목으로 이수하는 것을 원칙으로 함 • 유사 교과목 인정범위 : 보육현장실습, 교육실습 등 • 교과목 확인은 성적증명서를 통하여 가능해야 함 • 3학점으로 이수해야 함(교육훈련시설 4학점)	
실습기관	• 정원 15명 이상으로 평가인증을 유지하는 어린이집 • 교육과정과 방과후 과정을 운영하는 유치원 ※ 유치원의 경우 교육청에 방과후 과정 운영 유치원으로 등록되어야 함	

실습 지도교사	• 실습지도 이전에 보육교사 1급 또는 유치원 정교사 1급 자격증 소지자 • 실습 지도교사 1명당 보육실습생 3명 이내로 지도(같은 실습기간에 3명 이내) • 보육교사 1급 자격을 소지한 원장은 보육실습 지도교사에 해당하지 않음	영유아보육법 시행규칙 일부 개정(2016. 1. 12. 공포, 보건복지부령 제392호)에 따라 2017년 1월 1일 이후 입학하는 사람부터 실습기간은 6주 240시간으로 강화됨. 다만, 2017년 1월 1일 전 입학하는 사람이라도 2017년 1월 1일 이후에 보육실습을 시작한 경우 개정 보육실습 기준에 따라 이수해야 함
실습기간 및 실습 인정시간	• 보육실습 교과목이 개설된 학기 중(전후 방학 포함)에 실시 • 평일(월~금요일) 1일 8시간 기준 연속 6주 240시간 이상 실시 ※ 실습기간 중 공휴일이 있는 경우 공휴일 기간만큼 연속으로 이어서 실습해야 함 • 평일 오전 9시부터 오후 7시 사이에 한 경우에만 인정, 그 외의 시간에 한 실습은 인정되지 않으며, 하루에 8시간을 초과할 수 없음 • 야간대학, 한국방송통신대학, 원격대학의 경우 실습을 2회 나누어 실시 가능	
실습의 평가	• 보건복지부 장관이 정하는 보육실습일지와 실습평가서에 근거하여 평가 • 평가점수가 80점 이상인 경우에만 실습을 이수한 것으로 인정 • 보육실습 내용의 적절성을 증명하는 보육실습확인서 제출	

출처 : 보건복지부(2020). 2020년도 보육사업안내.

위의 〈표 2-6〉에서 '실습의 평가' 근거 및 증명에 필요한 보육실습평가서와 보육실습확인서는 다음 〈표 2-7〉, 〈표 2-8〉에 제시하였다.

〈표 2-7〉 보육실습평가서

보 육 실 습 평 가 서

성　　명 :

주민등록번호 :

보육실습 기관명 :

보육실습 기간 : 20　년　월　일 ~ 20　년　월　일

평가영역(배점)	평가항목		배 점	점 수
근무태도와 자질 (20점)	근무사항	출석, 결석, 지각, 조퇴 등	5	
	태도	성실성, 근면성, 친절, 적극성, 복장 및 용모, 예절	5	
	자질	영유아 존중, 책임감, 인성, 열의	5	
	관계 형성	실습지도교사와의 관계 동료 실습생과의 관계	5	
보육활동 계획과 실행 (30점)	보육활동 계획	영역별, 반일(일일)보육활동 계획의 적합성과 충실한 준비	15	
	보육활동 실행	영역별, 반일(일일)보육활동의 효과적이고 적절한 실행 정도	15	
예비 보육교사로서 역할수행(30점)	영유아 행동 및 놀이 관찰, 보육환경 관찰		5	
	보육일과 진행 보조와 일상생활 지도		10	
	영유아 상호작용과 놀이 참여		15	
보육실습일지 작성(10점)	구체적이고 충실한 보육실습일지 작성과 일일 자기평가 및 지도교사 평가 반영		10	
총평(10점)	실습기간 동안 예비 보육교사로서 향상 정도		10	
총 점			100	

20　년　월　일

보육실습 지도교사 :　　　(인)

어린이집 원　장 :　　　(인)

〈표 2-8〉 보육실습확인서

보 육 실 습 확 인 서

1. 실습 이수자 기본사항

이 름	생년월일	양성교육기관명

2. 실습기관

<table>
<tr><td colspan="2">실습기관명</td><td></td><td colspan="2">기관종류</td><td></td></tr>
<tr><td colspan="2">실습기관 인가 정원</td><td></td><td colspan="2">최초인가일</td><td>년 월 일</td></tr>
<tr><td rowspan="2">구 분</td><td>평가제</td><td></td><td colspan="2">평가 등급
(평가 주기 시작일)</td><td>년 월 일</td></tr>
<tr><td>평가인증제</td><td></td><td colspan="2">인증유효기간</td><td>년 월 일 ~
년 월 일</td></tr>
<tr><td colspan="2">주 소</td><td colspan="2"></td><td>연락처</td><td></td></tr>
</table>

* 어린이집은 운영형태(가정, 민간, 직장, 국공립 등) 기재, 유치원은 방과후 과정 운영 여부 기재

3. 실습지도교사

이 름	자격 종류	자격번호

* 실습 지도교사는 동일 실습기간 내, 보육실습생을 3명 이내로 지도하였습니까? (예 □/ 아니요 □)

4. 실습기간

실습기간	년 월 일 ~ 년 월 일(주간)
실습시간	총 시간(매주 월요일 ~ 금요일까지, 오전 시 ~ 오후 시)

위 사람은 영유아보육법 시행규칙 제12조 제1항에 따른 보육실습 기준을 준수하여 보육실습을 충실히 이수하였음을 확인합니다.

년 월 일

어린이집의 원장 (서명 또는 인)

학과장 (서명 또는 인)

○ '13. 3. 1. **이후 어린이집에서 보육실습을 이수하는 경우, 「어린이집지원시스템」을 통하여 보육실습 내용 등록 및 제출**

○ **보육실습 내용 시스템 미등록자는 첨부서류(① 실습기관 인가증 사본 ② 보육실습 지도교사 자격증 사본) 제출 필수**

※ 영유아보육법 제48조에 따라 거짓이나 그 밖의 부정한 방법으로 자격증을 취득한 경우, 보육교직원 자격이 취소될 수 있습니다.

4) 실습의 과정

실습은 협의의 개념으로 법령에 따라 4~6주 이상 실습기관에서 이루어지는 정규실습으로 정의될 수 있으나, 정규실습을 중심으로 하여 사전실습과 사후실습까지 포함하여 광의의 개념으로 해석하는 것이 일반적인 추세이다.

사전실습, 정규실습, 사후실습은 다음과 같이 운영된다.

(1) 사전실습

사전실습은 정규실습을 위한 준비과정이며, 연계과정으로 정규실습 이전에 단기간이나 일시적으로 현장경험을 하게 되는 실습형태를 의미한다. 정규실습 기간이 4~6주 정도에 불과하므로 예비 영유아교사가 현장의 1년 과정을 모두 경험할 수는 없으며, 처음 경험하는 현장일 경우에는 낯설고 의문스러운 부분이 많이 있을 수 있기 때문에 다양한 기관에서 사전실습 경험을 해보는 것이 좋다.

사전실습 기간 동안 실습생들은 교육 또는 보육 현장에서의 하루일과 운영의 관찰, 주 교사의 교수활동 참관, 보조교사 역할, 환경구성, 교구제작, 자유놀이시간의 놀이지도, 소집단 활동지도 등의 다양한 활동을 경험한다. 이러한 과정을 통하여 실습생들은 교육 또는 보육 현장의 하루일과, 영유아의 발달과 교육 이론과 실제의 적용 등 교육 또는 보육 현장을 대략적으로 이해하게 된다. 또한 정규실습에 대한 막연한 두려움을 줄이고 체계적인 준비를 할 수 있어서 정규실습의 효과를 높이는 데 도움이 된다.

사전실습의 형태는 개별적인 견학이나 봉사활동 형태, 각 전공교과목(예 수·과학지도, 언어지도 등)들을 통하여 현장을 참관할 수 있는 기회를 주는 형태 그리고 독립된 교과목(예 참관실습, 현장참관 등)으로 개설되어 일정한 요일과 시간에 규칙적으로 현장에 나가 주 교사의 지도하에 보조교사 역할을 수행하는 형태 등의 방법으로 운영된다.

(2) 정규실습

정규실습은 영유아교사 자격취득을 위한 필수과정으로서 일정 기간 동안 실습지도교사와 지도교수의 지도하에 유아교육(보육) 현장에서 교사로서의 직무수행을 통합적으로 경험해 보는 실습과정을 말한다. 우리나라의 경우 유치원 교사 자격을 취득하기 위해서는 '학교현장실습'을, 그리고 보육교사 자격을 취득하기 위해서는 '보육실습'이라는 교과목을 통해 연속적으로 4~6주 정도 하는 것이 일반적이다. 정규실습 기간 동안 실습생들은 교사로서의 역할을 전체적으로 수행해 볼 수 있도록 관찰에서부터 참여 그리고 실제 지도를 실행해 보는 것까지, 교사로서의 경험을 점차 증가시켜 실습이 끝나갈 무렵에는 주 교사가 되어 혼자 힘으로 교사의 모든 임무를 수행해 보면서, 그동안 배운 것들을 확고히 하는 데 도움을 받을 수 있게 된다.

정규실습은 일반적으로 하루일과 동안 교실수업을 참관하거나, 실습기관의 인적 · 물리적 환경과 추구하는 교육 이론 및 실제 등을 관찰하는 관찰실습, 주 교사의 보조교사 역할을 하면서 교육(보육)활동에 직접 참가하여 실제로 수업을 계획하고, 이를 실행해 보는 참여실습 그리고 교사의 역할 중 가르치는 일 외의 학급운영 · 관리와 관련된 실무실습으로 구분된다. 실습 초기에는 관찰실습이 위주가 되고 단계별 순서에 따라 실시되지는 않는다.

4주에 걸친 정규실습이 어떠한 과정으로 진행되는지에 대한 예를 〈표 2-9〉와 〈표 2-10〉에 제시하였다.

〈표 2-9〉 유치원 교육실습 진행과정 예시

주	실습내용
1주	• 교생출근부 매일 도장 찍기 • 실습생 · 교직원, 실습생 · 유아 인사 나누기 • 유치원 전반 소개, 실습계획 협의(실습일지 꼼꼼하게 기록, 다음날 지도교사 결재) • 교육활동 및 참관 • 유아관찰(일화기록 - 4주간 매일 2~3명)
2주	• 교육활동 및 기본생활습관 지도 참가 • 교재연구 및 교육자료 준비 및 제작(지도교사와의 협의 후 계획에 따라 부분수업)
3주	• 주제와 관련된 부분적인 실제 수업지도 및 평가(2~3회) • 현직연수 및 협의회 참가 • 교육활동 계획안 작성 및 교재 · 교구 제작
4주	• 전일제 교육활동 • 연구수업 및 협의회 • 교생 · 실습 총 평가 및 반성
실습생 복무규정	• 출근 · 퇴근 : 8시까지 출근하여 오후 6시 퇴근을 원칙으로 함 • 지각, 조퇴, 결근 시 하루 전에 지도교사 및 원장의 승인받음 • 도시락, 실내용 덧버선, 실외용 슬리퍼 개인 준비
규 칙	• 화장지 아껴쓰기(화장실 및 교실 화장지 적당하게 사용) • 수돗물 대야에 받아서 사용 • 쓰레기 꼼꼼하게 분리수거 • 전기절약(전기선 빼놓기 등) • 인사는 예절의 기본(학부모, 유아, 교사, 동료, 외부손님 등) • 단정하고 편안한 복장과 두발 • 화방지 및 종이류 자투리 이면지 활용 • 음식물 찌꺼기는 음식물 찌꺼기 통에 버리기 • 휴대폰 사용 삼가

출처 : 김은주 · 권미량(2008). 유아교사교육-생태적 접근. 경기 : 공동체.

〈표 2-10〉 연령에 따른 주차별 보육실습 진행과정 예시

<table>
<tr><th rowspan="2">기 간</th><th colspan="3">보육실습 내용</th></tr>
<tr><th>영아반</th><th>유아반</th><th>비 고</th></tr>
<tr><td>1주</td><td>• 보육실습에 대한 오리엔테이션
• 보육실습 일정 협의
• 영아와 낯익히기
• 관찰 및 보육실습 지도교사 보조</td><td>• 보육실습에 대한 오리엔테이션
• 보육실습 일정 협의
• 유아와 친밀감 형성하기
• 관찰 및 보육실습 지도교사 보조</td><td rowspan="2"></td></tr>
<tr><td>2주</td><td>• 실습반 영아와 친밀감 형성하기
• 관찰 및 보육실습 지도교사 보조
• 단위보육활동 실습 : 일상적 양육 담당, 개별활동 지도
• 보육활동 관련 교재·교구 제작
• 3주차 영역별 보육활동 선정 및 계획안 제출</td><td>• 실습반 유아와 친밀감 형성하기
• 관찰 및 보육실습 지도교사 보조
• 단위보육활동 실습 : 하루 일과 중의 특정 활동이나 특정 영역 지도
• 보육활동 관련 교재·교구 제작
• 3주차 영역별 보육활동 선정 및 계획안 제출</td></tr>
<tr><td>3주</td><td>• 관찰 및 보육실습 지도교사 보조
• 단위보육활동 실습 : 하루일과의 특정 시간 또는 특정 활동 지도, 전이활동을 포함한 단위보육활동들 간의 연계 지도
• 보육활동 관련 교재·교구 제작
• 영역별 보육활동 실습</td><td>• 관찰 및 보육실습 지도교사 보조
• 단위보육활동 실습 : 전이활동을 포함한 단위보육활동들 간의 연계 지도
• 보육활동 관련 교재·교구 제작
• 영역별 보육활동 실습</td><td rowspan="2">• 영아반
– 대집단 보육활동 없음
– 일상적 양육, 개별지도 및 소집단 지도 중심

• 유아반
– 개별, 소집단, 대집단 보육활동 모두 포함
– 흥미영역의 세분화에 따른 다양한 보육활동 참여</td></tr>
<tr><td>4주</td><td>• 관찰 및 보육실습 지도교사 보조
• 반일 또는 종일 보육활동 운영 실습
• 보육활동 관련 교재·교구 제작
• 연계활동 자료준비 및 제작
• 연계활동 실시
• 반일(일일) 보육계획 협의 및 계획안 제출</td><td>• 관찰 및 보육실습 지도교사 보조
• 반일 또는 종일 보육활동 운영 실습
• 보육활동 관련 교재·교구 제작
• 연계활동 자료준비 및 제작
• 연계활동 실시
• 반일(일일) 보육계획 협의 및 계획안 제출</td></tr>
</table>

5주	• 반일(일일) 보육활동 자료 점검 • 반일(일일) 보육활동 실시	• 반일(일일) 보육활동 자료 점검 • 반일(일일) 보육활동 실시	• 실습일지 및 기타실습관련 서류 제출
6주	• 참여관찰(일과 운영, 보육환경, 영아-교사 상호작용 등) • 보조교사 역할 수행 • 최종 보육실습 평가회	• 참여관찰(일과 운영, 보육환경, 영아-교사 상호작용 등) • 보조교사 역할 수행 • 최종 보육실습 평가회	

출처 : 한국보육진흥원(2017). 어린이집에서의 실습지도.

실습생들은 실습기간 동안 관찰과 참여에서 시작하여, 실제 교육(보육)활동을 계획 및 실행해 보고, 이 외에 교사로서 담당해야 할 여러 가지 업무를 경험해 보는 관점으로 정규실습을 하게 된다. 이를 구체적으로 살펴보면 다음과 같다.

① 관찰실습

관찰실습은 유아, 교사 및 인적 환경 그리고 물리적 환경 등 실습기관의 전반적인 사항을 파악하면서, 교사로서의 역할과 태도, 영유아의 행동 및 발달 등에 대한 기초지식을 증진시키기 위해 참관을 하는 과정이다. 이러한 참관과정에서는 영유아 관찰, 교사역할 관찰, 물리적 환경 관찰 등이 포함된다. 이러한 관찰활동은 실습생들의 관찰능력과 태도를 길러주어, 정규실습을 보다 효과적으로 수행할 수 있게 해주는 기초가 된다. 관찰실습의 대상과 내용을 표로 정리하면 다음과 같다.

〈표 2-11〉 관찰실습의 영역과 내용

영 역	내 용
영유아 관찰	• 영유아의 개인적인 흥미 및 특성을 관찰한다. • 영유아의 건강상태 및 다양한 발달 특성을 관찰한다. • 영유아의 학습태도 및 능력을 관찰한다. • 영유아의 놀이상황 및 다양한 상호작용의 양과 질을 관찰한다.
교사역할 관찰	교사의 학습활동 계획 및 실행을 관찰한다. • 교사의 학급운영을 관찰한다. • 교사의 생활지도를 관찰한다. • 영유아의 관찰 및 평가에 대해 관찰한다. • 영유아와의 상호작용, 교직원과의 의사소통, 학부모와의 의사소통 방법 등을 관찰한다. • 간식 및 급식의 운영을 관찰한다. • 교재 · 교구 및 자료 준비와 관리를 관찰한다. • 비품관리를 관찰한다.
물리적 환경 관찰	• 실습기관의 실내 · 외 놀이환경 및 시설 · 설비를 관찰한다. • 실습기관의 현황(원아 수, 학급 수, 교원현황, 하루일과표 등)을 관찰한다. • 실습기관의 교재 · 교구의 제작 및 활용방법을 관찰한다.

② 참여실습

참여실습은 실습생들이 지도교사의 지도하에 직접적으로 교육활동에 참여하여 하루일과를 계획하고, 실시하고, 평가해 보는 실습과정을 의미하는데, 일과 중 어느 정도의 활동을 계획하고 실행하는지에 따라 부분수업, 연결수업, 종일수업으로 구분되어 실시된다. 부분수업은 교사가 계획한 하루일과 중에서 한 가지 활동(예 동화, 노래지도 등)만을 실습생이 스스로 계획하고 준비해서 수행해 보는 과정이다. 연결수업은 교사가 계획한 일과 중에서 연결되어 진행되는 두 가지의 활동을 실습생이 준비하여 수행해 보는 과정으로 활동과 활동

사이 과도기의 교사역할을 경험해 볼 수 있다. 종일수업은 하루일과의 시작부터 끝까지를 모두 실습생 스스로 계획하고 준비하여 수행해 보는 과정이다. 이러한 참여실습 과정에서 경험할 수 있는 내용은 다음 표와 같다

〈표 2-12〉 참여실습의 영역 및 내용

영 역	내 용
교육활동의 계획, 수행 및 평가 참여	• 교육활동의 준비 및 계획을 경험한다. • 교육활동의 평가를 경험한다. • 교육활동(부분수업, 연결수업, 종일수업)을 실행해 보는 경험을 한다. • 실내 · 외 환경구성 및 정리, 청결 유지 등의 수행을 경험한다.
영유아 지도 참여	• 교육활동 보조나 참여를 통해 영유아의 발달 특성을 이해한다. • 놀이지도 등을 직접 해보면서 유아들과의 다양한 상호작용을 경험한다. • 영유아의 건강 및 영양, 안전 지도를 경험한다.
학급운영 참여	• 학급운영 보조나 참여를 통해 하루일과 운영을 이해한다. • 학급의 사무처리, 비품관리 등의 업무를 경험한다. • 견학 및 각종 행사에 참가한다.

③ 실무실습

실무실습은 교사의 역할 중에서 가르치는 일 외의 역할, 즉 교사가 학급을 운영 · 관리하고, 유아교육(보육)기관의 전반적인 운영 · 관리에 참여하고, 학부모들과 상호작용하는 역할들을 중심으로 경험해 보는 실습과정이다. 실무실습은 원아관리, 학급관리, 교구 및 비품 관리, 문서관리, 행사관리 등 총체적인 실무경험이 포함된다. 실무실습에 포함되는 영역과 내용을 표로 나타내면 다음과 같다.

〈표 2-13〉 실무실습의 영역 및 내용

영 역	내 용
원아관리 실무	• 영유아들과 관련된 제반 서류 관리를 경험한다. • 영유아의 가족관계 등 가정환경을 파악해 본다. • 관찰 및 평가 자료의 수집 및 정리, 활용방법 등을 경험한다.
학급운영 실무	• 매일의 출석 및 등 · 하원 지도를 경험한다. • 학급의 실무관리를 경험한다. • 학급의 물리적 환경 조성 및 청소, 정리를 경험한다. • 급 · 간식 및 영양 · 안전 · 건강관리를 경험한다.
교구 · 비품 및 문서관리 실무	• 교구 및 비품관리와 관리대장 작성을 경험한다. • 문서작성 및 처리를 경험한다.
행사관리 및 기타 실무	• 행사 준비 및 진행에 관한 경험을 한다. • 가정통신문 작성을 경험한다. • 부모와의 상담계획 및 실행을 경험한다. • 부모교육의 계획 및 실행을 경험한다.

(3) 사후실습

사후실습은 정규실습 이후에 경험하는 현장실습으로 정규실습 과정에서의 경험을 보다 심화시키거나 보완하는 성격을 가진다. 필수과정은 아니며 실습생의 자발적인 지원, 실습기관에서의 요청, 대학과 현장과의 협의에 따라 대체로 자율적으로 진행된다. 이를 통해 실습생들은 자신의 미흡한 점과 문제점을 보완하고, 수정할 수 있을 뿐만 아니라 정규실습에서 미처 다 경험하지 못했던 내용을 추가해 볼 수도 있다. 따라서 사후실습은 영유아교사로서의 자질을 함양하고 정규실습에 연계하여 유아교육(보육)기관의 전체적인 교육과정 운영을 경험하는 좋은 기회가 된다.

흔들리며 피는 꽃

도종환

흔들리지 않고 피는 꽃이 어디 있으랴
이 세상 그 어떤 아름다운 꽃들도
다 흔들리면서 피었나니
흔들리면서 줄기를 곧게 세웠나니
흔들리지 않고 가는 사랑이 어디 있으랴

젖지 않고 피는 꽃이 어디 있으랴
이 세상 그 어떤 빛나는 꽃들도
다 젖으며 젖으며 피었나니
바람과 비에 젖으며 꽃잎 따뜻하게 피웠나니
젖지 않고 가는 삶이 어디 있으랴

Chapter 03

영유아교사의 자격과 임용

1. 자 격
2. 임 용

CHAPTER

03 영유아교사의 자격과 임용

양질의 교육·보육서비스를 제공하기 위해서는 영유아교사의 전문성 확보와 자격관리가 뒷받침되어야 한다. 이 장에서는 영유아교사의 자격과 임용을 유치원과 어린이집으로 구분하여 살펴보고자 한다.

1. 자 격

1) 유치원교사

유치원에는 원장, 원감, 수석교사 및 교사가 포함된 교원과 촉탁의사, 영양사, 간호사 또는 간호조무사, 행정직원 등의 직원이 포함된 교직원을 둘 수 있다. 유치원교원은 법적인 자격요건에 따라 원장, 원감, 수석교사, 교사(1급, 2급) 및 준교사로 나누어지며, 직무수행에 따라 부장교사, 교사로 구분된다. 그리고 교육과정 운영상 필요한 경우에 강사, 기간제 교사 또는 명예교사 등을 두어 유아교육을 담당 또는 보조하게 할 수 있다. 유치원교원의 자격기준은 유아교육법에 명시되어 있으며, 그 구체적인 자격기준은 다음 〈표 3-1〉과 같다.

〈표 3-1〉 유치원교원의 자격기준

자격 / 종별	자격기준
원 장	1. 유치원의 원감자격증을 가지고 3년 이상의 교육경력과 소정의 재교육을 받은 자 2. 학식 · 덕망이 높은 자로서 대통령령이 정하는 기준에 해당한다고 교육부 장관의 인정을 받은 자
원 감	1. 유치원 정교사(1급)자격증을 가지고 3년 이상의 교육경력과 소정의 재교육을 받은 자 2. 유치원 정교사(2급)자격증을 가지고 6년 이상의 교육경력과 소정의 재교육을 받은 자
수석교사	교사자격증을 소지한 사람으로서 15년 이상의 교육경력(교육공무원법 제2조 제1항 제2호 및 제3호에 따른 교육전문직원으로 근무한 경력 포함)을 가지고 교수 · 연구에 우수한 자질과 능력을 가진 사람 중에서 대통령령으로 정하는 바에 따라 교육부 장관이 정하는 연수 이수 결과를 바탕으로 검정 · 수여하는 자격증을 받은 자
1급 정교사	1. 유치원 정교사(2급)자격증을 가진 자로서 3년 이상의 교육경력을 가지고 소정의 재교육을 받은 자 2. 유치원 정교사(2급)자격증을 가지고 교육대학원 또는 교육부 장관이 지정하는 대학원의 교육과에서 유치원 교육과정을 전공하여 석사학위를 받은 자로서 1년 이상의 교육경력이 있는 자
2급 정교사	1. 대학에 설치하는 유아교육과 졸업자 2. 대학(전문대학 및 이와 동등 이상의 각종 학교와 평생교육법 제31조 제4항에 따른 전문대학 학력인정 평생교육시설을 포함한다) 졸업자로서 재학 중 소정의 보육과 교직학점을 취득한 자 3. 교육대학원 또는 교육부 장관이 지정하는 대학원의 교육과에서 유치원 교육과정을 전공하고 석사학위를 받은 자 4. 유치원 준교사자격증을 가진 자로서 2년 이상의 교육경력을 가지고 소정의 재교육을 받은 자

준교사	1. 유치원 준교사 자격검정에 합격한 자
비 고	1. 원장 · 원감, 초 · 중등교육법의 규정에 의한 교장 · 교감, 교육장 · 장학관 · 장학사 · 교육연구관 · 교육연구사의 경력연수는 교육경력 연수로 볼 수 있다. 2. 이 표 중 전문대학에는 종전의 초급대학 · 전문학교 및 실업고등전문학교를 포함한다.

출처 : 유아교육법 제22조 제1 · 2항 관련 [별표 1 · 2], 동법 제22조 제3항.

한편 유치원교원의 정원 · 배치 등에 관해 필요한 사항은 대통령령으로 정하고 있는데, 구체적인 내용은 다음과 같다.

〈표 3-2〉 유치원교원의 배치기준

구 분	배치기준	비 고
교 사	학급마다 교사 1명 배치	방과후 과정을 운영하는 유치원의 경우, 방과후 과정 운영담당 교사를 1명 이상 배치
보직교사	• 3학급 이상 ~ 5학급 이하 : 1명 • 6학급 이상 ~ 11학급 이하 : 2명 • 12학급 이상 : 3명	11학급 이하의 교육부 지정 연구학교의 경우, 보직교사 1명 추가배치 가능
수석교사	• 유치원별로 1명씩 배치 • 수석교사는 학급을 담당하지 않지만, 유치원 규모 등 유치원 여건에 따라 학급담당 가능	유아 수가 100명 이하인 유치원 또는 학급 수가 4학급 이하인 유치원에는 수석교사를 두지 않을 수 있음
원 감	3학급 이상 1명	2학급 이하의 경우, 원장 및 원감이 학급담당 가능
원 장	유치원별로 1명씩 배치	

출처 : 유아교육법 시행령 제23조, 제23조의2.

2) 보육교사

어린이집에는 영유아의 보육, 건강관리 및 보호자의 상담, 그 밖에 어린이집의 관리 · 운영 등의 업무를 담당하는 원장, 보육교사, 특수교사, 치료사, 간호사, 영양사, 취사원 등의 보육교직원이 있다. 보육활동에 직접적으로 관련되는 원장과 보육교사의 자격기준을 중심으로 살펴보면 다음과 같다.

(1) 자격기준

① 원장

어린이집 원장 자격기준에 해당하는 자로서 보건복지부 장관이 검정 · 수여하는 국가자격증을 받은 자이어야 한다. 영유아보육법에서는 원장의 자격기준을 시설의 유형, 즉 일반기준, 가정어린이집, 영아전담어린이집, 장애아전문어린이집, 고등교육법에 의한 대학(전문대학 포함) 또는 교육훈련시설이 운영(위탁 또는 부설 운영을 말함)하는 어린이집의 유형에 따라 자격기준을 달리하고 있다.

〈표 3-3〉 원장의 자격기준

자격 / 종별	자격기준
일반기준	1. 보육교사 1급 자격을 취득한 후 3년 이상의 보육 등 아동복지업무 경력이 있는 사람 2. 유아교육법에 의해 유치원 정교사 1급 자격을 취득한 후, 3년 이상의 보육 등 아동복지업무 경력이 있는 사람 3. 유치원 원장의 자격을 가진 사람 4. 초 · 중등교육법에 의한 초등학교 정교사 자격을 취득한 후, 5년 이상의 보육 등 아동복지업무 경력이 있는 사람

	5. 사회복지사업법에 따른 사회복지사 1급 자격을 취득한 후, 5년 이상의 보육 등 아동복지업무 경력이 있는 사람 6. 의료법에 의한 간호사 면허를 취득한 후 7년 이상의 보육 등 아동복지업무 경력이 있는 사람 7. 국가 또는 지방자치단체에서 7급 이상의 공무원으로 보육 등 아동복지업무에 5년 이상 근무한 경력이 있는 사람
가정어린이집	1. 일반기준에서 정한 자격을 갖춘 사람 2. 보육교사 1급 이상의 자격을 취득한 후 1년 이상의 보육업무 경력이 있는 사람
영아전담 어린이집	1. 일반기준에서 정한 자격을 갖춘 사람 2. 간호사 면허를 취득한 후 5년 이상의 아동간호업무 경력이 있는 사람
장애아전문 어린이집	1. 일반기준에서 정한 자격을 갖춘 사람으로서 대학(전문대학 포함)에서 장애인복지 및 재활 관련 학과를 전공한 사람 2. 일반기준에서 정한 자격을 갖춘 사람으로서 장애영유아 어린이집에서 2년 이상의 보육업무 경력이 있는 사람
고등교육법에 따른 대학(전문대학 포함) 또는 교육훈련시설이 운영(위탁 또는 부설 운영을 말함)하는 어린이집	1. 일반기준에서 정한 자격을 갖춘 사람 2. 어린이집을 운영하는 대학의 조교수 또는 교육훈련시설의 전임교수 이상으로서 보육 관련 교과목에 대하여 3년 이상의 교육경력이 있는 사람

출처 : 영유아보육법 시행령 제21조 관련 [별표 1].

Tip

☞ **일반기준 : 보육 등 아동복지업무 경력**

가. 다음의 어느 하나에 해당하는 경력을 말한다.

- 어린이집에서 어린이집의 원장, 보육교사, 특수교사[초 · 중등교육법 제21조 제2항에 따라 특수학교의 정교사, 준교사 또는 실기교사(담당과목이 재활복지 과목인 경우만 해당한다)의 자격증을 가진 사람과 이에 준하는 사람으로 보건복지부 장관이 인정하는 사람을 말함] 또는 치료사로 근무한 경력
- 육아종합지원센터에서 육아종합지원센터의 장, 보육전문요원 또는 특수교사, 대체교사 또는 일시보육 담당 보육교사로 근무한 경력
- 법 제26조의2 제2항에 따른 일시보육서비스 지정기관에서 기관의 장 또는 일시보육 담당 보육교사로 근무한 경력

나. 유아교육법에 따른 유치원에서 원장, 원감, 수석교사 또는 교사로 근무한 경력

다. 아동복지법에 따른 아동복지시설에서 시설장, 총무, 보육사, 생활복지사, 상담지도원 또는 자립지원전담요원으로 근무한 경력

라. 장애인복지법에 따른 장애영유아 생활시설에서 장애영유아와 관련된 업무에 종사한 경력

마. 유아교육법 및 초 · 중등교육법에 따른 특수학교(유치원 과정)에서 특수학교 교원으로 근무한 경력

바. 법률 제7120호 유아교육법 제정으로 폐지되기 전 유아교육진흥법에 따른 새마을 유아원에서 근무한 경력

사. 가목부터 바목까지의 아동복지업무를 수행하는 시설 등에서 간호사로 근무한 경력

아. 국가 또는 지방자치단체에서 7급 이상의 공무원으로 보육 등 아동복지에 관한 행정업무에 종사한 경력

☞ **가정어린이집 : 보육업무 경력**

- 어린이집에서 어린이집의 원장, 보육교사, 특수교사 또는 치료사로 근무하거나 육아종합

지원센터에서 육아종합지원센터의 장, 보육전문요원 또는 특수교사로 근무한 경력의 어느 하나에 해당하는 경력

- 유아교육법 제20조 규정에 따른 교육과정과 방과후 과정을 운영하는 유치원에서 원장, 원감, 수석교사 또는 교사로 근무한 경력

☞ **영아전담어린이집 : 아동간호업무 경력**

- 병원의 소아청소년과나 신생아실, 보건소, 모자보건센터, 초등학교 보건실 등에서 근무한 경력

② 보육교사

보육교사 자격기준(영유아보육법 시행령 제21조 [별표 1])에 해당하는 자로서 보건복지부 장관이 검정·수여하는 국가자격증을 발급받은 자는 어린이집에서 보육교사로 근무할 수 있으며, 보육교사의 자격기준은 등급별(1·2·3급)로 세분화되어 있다. 보육교사의 등급별 자격기준은 다음과 같다.

〈표 3-4〉 보육교사의 등급별 자격기준

등 급	자 격
보육교사 1급	1. 보육교사 2급 자격을 취득한 후 3년 이상의 보육업무 경력이 있는 사람으로서 보건복지부 장관이 정하는 승급교육을 받은 사람 2. 보육교사 2급 자격을 취득한 후 보육 관련 대학원에서 석사학위 이상을 취득하고 1년 이상의 보육업무 경력이 있는 사람으로서 보건복지부 장관이 정하는 승급교육을 받은 사람

보육교사 2급	1. 전문대학 또는 이와 같은 수준 이상의 학교에서 보건복지부령으로 정하는 보육 관련 교과목 및 학점을 이수하고 졸업한 사람 2. 보육교사 3급 자격을 취득한 후 2년 이상의 보육업무 경력이 있는 사람으로서 보건복지부 장관이 정하는 승급교육을 받은 사람
보육교사 3급	고등학교 또는 이와 같은 수준 이상의 학교를 졸업한 사람으로서 보건복지부령으로 정하는 교육훈련시설에서 정해진 교육과정을 수료한 사람

출처 : 영유아보육법 제21조 제1항 및 제3항, 영유아보육법 시행령 제21조 관련 [별표 1].

(2) 자격검정 및 자격증 발급

① 자격검정의 일반원칙

- 어린이집 원장 자격기준에 해당하는 어린이집 원장 및 보육교사의 자격검정은 무시험을 원칙으로 하며, 영유아보육법 제21조에 따른 어린이집의 원장과 보육교사의 자격기준에 의한 자격기준을 갖추었는지 여부를 신청자가 제출한 서류를 심사하여 검정한다. 자격의 검정 및 자격증 발급과 관련된 중요한 사항은 보육교직원 자격검정위원회에서 심의 · 의결하여 결정한다.
- 자격검정은 자격 신청 시의 자격기준에 따라 검정하는 것이 원칙이다.

② 자격증 발급을 위한 구비서류

자격증 발급을 위한 구비서류는 어린이집 원장(자격증별), 보육교사(등급별)에 따라 다르다. 전문대학 또는 이와 같은 수준 이상의 학교에서 보건복지부령으로 정하는 보육 관련 교과목 및 학점을 이수하고 졸업한 사람이 보육교사 2급 자격증을 발급받기 위해 필요한 서류는 최종학교 졸업증명서, 최종학교 성적증명서, 보육실습 확인서, 인터넷 신청 시 등록할 사진, 자격증 발급 신청서(인터넷 신청 후 출력)이다.

③ 자격증 발급 신청 및 교부절차

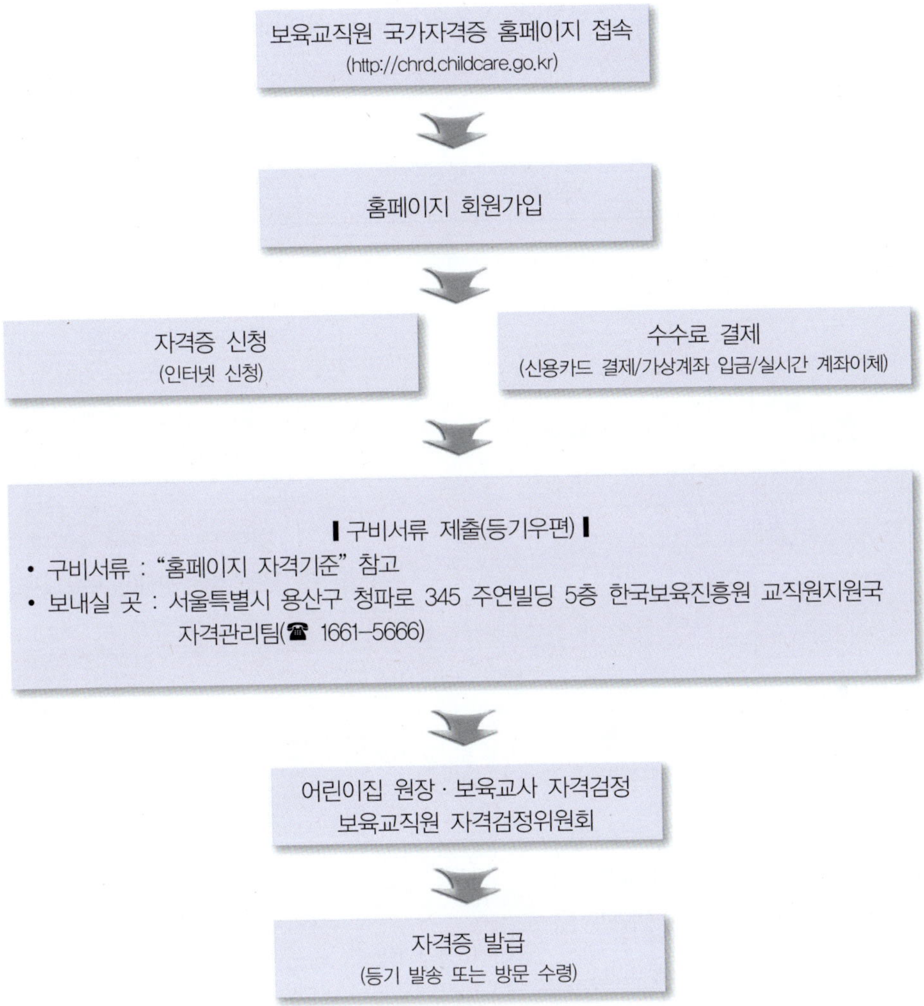

|그림 3-1| 자격증 발급절차

(3) 보육교직원의 배치기준

보육교직원 및 그 밖의 인력의 배치기준 등에 필요한 사항은 보건복지부령에서 정하고 있는데, 그 구체적인 내용은 다음과 같다.

〈표 3-5〉 보육교직원의 배치기준

구 분	배치기준		비 고
원 장	원장 1명		• 영유아 20명 이하를 보육하는 어린이집의 경우, 원장이 보육교사를 겸임할 수 있음 • 정원 21~39인 어린이집의 경우 시장 · 군수 · 구청장이 특례(도서 · 벽지 · 농어촌지역에 있는 어린이집으로서 교사 수급이 어렵다고 인정되는 경우)를 인정할 경우 원장이 보육교사를 겸임할 수 있음
보육교사	만 1세 미만	영아 3명당 1명	
	만 1세 이상~ 만 2세 미만	영아 5명당 1명	
	만 2세 이상~ 만 3세 미만	영아 7명당 1명	
	만 3세 이상~ 만 4세 미만	유아 15명당 1명	
	만 4세 이상~ 미취학 유아	유아 20명당 1명	유아 40명당 1명은 보육교사 1급 자격소지자
	취학아동	20명당 1명	

	장애아 보육	장애아 3명당 1명	장애아 9명당 1명은 특수교사 자격소지자
보조교사	어린이집에는 보육교사의 업무부담을 경감할 수 있도록 보조교사 등을 둠		
대체교사	휴가 또는 보수교육 등으로 보육교사의 업무에 공백이 생기는 경우에는 이를 대체할 수 있는 대체교사를 배치함		
간호사 (간호조무사)	영유아 100명 이상을 보육하는 어린이집의 경우 간호사(간호조무사 포함) 1명		원장이 겸직 가능(자격증 소지자)
영양사	영유아 100명 이상을 보육하는 어린이집의 경우 1명		• 원장이 겸직 가능(자격증 소지자) • 어린이집 단독으로 영양사를 두는 것이 곤란할 때는 동일 시·군·구의 5개 이내의 어린이집이 공동으로 영양사를 둘 수 있음
조리원	영유아 40명 이상 80명 이하를 보육하는 어린이집의 경우 1명		영유아 80명 이상을 초과할 때마다 1명씩 증원
그 밖의 보육교직원	어린이집의 규모와 특성에 따라 의사(또는 촉탁의사), 사회복지사, 사무원, 관리인, 위생원, 운전기사, 치료사 등의 보육교직원을 추가적으로 배치할 수 있음		

출처 : 보건복지부(2020). 2020년도 보육사업안내.

(4) 자격정지 및 자격취소

어린이집의 원장과 보육교사는 다음과 같이 법령을 위반하는 경우에는 자격정지 또는 자격취소 처분을 받을 수 있다.

〈표 3-6〉 자격정지 및 취소 기준

<table>
<tr><th>구 분</th><th>자격정지</th><th>자격취소</th></tr>
<tr><td>원 장</td><td>1. 어린이집의 원장이 업무수행 중 고의나 중대한 과실로 손해를 입힌 경우
2. 해당 업무수행에 필요한 자격이 없는 자를 채용하여 보육교사 · 간호사 또는 영양사 등의 업무를 수행하게 한 경우
3. 보수교육을 연속하여 3회 이상 받지 아니한 경우
4. 거짓이나 그 밖의 부정한 방법으로 보조금을 교부받거나 보조금을 유용한 경우
5. 공익신고자 보호법 제2조 제2호에 따른 공익신고를 한 보육교직원에게 같은 조 제6호에 따른 불이익 조치를 한 경우</td><td rowspan="2">1. 거짓이나 그 밖의 부정한 방법으로 자격증을 취득한 경우
2. 자격 취득자가 업무수행 중 그 자격과 관련하여 고의나 중대한 과실로 손해를 입히고 금고 이상의 형을 선고받은 경우
3. 아동복지법 제3조 제7호의2에 따른 아동학대 관련 범죄로 처벌을 받은 경우
4. 명의대여 금지 등의 의무를 위반한 경우
5. 자격정지 처분기간 종료 후 3년 이내에 자격정지 처분에 해당하는 행위를 한 경우
6. 자격정지 처분을 받고도 자격정지 처분기간 이내에 자격증을 사용하여 자격 관련 업무를 수행한 경우
7. 자격정지 처분을 3회 이상 받은 경우
8. 제46조 제4호에 해당하여 금고 이상의 형을 선고받은 경우</td></tr>
<tr><td>보육교사</td><td>1. 보육교사가 업무수행 중 그 자격과 관련하여 고의나 중대한 과실로 손해를 입힌 경우
2. 보수교육을 연속하여 3회 이상 받지 아니한 경우</td></tr>
</table>

출처 : 영유아보육법 제46 · 47 · 48조.

2. 임 용

1) 유치원교사

임용이란 일반적으로 교직원의 신규채용, 승진, 승급, 전직, 전보, 겸임, 파견, 강임, 휴직, 직위해제, 정직, 복직, 면직, 해임 및 파면 등을 의미한다(교육공무원법 제2조 제6항).

유치원교사의 임용과정을 살펴보면 다음 |그림 3-2|와 같다.

채 용	⇨	• 임용권자 – 국공립유치원 : 국가 – 사립유치원 : 사립학교법에 근거해 원장 또는 경영자 • 채용방법 – 국공립유치원 : 공개전형(임용후보자 경쟁시험 : 필기, 실기, 면접시험 등의 방법) – 사립유치원 : 유치원 자체적인 선발규정(대학 관련 학과의 교수추천 및 소개, 교육실습, 재직 교직원의 추천, 인터넷 등의 매체를 이용한 채용공고 등)
⬇		
선 발	⇨	• 국공립유치원 : 공개전형(필기, 실기, 면접시험 등의 방법) • 사립유치원 : 서류심사(이력서 및 자기소개서) 및 면접
⬇		
신원조사 의뢰	⇨	• 유치원 → 교육청 → 경찰청 → 회신받음 → 교육청에서 유치원으로
⬇		
채용확정	⇨	• 결격사유 없을 시 채용확정
⬇		

임용보고	⇨	• 임용보고 절차 – 국공립유치원 : 교육감은 유치원교사 신규 임용후보자 선정 경쟁시험에 합격된 자를 수급상황에 따라 지역교육청에 배정하고 교육장이 임용함 – 사립유치원 → 관할 교육청 • 임용보고 시 구비서류 – 교사 : 인사기록카드, 교원자격증 사본, 최종학력 증명서, 주민등록등본, 호적등본, 채용신체검사서, 신원진술서, 신원조사회보서, 경력증명서(경력자에 한함) – 원장 : 인사기록카드, 교원자격증 사본, 이력서, 주민등록등본, 호적등본, 경력증명서, 취임승낙서, 신원조사회보서, 임용장, 채용신체검사서
⬇		
인사기록 등재	⇨	• 인사기록카드 및 발령대장에 기록 · 보관 • 수기된 인사기록카드를 교육행정정보시스템(NEIS)에 전산입력 관리

|그림 3-2| 유치원교사의 임용절차

Tip

임용 관련 용어

- 신규채용 : 행정조직에 결원이 생겼을 때 행정조직 바깥에서 사람을 신규로 선발해 쓰는 것
- 승진 : 승진이란 직위의 등급이나 계급이 오르는 것을 말하며, 승급이란 봉급이나 급료, 자격기준 등이 오르는 것으로 교육공무원의 승진임용은 같은 종류의 직무에 종사하는 바로 아래 직급의 사람 중에서 대통령령으로 정하는 바에 따라 경력평정, 재교육성적, 근무성적, 그 밖에 실제 증명되는 능력에 의하여 이루어지는 것
- 전직 : 교육공무원의 종류와 자격을 달리하여 임용하는 것
- 전보 : 교육공무원을 같은 직위 및 자격에서 근무기관이나 부서를 달리하여 임용하는 것
- 강임 : 같은 종류의 직무에서 하위 직위에 임용하는 것
- 복직 : 휴직, 직위해제 또는 정직 중에 있는 교육공무원을 직위에 복귀시키는 것

한편 국공립유치원 교사는 만 62세가 정년이지만, 사립유치원 교사는 유치원의 사정이나 교사의 희망에 의해 퇴직이 이루어진다.

2) 보육교사

(1) 보육교직원의 채용

보육교직원을 채용할 때의 기본적인 자격요건은 심신이 건강하고, 보육에 대한 열의와 전문적인 지식이 있는 사람이어야 한다. 그리고 전염성 질환 및 인격결함 등 신체적 · 정신적으로 영유아보육에 지장이 있는 자는 보육교직원으로 채용할 수 없다. 또한 영유아보육법 시행규칙 제10조 별표 2의 보육교직원의 배치기준에 따른 자격을 갖춘 사람이어야 한다.

보육교직원의 채용은 공개경쟁을 원칙으로 하며, 서류심사와 면접 등의 객관적이고 공정한 절차를 통해 채용해야 한다.

보육교직원의 채용과 관련된 구체적인 내용은 다음 〈표 3-7〉과 같다.

〈표 3-7〉 보육교직원의 채용

	원 장	보육교사 등 그 밖의 보육교직원
임면권자	• 국공립어린이집 : 시 · 군 · 구청장 • 법인 · 직장 · 민간 · 가정어린이집 : 어린이집 설치자 • 협동어린이집 : 조합을 설치 · 운영하는 대표자	원장의 제청으로 법인이나 단체의 대표자 또는 어린이집 설치자(수탁자 포함)

채용조건 및 채용방법	• 신규채용의 경우 무자격자는 채용할 수 없다. • 유자격자인 경우라도 상근이 어려운 경우에는 채용대상에서 제외하여야 한다. • 행정기관, 민간단체 등에서 명예직 복수신분을 가지고 있는 자는 제외하여야 한다.	• 공개경쟁 채용을 원칙으로 한다. • 공립어린이집의 경우 시·도지사 또는 시·군·구청장이 보육교사를 채용한 후 배치할 수 있다.
비 고	• 어린이집 설치자가 종사자 임면권을 수탁자에게 위임한 경우에는 수탁자가 임면한다. 단, 수탁 운영자에게 종사자 임면권이 위임된 경우라 할지라도 근로기준법 등에서 규정한 고용승계 등 조사자의 신분을 철저히 보장하여야 한다.	• 졸업예정자에 대한 특례 : 대학 또는 전문대학의 졸업예정자는 졸업예정증명서를 제출받아 보육교직원(원장 제외)으로 채용할 수 있다(단, 2개월 이내에 졸업증명서를 사후에 제출하여야 한다).

출처 : 보건복지부(2020). 2020년도 보육사업안내.

(2) 보육교직원의 임면

① 보육교직원의 임면 등에 대한 규정

- 시장 · 군수 또는 구청장은 보육교직원의 권익보장과 근로여건 개선을 위하여 보육교직원의 임면과 경력 등에 관한 사항을 관리하여야 한다. 어린이집의 원장 또한 보육교직원의 관리를 위하여 보육교직원의 인사기록부 및 관리대장(가정어린이집 포함)을 비치하고 기록, 유지하여야 한다.
- 어린이집의 원장은 보육교직원의 임면에 관한 사항(채용, 휴직, 출산휴가, 육아휴직, 1개월 이상의 장기병가, 퇴직 등)을 특별자치도지사 · 시장 · 군수 · 구청장에게 보고하여야 한다.
- 대체교사(임시교사)의 임면보고를 할 경우에 원장은 보육교사의 출산휴가, 육아휴직, 장기병가 등의 사유 발생 시 보육을 담당하기 위해 채용된 보

육교사로서 주당 30시간 이상을 근무하는 자의 임면사항을 관할 시장 · 군수 · 구청장에게 보고해야 한다.

② 보육교직원의 임면원칙

- 보육교직원의 채용은 공개경쟁을 원칙으로 한다.
- 임면권자는 임금, 계약기간 등 근로조건 등을 명시한 근로계약을 체결해야 하고, 근로계약과 관련하여 부당한 내용(결혼, 출산, 육아휴직 등으로 인한 퇴직요구)을 포함해서는 안 되며, 관할 행정기관은 이를 적극 지도 · 감독해야 한다.
- 임면권자는 보육교직원의 결원 시 1개월 이내에 보육교직원을 채용하여야 한다.
- 임면권자는 보육 등 아동복지에 관련된 학과의 학생 또는 육아경험이 있는 여성들을 자원봉사자로 활용할 수 있다. 이 경우 어린이집의 사정에 따라 수당을 지급할 수 있다.

Tip

근로계약 체결

- 근로계약은 근로자가 사용자에게 근로를 제공하고 사용자는 이에 대해 임금을 지급함을 목적으로 체결하는 것으로 근로기준법 제17조 및 동법 시행령 제8조에 따라 계약하며 반드시 서면계약이 필요함
- 근로계약의 체결 시에는 교직원의 임금, 근로시간, 취업장소, 종사할 업무, 시 · 종업시각, 휴게, 휴일, 휴가, 퇴직금, 상여금, 가족수당, 안전보건, 교육, 표창 등의 명시와 더불어 임금의 구성항목, 계산방법, 지급방법, 소정근로시간, 주휴일, 연차유급휴가는 반드시 서면으로 명시해야 함
- 근로자의 요구가 있을 경우에는 서면 근로계약서를 교부하여야 함

근로계약서의 예는 다음과 같다.

근 로 계 약 서(예시)

○○어린이집

(기관명) 대표 ×××(이하 '갑'이라 함)와 근로자 △△△(이하 '을'이라 함)는 다음과 같이 근로계약을 체결하고 상호 성실히 이행할 것을 확약한다.

제1조(담당업무)

"을"의 담당업무는 (　　　　　)로 하되, 업무상 필요한 경우 갑은 을의 담당업무를 변경할 수 있다.

제2조(근로장소)

"을"의 근로장소는 (　　　　　)로 하되, 업무상 필요한 경우 갑은 을의 근로장소를 변경할 수 있다.

제3조(근로시간 및 휴게시간)

"을"의 근로일 및 근로일별 근로시간과 휴게시간은 다음과 같다. 단, 업무상 필요한 경우 변경할 수 있다.

가. 근로일 - 평일, 토요일

나. 근로시간 - 평일 00:00 ~ 00:00(휴게시간 00:00~00:00)

토요일 00:00 ~ 00:00(휴게시간 00:00~00:00)

제4조(임금)

① "을"의 임금은 월급 총액 (　　　　　)원으로 한다.

(※ 월 급여는 매년 ○○시 보육정책위원회에서 결정되는 최저임금을 기본으로 직원의 경력, 능력, 태도, 업무성과, 기여도 등을 반영하여 상향 조정할 수 있다)

– 상여금 : 없음 (　　), 있음 (　　) ________________ 원

– 기타 급여(제수당 등) : 없음 (　　), 있음 (　　)

• ________________ 원, ________________ 원

• ________________ 원, ________________ 원

(※ 필요한 경우 수당별 추가 기재)

② 전항의 임금은 매월 ( )일부터 ( )일까지 기산하여 당월 ( )일에 "을"이 지정하는 은행 계좌로 송금한다.

> ※ '국고보조시설'의 경우 아래 조항으로 대체
>
> 제4조(임금)
>
> ① "을"의 임금은 매년 보건복지부 장관이 정한 인건비지원 기준에 따라 ( ) 호봉 갑(을) 월급 총액 (   )원으로 시작한다.
>
> (※ 필요한 경우 수당별 금액 기재)
>
> ② 전항의 임금은 매월 ( )일부터 ( )일까지 기산하여 당월 ( )일에 "을"이 지정하는 은행 계좌로 송금한다.

제5조(휴일)

① "을"의 유급휴일은 주휴일(매주 ○요일)과 근로자의 날로 한다.

② 그 밖의 유급휴일은 "갑"의 복무규정에 따른다.

제6조(휴가)

"갑"은 "을"에게 근로기준법에 따라 연차유급휴가(전년도 8할 이상 출근 시 연간 15일, 입사 첫해는 전월 개근 시 월 1일을 주며 실제 사용한 일수는 이듬해 15일에서 차감)를 주며, 그 외 휴가는 "갑"의 복무규정에 따른다.

제7조(준용)

본 계약서에 명시되지 않은 사항은 복무규정 및 근로기준법의 관련 조항을 준용하도록 한다.

20 년 월 일

갑(사용자)		을(근로자)	
대 표 자 :	(인)	이 름 :	(인)
사업장명 :		주민등록번호 :	
주 소 :		주 소 :	
연 락 처 :		연 락 처 :	

○○ 어린이집

③ 보육교직원 채용 시 제출서류

- 인사기록카드(영유아보육법 시행규칙 별지 제7호 서식)
- 최종학교 졸업증명서
- 성적증명서(보육교사에 한함)
- 자격증 사본
- 경력증명서(경력자에 한함)
- 주민등록등본
- 채용신체검사서

한편 보건복지부 장관은 범죄경력 조회결과 어린이집에서 취업 또는 사실상 노무를 제공할 수 없는 자가 어린이집에 취업하거나 사실상 노무를 제공하면 원장에게 그 사람의 해임을 요구할 수 있고, 어린이집에서 취업 또는 사실상 노무를 제공할 수 없는 사람이 어린이집을 운영한다면 그 어린이집의 원장에게는 운영 중인 어린이집의 폐쇄를 요구할 수 있다.

Tip

경력 인정

- 어린이집에 근무하는 자 중 유아교육법에 따른 유치원교원의 자격을 가진 자에 대하여는 어린이집에서의 근무경력을 유아교육법에 따른 교육경력으로 인정
- 유치원(방과후 수업과정을 운영하고 있는 유치원)에 근무하는 자 중 이 법에 따른 보육교사의 자격을 가진 자에 대하여는 유치원의 근무경력을 이 법에 따른 보육경력으로 인정

이상에서 살펴본 보육교직원의 채용과 임면에 관련된 내용 및 절차를 정리하면, 다음 |그림 3-3|과 같다.

채 용 ⇨

- 채용주체 : 어린이집 설치자
- 채용조건 : 자격기준을 갖춘 자(원장 · 보육교사 – 국가자격증을 발급받은 자)
- 채용방법 : 대학 관련 학과의 교수추천 및 소개, 보육실습, 재직교직원의 추천, 인터넷 등의 매체 등

⬇

선 발 ⇨

서류심사(이력서, 자기소개서 등)

↓

면접

↓

보육교직원의 결격사유 확인

- 채용신체검사 : 보육교직원의 건강 및 전염성 질환 확인
- 범죄경력조회서 조회 : 성범죄 등 범죄경력 사항 확인
  → 채용 전 부적격자의 채용 사전 차단

↓

채용확정(결격사유 없을 시)

⬇

임면보고 ⇨

- 임면보고 절차 : 어린이집 → 시 · 군 · 구청장(채용 후 14일 이내)
- 임면보고 시 구비서류
  - 필수서류 : 인사기록카드, 채용신체검사서, 자격증 사본(일정 자격이 필요한 간호사, 영양사 등에 한하며, 원장 및 보육교사는 보육통합정보시스템으로 확인 가능한 경우 제외), 아동학대 관련 범죄 전력 조회 회신서(인사기록카드 서식 전산화로 아이사랑보육포털, 보육통합시스템을 통해 임면보고 가능)
  - 기타 : 인권보호 서약서, 4대보험 확인서, 근로계약서, 가족관계증명서 또는 기본증명서, 주민등록등본

☞ 보육교직원 임면보고 시 보육통합시스템에 첨부서류와 함께 등록

⬇

자격의 적격성 확인	• 확인주체 : 시 · 군 · 구청장 • 확인대상 : 원장, 보육교사, 특수교사, 치료사, 영양사, 간호사 • 확인방법 : 각 자격별 자격증명 서류 및 보육통합정보시스템
⬇	
결격사유 조회 및 범죄경력 조회	• 결격사유 조회 및 범죄경력 조회 주체 : 시 · 군 · 구청장 • 내용 : 교직원 결격사유(영유아보육법 제20조)
⬇	
경력관리 시스템 입력관리	• 교직원 임면사항을 경력관리시스템에 입력관리
⬇	
임면 관련 자료관리	• 인사기록카드 • 보육교직원 관리대장 • 원장, 보육교사 등 자격을 요하는 보육교직원의 자격증 사본 • 기타 보육교직원 임면과 관련된 서류 ☞ 보육통합시스템을 활용하여 제출(보육교직원 임면보고 필수서류 제출 및 보육교직원 관리대장 서식 전산화 추진)

[그림 3-3] 보육교직원의 채용 및 임면 절차

Chapter 04

영유아교사의 권리와 의무

1. 법적 지위
2. 복무와 처우
3. 교직윤리

CHAPTER

04 영유아교사의 권리와 의무

영유아들의 보육 · 교육활동에서 핵심적인 역할을 담당하는 영유아교사는 전문가로서의 책임과 의무를 성실히 수행해야 하고, 사회 · 경제적 지위를 보장받을 수 있는 법적 권리를 최대한으로 보장받아야 한다. 이 장에서는 영유아교사의 권리와 의무에 대한 법적 근거와 내용을 살펴보고, 영유아교사의 복무와 처우, 교직윤리에 대한 내용도 함께 살펴보고자 한다.

1. 법적 지위

1) 유치원교사

영유아교사의 권리와 의무는 영유아교사의 법적 지위와 관련된다. 교원의 법적 지위는 교원의 권리, 의무, 책임 관계를 법으로 규정한 것이다. 구체적으로 교원의 법적 지위란 직무의 중요성 및 직무수행 능력에 대한 인식의 정도에 따라서 그들에게 주어지는 사회적 대우 또는 근무조건 · 보수 및 그 밖의 물적 급부 등을 모두 포함하는 것으로, 교원에게 부여된 권리 · 의무 등의 총체로 나타난다(황보영란, 2012).

유치원교사의 법적 지위와 관련되는 법은 헌법, 교육기본법, 교육공무원법, 사립학교법, 교권의 지위 향상 및 교육활동 보호를 위한 특별법에 의거해 교원으로서의 법적 지위를 확보하고 그에 따른 처우를 보장받는다. 그리고 유치원교사의 자격, 임용, 보수, 연수 등과 관련된 구체적인 내용은 유아교육법에 따라 적용받고 있다. 유치원 교사의 법적 지위를 법적 근거에서 살펴보면 다음과 같다.

〈표 4-1〉 유치원교사의 권리와 의무를 보장하고 있는 법률적인 근거

구 분	내 용
헌 법	제31조 제6항(교원지위의 법률주의) • 학교교육 및 평생교육을 포함한 교육제도와 그 운영, 교육재정 및 교원의 지위에 관한 기본적인 사항은 법률로 정한다.
교육기본법	제14조(교원) • 학교교육에서 교원의 전문성은 존중되며, 교원의 경제적 · 사회적 지위는 우대되고 그 신분은 보장된다. • 교원은 교육자로서 갖추어야 할 품성과 자질을 향상시키기 위하여 노력하여야 한다. • 교원은 교육자로서의 윤리의식을 확립하고, 이를 바탕으로 학생에게 학습윤리를 지도하고 지식을 습득하게 하며, 학생 개개인의 적성을 계발할 수 있도록 노력하여야 한다. • 교원은 특정한 정당이나 정파를 지지하거나 반대하기 위하여 학생을 지도하거나 선동하여서는 아니 된다. • 교원은 법률로 정하는 바에 따라 다른 공직에 취임할 수 있다. • 교원의 임용 · 복무 · 보수 및 연금 등에 관하여 필요한 사항은 따로 법률로 정한다.

교육공무원법	第43조(교권의 존중과 신분보장) • 교권은 존중되어야 하며, 교원은 그 전문적 지위나 신분에 영향을 미치는 부당한 간섭을 받지 아니한다. • 교육공무원은 형의 선고나 징계처분 또는 이 법에서 정하는 사유에 의하지 아니하고는 본인의 의사에 반하여 강임 · 휴직 또는 면직을 당하지 아니한다. • 교육공무원은 권고에 의하여 사직을 당하지 아니한다. 第48조(교원의 불체포특권) • 교원은 현행범인인 경우를 제외하고는 소속 학교의 장의 동의 없이 학원 안에서 체포되지 아니한다.
사립학교법	第55조 제1항(복무) • 사립학교의 교원의 복무에 관하여는 국 · 공립학교의 교원에 관한 규정을 준용한다. 第56조(의사에 반한 휴직 · 면직 등의 금지) • 사립학교 교원은 형의 선고 · 징계처분 또는 이 법에 정하는 사유에 의하지 아니하고는 본인의 의사에 반하여 휴직 또는 면직 등 불리한 처분을 받지 아니한다. 다만, 학급 · 학과의 개폐에 의하여 폐직이나 과원이 된 때에는 그러하지 아니하다. • 사립학교 교원은 권고에 의하여 사직을 당하지 아니한다. 第60조(교원의 불체포 특권) • 사립학교의 교원은 현행범인인 경우를 제외하고는 소속 학교장의 동의 없이 학원 안에서 체포되지 않는다.

교원의 지위 향상 및 교육활동 보호를 위한 특별법	제2조(교원에 대한 예우) • 국가, 지방자치단체, 그 밖의 공공단체는 교원이 사회적으로 존경받고 높은 긍지와 사명감을 가지고 교육활동을 할 수 있는 여건을 조성하도록 노력하여야 한다. • 국가, 지방자치단체, 그 밖의 공공단체는 그가 주관하는 행사 등에서 교원을 우대하여야 한다. 제3조(교원 보수의 우대) • 국가 및 지방자치단체는 교원의 보수를 특별히 우대하여야 한다. • 사립학교법 제2조에 따른 학교법인과 사립학교 경영자는 그가 설치 · 경영하는 학교 교원의 보수를 국공립학교 교원의 보수수준으로 유지하여야 한다.
유아교육법	제21조(교직원의 임무) • 원장은 원무를 총괄하고 소속 교직원을 지도 · 감독하며 해당 유치원의 유아를 교육한다. • 원감은 원장을 보좌하여 원무를 관리하고 해당 유치원의 유아를 교육하며, 원장이 부득이한 사유로 직무를 수행할 수 없을 때에는 그 직무를 대행한다. 다만, 원감을 두지 아니하는 유치원은 원장이 미리 지명한 교사(수석교사를 포함한다)가 그 직무를 대행한다. • 수석교사는 교사의 교수 · 연구활동을 지원하며, 유아를 교육한다. • 교사는 법령에서 정하는 바에 따라 해당 유치원의 유아를 교육한다. • 행정직원 등 직원은 법령에서 정하는 바에 따라 유치원의 행정사무와 그 밖의 사무를 담당한다.

유치원교사의 법적 권리와 의무에 관한 내용을 정리하면 다음과 같다(황보영란, 2012).

〈표 4-2〉 유치원교사의 법적 권리와 의무

대분류		중분류	소분류
권리	신분상 권리	신분보장권	신분이 침해되지 아니할 권리
권리	신분상 권리	신분보장권	신분보장을 적극적으로 요구할 권리
권리	신분상 권리	신분보장권	신분보장이 침해된 경우 쟁송권
권리	신분상 권리	교육권	교육과정 결정권
권리	신분상 권리	교육권	교과활동 자유권
권리	신분상 권리	교육권	평가권
권리	신분상 권리	교육권	생활지도권
권리	신분상 권리	근로기본권	
권리	신분상 권리	정치적 기본권	
권리	재산상 권리	보수청구권	봉급청구권
권리	재산상 권리	보수청구권	수당청구권
권리	재산상 권리	연금청구권	
권리	재산상 권리	실비변상청구권	
의 무		성실의무	
의 무		직무상의 의무	법령준수 의무
의 무		직무상의 의무	복종 의무
의 무		직무상의 의무	직무전념 의무(직장이탈금지 의무, 영리 및 겸직금지 의무)
의 무		직무상의 의무	친절 · 공정 의무
의 무		신분상의 의무	비밀엄수 의무
의 무		신분상의 의무	청렴 의무
의 무		신분상의 의무	품위유지 의무
의 무		신분상의 의무	영예 등의 제한
의 무		신분상의 의무	정치활동금지 의무
의 무		신분상의 의무	집단행위금지 의무

2) 보육교사

보육교사는 영유아들을 대상으로 유사한 직무를 수행하고 있고, 교사라는 명칭을 동일하게 사용하고 있지만 교원에 속하지 않는다. 그리고 보육교사의 지위를 별도로 규정한 법이 없기 때문에, 보육교사는 일반 근로자에 해당되어 민법, 근로기준법, 「남녀고용평등과 일 · 가정 양립 지원에 관한 법률」의 규정에 따라 법적 지위와 신분보장을 받는다.

근로기준법에 따르면, 근로계약은 근로자가 사용자에게 근로를 제공하고, 사용자는 이에 대하여 임금을 지급함을 목적으로 체결되는 계약이다. 따라서 보육교사 또한 근로계약의 체결과 함께 근로자의 권리와 의무를 보장받고 부담한다.

보육교사는 유치원교사처럼 교원으로서의 법적 지위에 해당하는 신분보장을 받지 못한다. 보육교사가 전문성을 발휘하고, 양질의 보육서비스를 제공하기 위해서는 보육교사의 권리와 의무가 명시된 법적 지위가 확보되어야 할 것이다.

영유아보육법에서는 보육교사의 법적 지위를 기본적으로 규정하고 있다. 영유아보육법에서는 보육교사의 법적 지위와 관련하여 보육교직원의 배치, 직무, 임면, 결격사유, 어린이집 원장 또는 보육교사의 자격과 자격증의 교부, 보수교육에 대한 규정이 제시되고 있다. 보육교사의 법적 지위를 법적 근거에서 살펴보면 다음과 같다.

〈표 4-3〉 보육교사의 권리와 의무를 보장하고 있는 법률적인 근거

구 분	내 용
민 법	제655조(고용의 의의) • 고용은 당사자 일방이 상대방에 대하여 노무를 제공할 것을 약정하고 상대방이 이에 대하여 보수를 지급할 것을 약정함으로써 그 효력이 생긴다. 제656조(보수액과 그 지급시기) • 보수 또는 보수액의 약정이 없는 때에는 관습에 의하여 지급하여야 한다. • 보수는 약정한 시기에 지급하여야 하며 시기의 약정이 없으면 관습에 의하고 관습이 없으면 약정한 노무를 종료한 후 지체 없이 지급하여야 한다. 제662조(묵시의 갱신) • 고용기간이 만료한 후 노무자가 계속하여 그 노무를 제공하는 경우에 사용자가 상당한 기간 내에 이의를 하지 아니한 때에는 전 고용과 동일한 조건으로 다시 고용한 것으로 본다. 그러나 당사자는 제660조의 규정에 의하여 해지의 통고를 할 수 있다. • 전항의 경우에는 전 고용에 대하여 제삼자가 제공한 담보는 기간의 만료로 인하여 소멸한다.
근로기준법	제4조(근로조건의 결정) • 근로조건은 근로자와 사용자가 동등한 지위에서 자유의사에 따라 결정하여야 한다. 제6조(균등한 처우) • 사용자는 근로자에 대하여 남녀의 성(性)을 이유로 차별적 대우를 하지 못하고, 국적 · 신앙 또는 사회적 신분을 이유로 근로조건에 대한 차별적 처우를 하지 못한다. 제23조(해고 등의 제한) • 사용자는 근로자에게 정당한 이유 없이 해고, 휴직, 정직, 전직, 감봉, 그 밖의 징벌(이하 "부당해고 등"이라 한다)을 하지 못한다.

남녀고용 평등과 일·가정 양립 지원에 관한 법률	제7조(모집과 채용) • 사업주는 근로자를 모집하거나 채용할 때 남녀를 차별하여서는 아니 된다. • 사업주는 여성 근로자를 모집·채용할 때 그 직무의 수행에 필요하지 아니한 용모·키·체중 등의 신체적 조건, 미혼 조건, 그 밖에 고용노동부령으로 정하는 조건을 제시하거나 요구하여서는 아니 된다.
영유아 보육법	제18조(보육교직원의 직무) • 어린이집의 원장은 어린이집을 총괄하고 보육교사와 그 밖의 직원을 지도·감독하며 영유아를 보육한다. • 보육교사는 영유아를 보육하고 어린이집의 원장이 불가피한 사유로 직무를 수행할 수 없을 때에는 그 직무를 대행한다. 제18조의2(보육교직원의 책무) • 보육교직원은 영유아를 보육함에 있어 영유아에게 신체적 고통이나 고성·폭언 등의 정신적 고통을 가하여서는 아니 된다.

2. 복무와 처우

1) 유치원교사

(1) 근무시간

유치원교사는 법령에서 정하는 바에 따라 해당 유치원의 원아를 교육하는 임무를 수행하기 위해서 근무시간, 휴가, 휴직 등의 복무규정을 잘 지켜야 한다.

① 근무시간

유치원교사의 근무시간은 국가공무원법의 복무사항에 근거한다. 1주간의 근무시간은 점심시간을 제외하고 40시간이며, 1일 근무시간은 9시부터 18시까지

이다. 유치원교사의 경우, 점심시간에 영유아의 식사지도 및 생활지도가 이루어지는 직무의 특수성을 고려하여 9시부터 17시까지가 근무시간이다.

유치원별 교육과정 운영의 자율성을 높이고 교원의 자율연수 기회를 확대하며 특기적성 교육 등을 활성화하기 위해 단위 유치원별 탄력근무 시간제를 운영할 수 있다. 그러나 개인별 또는 일부 집단별 근무시간의 조정은 불가능하다.

② 시간 외 근무 및 공휴일 근무

교육활동을 원활하게 하기 위하여 시간 외 근무 및 공휴일 근무가 이루어질 수 있다. 사무처리상 긴급을 요한다고 인정할 때에는 근무시간 외의 근무를 명하거나 공휴일의 근무를 명할 수 있다. 공휴일에 근무를 한 경우에는 그 다음의 정상근무일을 휴무하게 할 수 있다.

Tip

근무사항의 관리

- 각급 기관장은 엄정한 근무기강 확립을 위해 노력하여야 한다.
- 근무상황부 대신 근무상황카드를 비치 · 관리할 수 있다.
- 휴가, 지참, 조퇴 및 외출과 근무지 내 출장을 하고자 하는 때에는 근무상황부 또는 근무상황카드에 의하여 사전에 유치원장의 허가를 받아야 한다. 다만, 불가피한 사유로 사전에 허가를 받지 못한 경우에는 사후에 지체 없이 허가를 받아야 한다.
- 허가를 받지 아니하고 출근하지 아니한 때에는 근무상황부에 결근으로 처리한다.
- 전보, 파견, 전출, 휴직, 정직, 직위해제, 면직 및 장기간 출장, 휴가 등일 때는 유치원장이 지정한 자에게 그 담당업무를 인계하여야 한다.
- 퇴근 시 문서 및 물품을 잠금장치가 된 지정 서류함에 보관하여야 하며, 유가증권 및 비밀문서 등 특별한 관리가 필요한 문서 및 물품은 일반문서 및 물품과 별도로 보관하여야 한다.

(2) 휴가 등 그 밖의 복무관리

① 휴가의 실시원칙

- 교원의 휴가는 연가 · 병가 · 공가 · 특별휴가로 구분된다.
- 유치원장은 휴가를 허가함에 있어 소속 교원이 원하는 시기에 법정일수가 보장되도록 하되, 연가와 특별휴가 중 장기재직 휴가는 원아들의 수업 등을 고려하여 부모 생신일 또는 기일 등을 제외하고는 특별한 사유가 없는 한 방학 중에 실시하고, 휴가로 인한 수업결손 등이 발생하지 않도록 필요한 조치를 취해야 한다.

〈표 4-4〉 휴가의 종류

구 분	내 용
연 가	정신적 · 신체적 휴식을 취함으로써 근무능률을 유지하고 개인생활의 편의를 위하여 사용하는 휴가
병 가	질병 또는 부상으로 직무를 수행할 수 없는 경우 또는 전염병에 걸려 다른 교원이나 학생의 건강에 영향을 미칠 우려가 있을 때 부여받는 휴가
공 가	교원이 일반 국민의 자격으로 국가기관의 업무수행에 협조하거나 법령상 의무의 이행이 필요한 경우에 부여받는 휴가
특별휴가	사회통념 및 관례상 특별한 사유(경조사 등)가 있는 경우 부여받는 휴가

② 휴가의 절차와 방법

- 교원의 휴가 · 지참 · 조퇴 · 외출과 근무지 내 출장을 하고자 하는 때에는 위임전결규정이 정한 허가권자에게 근무상황부 또는 근무상황카드에 의하여 미리 신청을 하여 사유 발생 전까지 허가를 받아야 한다. 다만, 병가, 특별휴가 등 불가피한 경우에는 당일 정오까지 필요한 절차를 취해야

하며, 이 경우 다른 교원으로 하여금 이를 대행하게 할 수 있다.

- 교원이 정해진 시간까지 출근할 수 없을 때에는 소속 기관에 미리 신고해야 하고, 그 후 출근한 때에는 지참으로, 출근하지 않는 때에는 결근으로 처리한다.

Tip

출근 관련 용어

출근 : 정해진 근무시간까지 근무장소에 도착하는 것
지참 : 정해진 근무시간까지 출근하지 못하는 것
조퇴 : 질병 및 기타 사유에 의하여 퇴근시간 전에 퇴근하는 것
외출 : 근무시간 중 개인용무를 위하여 학교 외부로 나간 후 퇴근시간 전에 돌아오는 것

- 연가, 병가, 공가 및 특별휴가는 별개의 요건에 따라 운영되므로 그 휴가 일수의 계산은 휴가종류별로 따로 계산한다. 연가, 병가, 공가에 대한 구체적인 내용은 국가공무원 복무규정(대통령령 제26944호, 2016. 2. 3., 타법개정)과 교원휴가업무처리요령(교육부 예규 제20호, 2015. 1. 30., 일부개정)을 참고하고, 여기서는 경조사 휴가 일수만 제시하였다.

〈표 4-5〉 경조사 휴가 일수

구 분	대 상	일 수
결 혼	본인	5
	자녀	1
출 산	배우자	5
입 양	본인	20
사 망	배우자, 본인 및 배우자의 부모	5
	본인 및 배우자의 조부모 · 외조부모	2
	자녀와 그 자녀의 배우자	2
	본인 및 배우자의 형제자매와 그 형제자매의 배우자	1

- 위에서 살펴본 이외의 경조사는 각 지방자치단체의 조례에 따른다.
- 휴가기간 중의 공휴일은 그 휴가 일수에 산입하지 않지만, 휴가 일수가 연속하여 30일 이상 계속되는 경우와 경조사 특별휴가는 그렇게 하지 않는다.
- 법정 휴가 일수를 초과한 휴가는 결근으로 처리한다.

③ 휴가 실시 등에 있어 유의할 점

- 휴가 중에는 긴급 시 연락이 가능하도록 연락체계를 유지해야 한다.
- 교원이 휴가를 실시함에 있어서는 수업 및 담당사무 등을 유치원장이 정한 자에게 인계하여 업무의 연속성을 유지해야 한다.

④ 출장

- 개념 : 상사의 명을 받아 공무를 수행하는 것이며 출장명령권자인 소속기관장이 사안별로 공무와의 관련 여부와 유치원 운영 등 제반 사정을 고려하여 명령한다.
- 출장명령은 해당 교원의 업무 관련성, 출장내용, 출장목적 등의 요건을 종합적으로 고려하여 명령권자가 판단한다.
- 출장교원은 공무수행을 위하여 전력을 다하여야 하며 사사로운 일을 위하여 시간을 소비해서는 안 되며, 지정된 출장기일 안에 그 임무를 완수하지 못할 사유가 발생한 때에는 전화, 전보, 기타의 방법으로 유치원장에게 보고하고 그 지시를 받아야 한다.
- 출장교원이 그 출장용무를 마치고 귀교한 때에는 지체 없이 유치원장에게 복명서를 제출해야 하며, 다만 경미한 사항에 대한 복명은 구술로 할 수 있다.

(3) 보수

유치원교사의 보수는 유치원의 설립주체, 즉 국공립유치원과 사립유치원에 따라 차이가 있다. 먼저 국공립유치원 교사는 교원으로서 공무원 보수규정과 수당규정에 따라 보수가 결정된다. 호봉별로 봉급을 지급받으며, 기본급인 봉급 외에 정근수당, 교직수당, 교원보전수당, 담임수당, 기말수당 등이 보수에 포함된다. 교사의 기본급을 계산할 때 경력과 함께 법정 수학연한인 학령을 환산해 계산해 주기 때문에 일반적으로 전문대학(3년제)을 나온 유치원교사는 7호봉부터 기본급이 시작된다. 4년제 대학을 나온 유치원교사의 경우, 사범대학 유아교육과 졸업자는 9호봉을, 일반대학은 8호봉으로 시작된다. 호봉은 급여체계 안에서의 등급으로 임용 시 정해지고, 1년에 1호봉씩 오른다.

사립유치원 교사의 보수는 교육공무원에 관한 규정을 준한다고 되어 있지만, 사실상 근로계약으로 원장과 협의된 금액의 보수를 지급받기 때문에 국공립유치원 교사와는 차이가 있다. 또한 본봉 외의 기타 수당은 각 시·도 교육청과 개별 유치원별로 달리 지급되고 있는 실정이다. 이에 따라 시·도 교육청별로 담임수당 외에 교직수당, 처우개선비 등 다양한 명목의 인건비 지원이 달리 이루어지고 있기 때문에 지급기준이 약간씩 차이가 있고, 유치원에 따라서도 보수책정이 다르다. 유치원교사의 봉급표는 다음과 같다.

〈표 4-6〉 유치원교사의 봉급표(2021년 기준) (월 지급액 단위 : 원)

호 봉	봉급액	호 봉	봉급액	호 봉	봉급액	호 봉	봉급액
1	1,672,800	11	2,194,200	21	3,188,300	31	4,401,900
2	1,723,500	12	2,250,600	22	3,306,000	32	4,529,400
3	1,774,900	13	2,353,100	23	3,422,700	33	4,659,000

4	1,826,100	14	2,456,000	24	3,539,600	34	4,788,200
5	1,877,800	15	2,558,800	25	3,656,500	35	4,917,500
6	1,929,300	16	2,661,900	26	3,773,900	36	5,046,400
7	1,980,200	17	2,763,700	27	3,896,200	37	5,158,600
8	2,031,000	18	2,870,300	28	4,018,300	38	5,270,800
9	2,082,600	19	2,976,300	29	4,146,000	39	5,383,300
10	2,139,000	20	3,082,300	30	4,274,200	40	5,495,100

출처 : 공무원보수규정 제5조 및 별표 11 관련.

참고로 공무원보수규정에 제시된 보수 관련 용어들은 다음과 같다.

〈표 4-7〉 보수 관련 용어

정 의	내 용
보 수	봉급과 그 밖의 각종 수당을 합산한 금액(다만, 연봉제 적용대상 공무원은 연봉과 그 밖의 각종 수당을 합산한 금액)
봉 급	직무의 곤란성과 책임의 정도에 따라 직책별로 지급되는 기본 급여 또는 직무의 곤란성과 책임의 정도 및 재직기간 등에 따라 계급(직무등급이나 직위를 포함)별, 호봉별로 지급되는 기본 급여
수 당	직무여건 및 생활여건 등에 따라 지급되는 부가급여
승 급	일정한 재직기간의 경과나 그 밖에 법령의 규정에 따라 현재의 호봉보다 높은 호봉을 부여하는 것

출처 : 공무원보수규정 제4조.

(4) 보험

유치원교사의 복지후생은 연금과 보험으로 가입되어 보호받고 있다. 국공립 유치원 교사는 공무원연금, 건강보험에 가입하며, 사립유치원 교사는 사립학교교직원 연금, 건강보험에 가입해야 한다.

2) 보육교사

어린이집의 보육교직원은 고용된 근로자로서 근로기준법에 따라 복무관리가 이루어지고 있으며, 복무는 근무시간 및 휴가 등의 사항을 포함한다.

(1) 근무시간

보육교직원의 근무시간은 평일 8시간을 원칙으로 하나, 어린이집의 운영시간(7:30~19:30)을 고려하여 연장근무할 수 있다. 보육교사 및 보육교직원의 근무시간 및 근로조건 등은 근로기준법 등 노동 관계 법령에 따라야 하며, 기준시간을 초과하여 근무하는 경우에는 관련 법령규정에 따라 초과근무 수당을 지급해야 한다.

(2) 교직원의 겸임 제한

어린이집의 원장은 전임이어야 하며, 다른 어린이집의 업무를 겸임할 수 없다. 다른 업무 역시 겸임할 수 없지만, 원장이 간호사 또는 영양사 자격이 있는 때에는 간호사 또는 영양사를 겸직하게 할 수 있고, 정원 20명 이하의 어린이집의 원장은 보육교사를 겸임할 수 있다.

(3) 교직원의 휴가 등 그 밖의 복무관리

- 보육교직원의 휴가는 보육 공백을 최소화할 수 있도록 순번제로 실시하고, 보수교육이나 출산휴가 등으로 공백이 생기는 경우에는 이를 대체할 수 있는 대체원장, 대체교사 혹은 그 밖의 인력을 각각 배치해야 한다.
- 근로기준법 제54조(휴게)에 따라 사용자(어린이집 원장 또는 대표자)는 근로자(보육교직원)의 근로시간이 4시간인 경우에는 30분 이상, 8시간인 경우에는 1시간 이상의 휴게시간을 근로시간 도중에 주어야 한다.
- 교직원의 휴가, 휴일, 휴식 등 근로시간과 관련이 있는 사항에 대해서는 근로기준법 등 노동 관련 법령에 따른다.
- 고용, 출산전후휴가, 육아휴직 등과 관련이 있는 사항에 대해서는 「남녀고용평등과 일 · 가정 양립 지원에 관한 법률」의 규정을 준용한다.
- 보육교직원의 최저임금 보장 등과 관련이 있는 사항에 대해서는 최저임금법의 규정을 준용한다.
- 기타 교직원의 복무, 근로 등과 관련하여서는 각 개별법을 준용하도록 한다.
- 보육교직원이 퇴직할 경우에는 사직서를 제출받아 퇴직처리하고, 퇴직사실을 관할 시 · 군 · 구청에 보고해야 한다. 어린이집을 설치 · 운영하는 자는 퇴직하는 근로자에게 퇴직금을 지급할 수 있도록 별도의 퇴직적립금(어린이집에서 부담)을 관리 · 운영해야 하고, 퇴직급여의 지급 및 관리는 근로기준법 및 근로자퇴직급여 보장법에 따라 운영해야 한다.

(4) 보수

보육교직원의 보수와 관련된 일반적인 사항은 근로 관계 법령(근로기준법, 근로자퇴직급여 보장법 등)을 기본으로 한다. 그리고 보육교직원의 보수는 보육사업지침에 명시된 '보육교직원 인건비 지급기준'에 따라 지급된다. 따라서 보수는 보육교직원의 호봉, 근무성적과 시설의 운영여건 및 '보육교직원 인건비 지급기준'에 따라 원장, 보육교사(간호사, 영양사, 특수교사, 치료사 포함), 조리원을 구분하여 지급한다. 보육교직원 자격기준 이외의 직원(사무원, 사회복무요원, 도우미 등) 등의 보수는 별도기준을 정하여 적용한다.

보육교직원 보수기준은 국고보조 어린이집(정부인건비지원 어린이집, 직장어린이집)에 적용함을 원칙으로 하지만, 국고보조 어린이집이 아닌 어린이집(미지원어린이집)은 다른 법령에서 특별히 규정한 경우를 제외하고는 호봉기준을 달리 정하거나 인건비 책정 시 호봉을 적용하지 않을 수 있다. 즉, 시설의 재정형편에 따라, 원장과 교직원이 협의(근로계약서 체결)하여 보수기준을 자율적으로 정할 수 있다. 단, 교직원의 보수를 심히 불리하게 책정해서는 안 된다.

국공립어린이집, 법인어린이집 등 보육교직원의 인건비를 지원받는 국고보조 어린이집의 원장은 해당 보육교직원의 인건비를 지급할 때에 보건복지부장관이 정하는 보육교직원 봉급표상의 월지급액을 기준으로 지급하되, 보수책정을 위해서는 호봉 획정과 경력 산정, 최고호봉 기준, 호봉승급, 각종 수당 등을 고려한다.

어린이집에 따라 보육교사의 보수는 달라질 수 있으나, 초임으로 임면될 경우에는 학력에 관계없이 초임호봉의 획정은 1호봉으로 시작된다. 어린이집 근무경력 1년과 군복무기간 1년을 1호봉씩으로 하여 초임호봉을 정하며 호봉승급에 필요한 기간은 1년으로 한다. 그리고 보육교직원 인건비의 지급은 반드시 계좌로 입금해야 하며, 보육교직원에게는 봉급명세서를 발급해야 한다.

보육교직원의 보수와 관련된 용어들을 참고로 제시하면 다음과 같다.

〈표 4-8〉 보육교직원의 보수 관련 용어

정 의	내 용
교직원 월지급액 (봉급월액)	'보육교직원 인건비 지급기준'에 의한 월지급액으로, 직종별 · 호봉별로 지급되는 연봉을 월단위로 나누어 지급하는 금액
연봉액 (보수총액)	기말수당, 가계지원비, 정근수당, 장기근속수당, 가계 보조수당, 명절휴가비, 교통 · 급식비 등을 반영하여 연간 총급여를 산정한 금액
호 봉	근무경력의 기간에 따라 1년을 단위로 인건비 책정을 달리하는 기준
호봉승급	일정한 재직기간의 경과에 의하여 현재의 호봉보다 높은 호봉을 부여하는 것
호봉인정 근무경력	호봉 산정 시 인정되는 어린이집 등에 종사한 경력 • 영유아보육법 제정 전 새마을유아원 탁아시설에 근무한 경력 • 어린이집 보육교직원으로 근무한 경력 • 육아종합지원센터에서 근무한 경력(대체교사 경력 포함) • 2005년 1월 30일 이후 보육교사 자격을 가지고 방과후 과정을 운영하는 유치원에 근무한 경력 • 병역법 제18조 제2항에 따른 해당 현역병 의무복무 기간
보수의 일할계산	그 달의 보수를 그 달의 일수로 나누어 계산하는 것
시간 외 수당	연장 · 야간 · 휴일근로에 대한 초과근무 수당을 말하며, 근로기준법에 따라 별도 지급하여야 함

보육교직원의 인건비 지급기준은 다음 〈표 4-9〉와 같다.

〈표 4-9〉 보육교직원 인건비 지급기준(2021년 기준)

(단위 : 원)

호 봉	원 장		보육교사		조리원	
	보수총액	월지급액	보수총액	월지급액	보수총액	월지급액
1	25,546,800	2,128,900	23,289,600	1,940,800	21,904,800	1,825,400
2	26,341,200	2,195,100	23,601,600	1,966,800	22,000,800	1,833,400
3	27,171,600	2,264,300	23,983,200	1,998,600	22,166,400	1,847,200
4	28,033,200	2,336,100	24,429,600	2,035,800	22,396,800	1,866,400
5	28,921,200	2,410,100	24,936,000	2,078,000	22,687,200	1,890,600
6	29,830,800	2,485,900	25,636,800	2,136,400	23,032,800	1,919,400
7	30,757,200	2,563,100	26,248,800	2,187,400	23,428,800	1,952,400
8	31,695,600	2,641,300	26,767,200	2,230,600	23,870,400	1,989,200
9	32,641,200	2,720,100	27,465,600	2,288,800	24,352,800	2,029,400
10	33,589,200	2,799,100	28,200,000	2,350,000	24,871,200	2,072,600
11	34,538,400	2,878,200	28,965,600	2,413,800	25,420,800	2,118,400
12	35,514,000	2,959,500	29,757,600	2,479,800	25,996,800	2,166,400
13	36,399,600	3,033,300	30,571,200	2,547,600	26,594,400	2,216,200
14	37,309,200	3,109,100	31,401,600	2,616,800	27,208,800	2,267,400
15	38,197,200	3,183,100	32,244,000	2,687,000	27,835,200	2,319,600
16	39,058,800	3,254,900	33,093,600	2,757,800	28,468,800	2,372,400
17	39,889,200	3,324,100	33,945,600	2,828,800	29,104,800	2,425,400
18	40,683,600	3,390,300	34,795,200	2,899,600	29,738,400	2,478,200
19	41,437,200	3,453,100	35,637,600	2,969,800	30,364,800	2,530,400

20	42,145,200	3,512,100	36,468,000	3,039,000	30,979,200	2,581,600
21	43,128,000	3,594,000	37,281,600	3,106,800	31,576,800	2,631,400
22	43,904,400	3,658,700	38,073,600	3,172,800	32,152,800	2,679,400
23	44,598,000	3,716,500	38,839,200	3,236,600	32,702,400	2,725,200
24	45,290,400	3,774,200	39,573,600	3,297,800	33,220,800	2,768,400
25	46,063,200	3,838,600	40,272,000	3,356,000	33,703,200	2,808,600
26	46,779,600	3,898,300	40,929,600	3,410,800	34,144,800	2,845,400
27	47,443,200	3,953,600	41,541,600	3,461,800	34,540,800	2,878,400
28	48,132,000	4,011,000	42,103,200	3,508,600	34,886,400	2,907,200
29	48,764,400	4,063,700	42,609,600	3,550,800	35,176,800	2,931,400
30	49,458,000	4,121,500	43,056,000	3,588,000	35,491,200	2,957,600
비 고	1) 보육교사 : 간호사, 영양사, 특수교사, 치료사 포함					

(5) 보험

관계 법령이 정하는 바에 따라 보육교직원이 1인 이상인 어린이집의 대표자(설치 · 운영자)는 관계 법령이 정하는 바에 따라, 상시근로자로 보육교직원을 고용하기 위해서 국민연금, 국민건강보험, 산업재해보상보험 및 고용보험 등 4대 사회보험에 의무적으로 가입시켜야 한다. 또한 근로기준법 제34조에 의해 퇴직적립금을 관리 · 운영해야 한다.

참고로 4대보험료의 적용비율은 다음과 같다.

Tip

4대보험료 적용비율

- 국민연금 부담금 : 월보수액 × 9.0%/2
- 국민건강보험료 : 월보수액 × 6.67%/2
- 노인장기요양보험료 : 월보수액 × 6.67% × 10.25%/2(국민건강보험료에 포함되어 청구됨)
- 고용보험료 : 월보수액 × 1.05%
  ※ 국공립 중 직영시설 등의 부담비율은 관련 법령(「고용보험 및 산업재해보상보험의 보험료징수 등에 관한 법률」 제13조)에 따라 달리 적용
- 산업재해보상보험료 : 월보수액 × 0.73%
  * 사용주 및 근로자 자부담 별도

3. 교직윤리

모든 직업이 나름대로의 특성을 가지고 있는 것처럼 영유아교사 또한 다른 직업과 다른 독특한 특성을 가지고 있다. 이는 곧 교직윤리로 나타나는데, 교직윤리는 교사가 교직생활에서 지켜야 하는 실천의 규범이라고 할 수 있다. 일반적으로 가르치는 일은 보람 있고 가치 있는 일, 그리고 특별한 사명감을 필요로 하는 일로 인식되고 있다. 따라서 영유아교사는 어느 직종보다도 더 탄탄하게 교직에 대한 책무성과 윤리의식을 갖추고, 영유아를 안전하고 건강하게 교육 · 보육해야 한다. 이를 위해 교사라는 직업의 특성상 발생할 수 있는 여러 가지 종류의 유혹들을 잘 다루고, 딜레마에 직면했을 때 가장 적절한 의사결정과 판단을 내릴 수 있도록 돕는 기준으로 볼 수 있는 영유아교사와 관련된 윤리강령을 살펴보고자 한다.

1) 유치원교사

(1) 유치원교사 헌장

유치원교사 헌장은 유치원교사가 교직을 수행하면서 스스로 실천하기를 기대하는 규범으로 그 내용은 다음과 같다.

유치원교사 헌장

유아교육은 유아의 삶에 초석이 되며, 우리 사회와 국가의 미래를 결정한다.
우리는 국민의 생애 초기 교육을 책임지며 사회로부터 존중받는 교사로서 자신을 연마하고 소명의식을 가지고 유아교육자로서 가야 할 길을 밝힌다.

1. 우리는 유아를 사랑하고 개성을 존중하며 전인발달을 지원하고 평화로운 교실문화를 조성한다.
2. 우리는 미래지향적이며 질 높은 교육을 계획하고 실천하여 교육자로서의 책임을 다한다.
3. 우리는 가정에 대한 이해와 연대를 강화하여 교육복지 사회구축에 공헌한다.
4. 우리는 사회의 변화와 요구에 적극 부응하여 유아교육의 혁신과 발전을 위해 노력한다.
5. 우리는 교육자로서의 품위를 유지하고 부단한 자기개발을 통해 유아교육 전문가로서의 위상을 갖춘다.

(2) 유치원교사 윤리강령

유치원교사 윤리강령은 교사가 딜레마에 직면했을 때 가장 적절한 의사결정을 내릴 수 있도록 하는 지침으로 그 내용은 다음과 같다.

유치원교사 윤리강령

1. 유치원교사와 유아

핵심개념 : 사랑, 평등, 개성 존중, 전인교육, 안전과 보호

1) 우리는 유아를 사랑하며 유아의 인격을 존중한다.
2) 우리는 유아의 개인적 · 가정적 배경에 관계없이 모든 유아를 평등하게 대한다.
3) 우리는 유아의 개성을 존중하며 개인의 흥미와 잠재력에 적합한 교육을 제공한다.
4) 우리는 유아의 전인발달을 지원하는 교육과 환경을 제공한다.
5) 우리는 유아의 안녕을 위협하는 가정적 · 사회문화적 · 경제적 상황을 적극적으로 파악하고 유아를 보호하기 위해 노력한다.

2. 유치원교사와 가정

핵심개념 : 가족에 대한 이해, 권리 보호, 협력, 지원

1) 우리는 유아를 교육하고 지원하기 위해 가정과 연계하고 협력관계를 구축한다.
2) 우리는 교육적 목적으로 수집한 가족정보에 대해 기밀을 유지하고 가족의 사생활을 보장한다.
3) 우리는 유치원에서 일어난 안전사고나 위험상황에 대해 가족에게 충분히 설명한다.
4) 우리는 가족에게 유치원을 개방하며 필요한 정보를 제공한다.
5) 우리는 유치원 운영에 관련된 중요한 의사결정 과정에 부모를 참여시킨다.
6) 우리는 가족에게 필요한 지역사회 자원에 대한 정보를 구축하고 이를 가족에게 적극 제공한다.

3. 유치원교사와 사회

핵심개념 : 사회에 대한 이해, 교원의 지위 향상, 유아교육 위상 강화, 교직문화, 지역사회와의 협력

1) 우리는 사회의 흐름을 파악하고 이를 교육에 반영하고자 노력한다.
2) 우리는 유아에 관련된 법률과 정책을 이해하고, 이를 개선하기 위한 활동에 적극 참여한다.
3) 우리는 교직 관련 단체와 전문가협회를 통해 교권 확립을 위한 활동에 참여한다.
4) 우리는 유치원교육을 사회에 널리 알려 유아교육의 위상을 높인다.
5) 우리는 교직원 간의 상호 존중과 협력을 통해 건전한 교직문화를 형성한다.
6) 우리는 유치원과 연계하여 지역사회의 생활과 문화 향상에 기여한다.

4. 유치원교사의 책무

핵심개념 : 직업의식과 긍지, 인성(열정, 개방성, 창의성, 자율성), 교사로서의 품위, 연구와 자기개발

1) 우리는 교육전문가로서의 직업의식을 갖는다.
2) 우리는 건전한 국가관과 확고한 교육관을 가지고 교직에 종사한다.
3) 우리는 유아에게 최적의 교육을 제공하기 위해 열과 성을 다한다.
4) 우리는 건전한 언행과 생활태도로 유아에게 모범이 되도록 한다.
5) 우리는 열린 사고와 개방적 태도를 가지고 전문성 향상에 매진한다.
6) 우리는 다양한 분야의 전문가와 교류하고 새로운 지식과 정책을 비판적으로 수용한다.

2) 보육교사

(1) 보육인 윤리 선언

보육인 윤리 선언

나는 영유아의 건강한 성장과 발달을 지원하는 보육교사(원장)로서, 직무상의 윤리적 책임을 다하여 다음 사항들을 지킬 것을 다짐합니다.

1. 나는 내가 영유아에게 지대한 영향을 미치는 존재임을 잊지 않으며, 항상 스스로의 말과 행동에 신중을 기한다.

1. 나는 영유아의 인격과 권리를 존중하며, 어떠한 경우에도 영유아에게 해가 되는 일을 하지 않는다.

1. 나는 영유아 가정의 다양성을 이해하고 존중하며, 상호 신뢰하는 동반자적 관계를 유지한다.

1. 나는 동료를 존중하고 지지하며, 서로 협력하여 최상의 보육서비스를 제공하기 위해 노력한다.

1. 나는 보육의 사회적 책임과 역할을 인식하고, 영유아의 권익과 복지를 위한 활동에 앞장선다.

1. 나는 '어린이집 원장 · 교사 윤리강령'을 직무수행의 도덕적 규준으로 삼아 진심을 다하여 충실히 이행한다.

(2) 어린이집 원장, 보육교사 윤리강령

어린이집 원장 및 보육교사 윤리강령

보육은 영유아를 건강하게 양육하고, 안전하게 보호하며, 발달 특성에 적합한 교육을 제공하는 복지서비스이며, 보육인은 사랑과 존중과 전문지식을 바탕으로 영유아의 전인적 성장에 영향을 미치는 전문직업인이다. 그러므로 보육인은 윤리적 의식과 태도를 가지고 사회적 본분에 임해야 한다.

이에 어린이집 원장과 보육교사는 스스로 책무성을 발현하여 윤리강령을 제정함을 밝힌다. 본 강령을 직무수행의 규준으로 삼아, 보육현장에서 발생하는 윤리적 갈등을 해결하고, 생존권, 보호권, 발달권, 참여권 등 영유아의 권리를 보장함으로써 직무상의 윤리적 책임을 다하여 전문직업인으로서의 위상을 공고히 하고자 한다.

더불어 영유아와 그 가정, 동료와 사회의 존엄성을 존중하는 보육의 실천으로 다각적인 신뢰를 구축하고, 영유아의 잠재력을 최대한 발휘시킴으로써 영유아가 긍정적인 자아개념을 형성하고 유능한 사회인으로 성장할 수 있도록 도와, 궁극적으로는 영유아와 그 가정, 동료와 사회의 통합적 · 이상적 복지실현에 기여하고자 한다.

제 I 장. 영유아에 대한 윤리

1. 영유아에게 고른 영양과 충분한 휴식을 제공하여, 몸과 마음이 건강한 사람으로 자라도록 돕는다.
2. 성별, 지역, 종교, 인종, 장애 등 어떤 이유에서도 영유아를 차별하지 않고, 공평한 기회를 제공한다.
3. 영유아는 다치기 쉬운 존재임을 인식하여 항상 안전하게 보호한다.
4. 영유아에 대한 정서적 · 언어적 · 신체적 학대를 행하지 않는다.
5. 시설 내외에서의 영유아 학대나 방임을 민감하게 관찰하며, 필요한 경우 관련 기관("아동보호전문기관" 등)에 보고하고 조치를 취한다.
6. 영유아의 인격을 존중하고, 개인의 잠재력과 개성을 인정한다.

7. 개별적 상호작용 속에서 영유아의 요구를 수용하기 위해 노력한다.

제Ⅱ장. 가정에 대한 윤리

1. 상호 신뢰를 바탕으로 영유아의 가정과 동반자적인 관계를 유지한다.
2. 각 가정의 양육가치와 의사결정을 존중한다.
3. 경제적 수준, 가족형태, 지역, 문화, 관습, 종교, 언어 등 어떤 것에 의해서도 영유아의 가정을 차별대우하지 않는다.
4. 보육활동 및 발달상황에 관한 정보를 정확하게 제공하여 영유아에 대한 가정의 이해를 돕는다. 다문화, 심신장애 등으로 의사소통에 도움이 필요한 경우 문제를 해결할 최선의 방법을 도모한다.
5. 시설운영 전반에 관한 정보를 공개하여 영유아 가정의 알 권리에 응한다.
6. 보육 프로그램과 주요 의사결정에 영유아의 가정이 참여하도록 안내한다.
7. 필요한 사회적 지원, 전문서비스 등 관련 정보를 제공하여 영유아 가정의 복리증진을 돕는다.
8. 영유아 가정의 사생활을 보호하고 익명성을 보장한다.

제Ⅲ장. 동료에 대한 윤리

[어린이집 원장]

1. 최상의 보육서비스 제공에 필요한 인적·물적 환경의 조성 및 유지를 위해 노력한다.
2. 보육교사를 신뢰하고 존중하며 전문성과 자율성을 인정한다.
3. 성별, 학연, 지연, 인종, 종교 등에 따라 보육교사를 차별하지 않는다.
4. 업무 관련 의사결정이 필요한 경우, 보육교사의 의견개진 기회를 보장한다.
5. 보육교사에게 지속적 재교육 등 전문적 역량 제고의 기회를 부여한다.
6. 보육교사에게 적정 수준의 보상(보험, 급여 등)을 안정적으로 제공하며, 복지 증진에 힘쓴다.
7. 보육교사 개인의 기록과 정보에 대한 비밀을 보장한다.

8. 영유아의 사회 · 정서 · 인지 · 신체발달을 통합적으로 지원하는 보육 프로그램을 실시한다.
9. 특별한 도움을 필요로 하는 경우, 전문가와 협력하여 영유아의 입장에서 최선의 대안을 찾는다.
10. 보육활동을 계획, 실행, 평가하는 모든 과정에 영유아의 흥미와 의사를 반영한다.
11. 영유아의 개인적 기록과 정보에 대해 비밀을 보장한다.

[보육교사]

1. 존중과 신뢰를 바탕으로 협력하며, 서로의 전문성과 자율성을 인정한다.
2. 상호 간 역량 계발과 복지 증진에 부합하는 근무환경이 되도록 힘쓴다.
3. 원장 및 동료와 영유아보육에 대한 신념을 공유한다.
4. 보육교사로서의 전문성 향상을 위해 스스로 노력한다.
5. 시설 내에서 영유아 및 보육교사의 인권과 복지를 위협하는 비윤리적 사태가 발생한 경우, 법률규정이나 윤리기준("한국보육시설연합회 윤리강령위원회" 참조)에 따라 조치를 취한다.

제Ⅳ장. 사회에 대한 윤리

1. 공보육에 대한 책임을 인식하고, 항상 질 좋은 보육서비스를 제공한다.
2. 영유아의 안전을 위협하는 환경이나 정책이 발견될 시 관계기관과 협의하여 개선한다.
3. 공적 책임이 있는 시설로서 재정의 투명성을 유지하고, 부정한 방법으로 사적 이익을 취하지 않는다.
4. 영유아의 권익보호를 위해 관련 정책결정 및 법률제정에 적극 참여하며, 사회적으로 이를 널리 알리는 데 앞장선다.
5. 지역사회 실정에 맞는 시설의 책임과 역할을 인지하고 실천하고자 노력한다.

출처 : 중앙육아종합지원센터(2016).

3) NAEYC(미국 유아교육협회)의 영유아교사를 위한 윤리강령

NAEYC의 윤리강령은 1989년에 처음으로 채택되었고, 1997년에 수정되었다. 다음은 NAEYC에서 제정, 채택한 윤리강령의 일부이다.

(1) 서문

NAEYC는 영유아교육 종사자에게 매일 요구되는 수많은 의사결정들이 도덕적 · 윤리적 특성을 지닌다는 사실을 인식한다. NAEYC의 '윤리강령'은 책임 있는 행동에 대한 지침들을 제시하고, 영유아들을 교육하고 보육하는 과정에서 직면하게 되는 중대한 윤리적 딜레마들을 해결하기 위한 보편적인 기준을 제공한다. 출생에서 8세에 이르는 영유아들을 위한 프로그램들의 최우선적인 핵심가치는 영유아와 그 부모와 관련된 일상생활에서의 실제에 초점을 맞춘다. 그러한 프로그램들로는 영아 프로그램, 취학 전 교육기관, 어린이집, 유치원, 초등학교 저학년 학급 등이 있다. 이 윤리강령은 영유아들을 직접 상대하지 않는 전문가들(행정가, 부모, 교육이론가, 대학교수)에게도 적용될 수 있다.

(2) 핵심가치

영유아들을 보육하고 교육하는 과정에서 윤리적 행동의 기준은 우리 분야의 역사 속에 깊이 뿌리박혀 있는 핵심가치들에 근거한 것이다. 우리는 다음과 같은 가치에 동의한다.

- 영유아기를 인생주기에서 독특하고 가치 있는 한 단계로 이해한다.
- 영유아 발달에 관한 지식에 근거하여 직무를 수행한다.
- 영유아와 가정 간의 밀접한 유대관계를 이해하고 지원한다.

- 가족, 문화, 집단, 사회의 맥락 속에서만이 영유아들을 가장 잘 이해할 수 있고 지원할 수 있다는 사실을 인식한다.
- 각 개인(영유아, 가족구성원, 동료)의 존엄성, 가치, 개성을 존중한다.
- 영유아와 성인이 신뢰, 존경, 긍정적인 인식 등을 기초로 한 관계 속에서 유아들의 모든 잠재력을 발휘하도록 도와준다.

(3) 윤리강령의 개념적 체계

이 윤리강령은 유아, 가정, 동료, 지역사회와 공동체의 4장으로 구분하여 교사의 전문적 책임에 관한 개념을 나타낸다. 각 장은 과제를 수행하는 활동영역을 나타내며 ① 각 영역에서 유아들을 담당한 교사들의 중대한 책임에 대한 개념 도입, ② 모범적인 직업적 실천을 지향하는 일련의 이상들, ③ 어떤 실천이 요구되고, 금지되고, 허용되는지 정의한 일련의 원칙들을 포함하고 있다.

영 역	내 용
1장. 유아에 대한 윤리적 책임	유아기는 인생주기에 있어서 독특하고 중요한 하나의 단계이다. 유아들에게 안전하고 건전하고 반응적인 환경을 제공하는 것은 우리의 중대한 책임이다. 우리는 첫째, 유아들의 발달을 지원하고, 둘째, 개인 간의 차이를 존중하며, 셋째, 협동적으로 생활하고 일하는 방법을 배울 수 있도록 도와주고, 넷째, 건강, 자기인식, 능력, 자기존중감, 쾌활성을 증진시켜 주는 데 전념해야 한다.
2장. 가정에 대한 윤리적 책임	가정은 유아들의 발달에 있어서 커다란 의미를 지닌다. 가정이라는 용어는 부모뿐만 아니라 유아에 관하여 책임을 담당하는 모든 사람들을 포함하는 개념이다. 가정과 유아들을 담당하는 전문가들은 유아의 복지에 관하여 공통적인 이해관계를 가지고 있기 때문에 우리는 가정과 기관이 유아의 발달을 강화하는 방향으로 서로 협조해야 할 책임이 있음을 인정해야 한다.

3장. 동료에 대한 윤리적 책임	유아교육기관이라는 직무환경에서 인간의 존엄성은 존중되고, 직업에 관한 만족도는 향상되어야 하며, 긍정적인 관계가 형성되어야 한다. 우리의 핵심가치에 근거해 볼 때, 이 활동영역에서의 우리의 중요한 책임은 생산적인 직무수행을 지원하고 직업적 요구사항들을 충족시킬 수 있는 환경과 관계를 형성하고 유지하는 것이다. 유아에게 적용되는 것과 같은 이상들이 성인들에 대한 우리들의 책임에도 내재되어 있다.
4장. 지역사회와 공동체에 대한 윤리적 책임	유아들에 관한 프로그램들은 가정들과 유아의 복지를 담당하는 기타 기관들로 구성된 근접지역 내에서 운영된다. 지역사회에 대한 우리의 책임은 지역사회의 요구조건을 만족시키는 프로그램을 제공하고, 유아들에 대한 책임을 나누는 기관들 및 전문가들과 협조하며, 현재 실시되고 있지는 않지만 필요한 프로그램들을 개발하는 것이다. 더 큰 사회는 유아들의 복지와 보호에 관해 그만큼의 책임을 요구한다. 유아의 발달에 관한 우리의 전문화된 지식 때문에 우리는 어떠한 경우에든지 유아들을 위한 대변인으로서의 역할을 수행할 의무를 받아들여야 한다.

(4) 교사윤리 선언문

교사윤리 선언문

영유아 담당 교사로서 나는 NAEYC 윤리강령의 이상과 원칙에 반영된 대로 영유아보육의 가치를 향상시키는 데 전념하겠습니다. 내 능력을 최대한 발휘해서 나는

- 절대로 영유아를 해롭게 하지 않는다.
- 영유아 보육 프로그램이 아동발달과 영유아교육에 대한 최신 지식과 연구에 기반하도록 한다.
- 영유아를 양육하는 가족의 임무를 존중하고 지원한다.
- 영유아를 보육하는 동료를 존중하고 그들이 윤리강령을 준수하도록 지원한다.
- 지역사회와 공동체 내에서 영유아, 가족, 교사의 대변자의 역할을 한다.
- 직업적 행동의 높은 기준을 알고 유지한다.
- 지속적인 자기성찰을 통하여 교사의 개인 특성, 편견, 신념이 영유아와 가족에게 영향을 미치는 것을 인식한다.
- 새로운 생각에 열려 있고 타인의 제안으로부터 기꺼이 배운다.
- 전문가로서 끊임없이 배우고 성장하고 기여한다.
- NAEYC 윤리강령의 이상과 원칙을 존중한다.

Chapter 05

영유아교사의 인성

CHAPTER

05 영유아교사의 인성

최근 우리 사회는 가정폭력, 학교폭력 및 사회폭력 등의 사건사고가 증가하고 있으며, 일상생활에서도 학생들이 여교사를 희롱하거나 학부모에 의한 교사폭행 사건, 어린이집 교사의 아동학대 사건 등으로 인해 분노와 충격에 휩싸이고 있다. 심지어 부모가 자식을 살해하는 반인륜적인 일까지도 일어나고 있는 현실 속에서 더 이상 우리 사회의 사회병리현상에 대해 방관해서는 안 된다는 인식에 뜻을 모으고 있으며, 다각적인 원인 분석에 노력을 하고 있다. 여러 가지 원인 중에서도 교육계에서는 인성교육을 등한시하고 오로지 지식 위주의 입시정책, 물질만능 위주의 가치관으로 팽배해진 사회 분위기 등을 우리 사회의 구조적인 문제로 인식하고 있다. 특히 영유아를 돌보며 가르치는 영유아교사에게는 전문적인 자질도 중요하지만 무엇보다도 윤리적인 인성이 더 강조되어야 하며 교사의 자질요소로서 최우선시되고 있다. 따라서 영유아교육에서 교육의 질은 전적으로 교사의 손에 달려 있다고 해도 과언이 아니므로, 5장에서는 영유아교사의 교직에 대한 책무성과 윤리의식을 갖추도록 하는 인성교육의 필요성과 방향성에 대해 살펴보고자 한다.

1. 인성교육

1) 인성교육의 개념

인성이란 사람의 성품을 말하며 일상적으로 많이 사용되지만 시대와 학자에 따라 다양하게 정의되고 있기 때문에 한마디로 정의하기는 어렵다. 영어로는 'personality' 또는 'character'이고 성격, 인성 또는 인격으로 번역되어 문맥에 따라 다양하게 사용되고 있으며, 국어사전에는 '사람의 성품' 또는 '각 개인이 가지는 사고와 태도 및 행동 특성'이라고 정의되어 있다. 심리학과 철학 분야에서는 다소 다른 의미로 사용되고 있는데, 심리학적 관점에서는 인성이란 말을 '성격(personality)'으로 보고 있으며, 철학적 입장에서는 '인격(character)'과 같은 의미로 사용되고 있다.

특히 심리학에서는 인간의 건전한 성격을 다루는 성장심리학을 중심으로 인성에 대한 연구가 이루어져 왔으며, 윤리학에서 사용하는 인성이라는 말은 한 개인에 있어서 실천적인 선택과 행동에 관련된 도덕적 특성을 뜻한다(황정규, 1998).

따라서 인성이란 개개인의 특성에 따라서 달라지며 각각의 가정과 사회구성원에 따라 조금씩 다르다고 할 수 있다. 인간의 성격과 행동은 개인적 특성이기도 하지만 한 개인의 성장적 환경과 그를 둘러싼 사회적 환경에 따라 크게 영향을 받는다고 할 수 있다. 따라서 인성교육을 통해 인간이 지향하고 성취해야 하는 인간다운 면모, 성질, 자질, 성품을 갖추게 할 수 있으며, 이는 지식교육에 대비되는 개념으로 사람다운 사람이 되도록 하는 일종의 가치교육에 중점을 두는 것으로 볼 수 있다.

2) 인성교육의 필요성

사회생활의 첫 시작인 학교현장에서는 교권이 실추되어 학생들을 지도하기 어려운 상황이 발생하고 있으며, 심지어 학생이 교사를 폭행하는 사건, 학부모가 교사를 폭행하는 사건 등으로 인해 존중과 배려 문화가 중요한 교육계에서조차도 큰 혼란을 겪고 있다. 최근에는 사이버범죄 및 아동학대 사건 등의 반인륜적인 사건 · 사고의 증가로 국민들은 도덕적 해이에 대한 개탄의 목소리를 내고 있다. 이런 도덕적 해이에 대한 원인으로는 여러 가지가 있겠지만, 인간관계성에 대한 교육 부재를 가장 큰 원인으로 볼 수 있다. 사람과 사람 간의 관계성을 결정짓는 부분은 인성이며 이런 인성교육을 강화해야 하는 국가적인 당위성에 대해 전 국민들은 동의할 것이다. 무너져 버린 우리 사회의 인성교육을 지금부터라도 바로잡아야 할 것이며 인성교육 강화에 교육현장 및 우리사회 전체가 노력해야 할 것이다. 교육현장에서는 학생들에게 가장 효과적인 인성교육의 내용과 방법을 찾아야 할 것이며, 가정에서는 부모와 자녀 간의 소통강화 강조 및 밥상머리 대화가 이루어져야 할 것이며, 정책적으로는 타인을 비방하는 인터넷 댓글에 대한 처벌 강화, 사회적으로는 타인과 서로 공감하고 소통하는 분위기 조성 등을 강조한 문화를 강조해야 한다. 개인 위주의 삶에 대한 가치 추구보다 더불어 살아가는 기쁨이 중요함을 알게 하고, 도덕성이 다시 살아나는 올바른 세상을 만들기 위해서는 우리 어른들이 변해야 하며 물질만능 위주의 사회가치관이 변해야 한다. 더욱더 심각한 것은 앞으로 우리 사회를 이끌어 갈 청소년들의 인성이 위태롭다는 사실이다. 경희대학교와 중앙일보(2013년 6월)의 중학생 인성 실태 조사에 의하면, 중학생들은 상대방을 배려하거나 협동하는 일에 익숙하지 않았으며 꿈이 없거나 향후 자신의 진로에 대해 고민해 본 적이 없는 아이들도 많았다. 조사결과 정직(61.7

점)이 제일 낮았다. 원하는 것을 위해서라면 거리낌없이 거짓말을 하는 일부 어른의 모습을 그대로 닮았다는 지적이다. 특히 교사와 부모들이 생각하는 중학생의 인성 문제는 더욱 심각한 수준이었으며 교사와 부모가 매긴 중학생의 인성점수는 학생들 자신의 평가보다 훨씬 낮았다. 특히 학교에서 일선 교사들이 평가한 인성점수가 낮은 것에 주목할 필요가 있다. 과연 학교에서 교사와 학생들 사이에 어떤 일들이 일어나고 있는지, 학교에서 이루어지고 있는 교육이 제 할 일을 제대로 하고 있는지에 대한 반성이 필요한 시기이다.

인성이란 사람됨이다. 인간이면 갖추어야 할 기본적인 심성과 행동양식의 수준이다. 낙제점을 받은 중학생들의 인성수준을 보고 미래 대한민국을 짊어질 세대에 희망을 걸 수 있을까 하는 우려도 하게 된다. 조사책임자인 정진영 교수는 "아이들만의 잘못이 아니다"며 "성공을 위해 거짓말과 편법을 대수롭지 않게 여기는 기성세대의 세태, 성적에만 매몰된 지나친 경쟁주의 교육이 아이들의 인성을 망치고 있다"고 말했다.

지금의 입시 위주의 교육과 성공지상주의의 사회에서 사람됨이 중요하며 인성교육을 중시하는 사람 사는 세상을 만들어 가야 한다. 경쟁을 조장하는 대학입시 위주의 교육보다는 인성과 창의성을 키우는 교육으로 전환되어야 하며, 화려한 성공을 부추기는 사회풍토에서 벗어나 스스로 원하고 즐길 수 있는 일을 선택하는 것도 행복한 인생이라는 것을 우리 사회 전체가 받아들이는 사회가 되어야 한다. 우리 사회의 건강한 문화를 이루기 위해 가정교육은 기본이고 학교교육도 인성교육이 선행되어야 하며, 정부와 교육 당국의 사회적인 뒷받침도 뒤따라야 한다. 인성교육은 우리 모두 장기간의 투자와 노력, 그리고 사회적 가치의 변화가 동시에 이루어져야 가능할 것으로 보인다.

3) 영유아교사 인성교육의 중요성

21세기 사회는 급속한 산업화와 경제성장으로 정보기술의 발달과 국제화 등의 특징을 지니고 있으며 물질적으로 풍요로운 생활을 누리고 있다. 그러나 인간의 삶은 경제적으로 풍요로워지고 편리해졌지만, 정신은 비인간화·비도덕화로부터 고통을 받고 있다. 이러한 추세 속에서 자칫 인간다움, 인격적 정체성과 같은 가치들은 크게 축소되거나 상실되어 도덕적 해이와 심각한 반인륜적인 행위들이 증가해 왔다고 볼 수 있다.

모든 직업이 나름대로의 특성을 가지고 있지만, 특히 교직은 다른 직업과는 다른 독특한 특성을 가지고 있다. 일반적으로 가르치는 일은 보람 있고 가치 있는 일, 그리고 특별한 사명감을 필요로 하는 일로 인식되고 있으며, 특히 어린 영유아들을 가르치는 영유아교사들은 초·중등교사들에 비해 돌봄의 역할이 더 강조되고 있다. 이런 특성으로 인해 영유아교사들의 자질로 인성에 대한 사회적인 요구수준은 아주 높으며, 교사양성기관에서의 인성교육 부분도 강조되는 상황이다.

교사의 인성이란 교사가 갖추어야 할 인간적인 성품과 성격이면서 직무를 수행하면서 경험하는 교직사회의 문화적 테두리 안에서 요구되고 변화될 수 있는 특성이라고 할 수 있다(전재선, 2011 재인용). 이에 따라 유치원교사 자격과 관련해서도 교직 적·인성검사가 실시되고 있고, 교사가 갖추어야 할 자질과 역할 측면에 있어서도 인성은 중요하게 다루어질 수밖에 없다. 사회적으로도 교사의 인성과 자질에 대해 요구도가 높은 편이다. 그리고 교사의 인성 특성은 영유아들에게 크나큰 큰 영향을 미칠 수 있는 중요한 변인이 될 수 있다.

그러나 정말 일어나서도 안 되는 부끄러운 일이지만, 영유아교육기관에서 아동학대 사건들이 종종 발생하여 국민들의 분노를 일으키고 있다. 한 인간으로서 또는 교사로서 인간다운 삶을 살고, 비윤리적이고 비도덕적인 문제를 치유하기 위해서 영유아교사들을 위한 인성교육은 중요하며, 절실히 필요하다고 본다. 따라서 어린이집과 유치원 교사들의 인성교육을 강화하여 궁극적으로 아동학대 예방에 힘써야 한다.

아동학대와 관련하여 미디어와 매체에 보도된 사례들을 살펴보면 다음과 같다.

거꾸로 들고 입 때리고…아동학대 혐의 어린이집원장 집행유예

재판부 "학대 책임 무겁지만 배상 · 반성 고려"

만 2세 아기들을 학대한 혐의로 재판에 넘겨진 어린이집 원장이 징역형의 집행유예를 선고받았다.

광주지법 형사2부는 「아동학대범죄의 처벌 등에 관한 특례법」 위반(아동복지시설종사자 등의 아동학대 가중처벌) 혐의로 기소된 A(51)씨에게 징역 10개월에 집행유예 2년을 선고했다고 18일 밝혔다.

40시간의 아동학대 예방 강의 수강과 1년간 아동 관련 기관 취업 제한도 명령했다.

A씨는 2017년 6월부터 자신이 원장으로 있는 광주의 한 어린이집에서 만 2세 유아 4명을 11차례에 걸쳐 신체적으로 학대한 혐의로 기소됐다.

A씨는 앉아 있는 아기에게 고함을 치며 책으로 다리를 세게 내리치고는 아이가 울자 팔을 거칠게 잡아당겨 넘어뜨렸다.

또 울음을 그치지 않자 아이의 두 발을 양손으로 잡고 거꾸로 들어 교실 밖으로 내놓고 문을 닫았다.

기저귀를 갈면서 아기의 주요 부위를 손바닥으로 치거나 낮잠을 자지 않고 우는 아이를 억지로 눕혔다가 아이가 놀라 울음을 터뜨리면 책으로 아이의 입을 수차례 때리기도 했다.

재판부는 “어린이집 원장인 A씨가 여러 명의 피해자에게 수차례 신체적·정신적 학대를 해 책임이 무겁지만 일부 피해자 부모에게 손해를 배상했고 반성하고 있는 점, 처벌 전력이 없는 점 등을 고려했다”고 밝혔다.

출처 : 연합뉴스(광주)(2020. 10. 18).

억지로 밥 먹인 어린이집 교사 학대 혐의 징역형 선고

억지로 밥을 먹이려고 숟가락을 입에 밀어 넣는 등 아이들을 학대한 혐의로 재판에 넘겨진 어린이집 교사가 1심에서 징역형의 집행유예를 받았다.

부산지법 형사11단독 주은영 부장판사는 아동학대범죄의 처벌 등에 관한 특례법 위반(아동복지시설 종사자 등의 아동학대 가중처벌) 혐의로 기소된 부산 모 어린이집 교사 A(47·여)씨에게 징역 6개월에 집행유예 2년을 선고했다고 3일 밝혔다. 40시간 아동학대 재범예방 수강도 명했다.

A씨는 지난해 5월 24일 정오쯤 한 아동이 밥을 늦게 먹는다는 이유로 아이의 머리가 뒤로 밀릴 정도로 입에 숟가락을 세게 밀어 넣었다. 그해 7월까지 아동 5명을 17회에 걸쳐 학대한 혐의로 기소됐다.

판결문에 적시된 A씨의 학대행위는 주로 점심시간에 이뤄졌다. 학대 행태는 주로 밥을 늦게 먹는다는 이유로 숟가락을 아이의 입에 억지로 밀어 넣는 경우가 많았다. 음식을 빨리 삼키지 않는다고 손가락으로 아이 입을 찌르거나 물을 마시도록 억지로 물통을 입에 갖다 대기도 했다. 팔을 잡아당겨 넘어뜨리는 경우도 있었다.

주 부장판사는 "아동을 안전하게 보육해야 하는 어린이집 교사가 학대행위를 한 점에서 죄질이 무겁다"며 "다만, 밥을 잘 먹지 않는 아동들에게 밥을 다 먹이려는 식습관 훈육 의도가 있었던 점, 피해 아동 부모와 합의하거나 일부 피해 부모들이 처벌을 원하지 않는 점 등을 참작했다"고 양형 이유를 밝혔다.

출처 : 조선비즈(2020. 6. 3).

교사가 여아 팔 깨문 인천 어린이집서 추가학대 정황…수사 확대

CCTV에 아동 3명 학대 장면…피해 부모, 철저 수사 촉구

보육교사가 4살 여아의 팔을 두 차례 깨물어 다치게 하는 등 학대 신고가 접수된 어린이집에서 추가 아동학대 정황이 확인돼 경찰이 수사를 확대했다.

인천 계양경찰서는 인천시 계양구 모 어린이집에서 학대 피해를 본 것으로 추정되는 아동 2명을 추가로 확인해 조사할 계획이라고 6일 밝혔다.

경찰은 지난달 11일 생후 33개월 된 A양의 어머니 B(32)씨로부터 아동학대 피해 신고를 받고 해당 어린이집의 올해 5월 11일부터 7월 10일까지 폐쇄회로(CC)TV를 확인해 A양 이외에 추가로 아동 2명의 학대 피해 정황을 확인했다.

경찰 관계자는 "총 아동 3명이 학대받은 것으로 의심되는 장면이 있다"며 "피해 아동과 부모를 상대로 먼저 조사한 뒤 보육교사들을 대상으로 수사를 할 계획"이라고 말했다.

앞서 B씨는 지난달 10일 오후 딸의 팔에서 멍 자국을 발견하고 해당 어린이집 CCTV를 통해 보육교사 C(38)씨의 학대 정황을 확인한 뒤 경찰에 신고했다.

B씨는 이후 경찰이 확보한 CCTV를 추가로 확인한 결과 딸이 C씨와 또 다른 보육교사에게서 학대당하는 모습을 추가로 확인했다고 주장했다.

B씨는 이날 청와대 국민청원 게시판에도 글을 올려 "뽀뽀를 10번 이상 계속하려고 하는 것을 딸이 거부하자 C씨가 턱을 올려 치거나 손등을 수차례 때렸다"고 했다.

또 보육교사들이 딸의 허벅지를 때리거나 볼을 잡고 세게 흔드는 등 학대를 하는 모습도 확인했다고 덧붙였다.

B씨는 "저와 남편은 학대 영상이 자꾸 생각나 업무 또한 제대로 볼 수 없다"며 "아이까지 돌봐야 하는 상황인데 육체·정신적으로 너무 힘들어 병원에 다니며 약을 먹고 있다"고 했다.

그러면서 "어린이집 행정처분과 두 교사의 자격 박탈을 요구한다"며 "철저하게 조사해 엄벌에 처해주길 바라며 어린이집 아동학대의 처벌법 강화와 근본적인 해결책들을 만들어 주길 정부에 요청한다"고 강조했다.

출처 : 연합뉴스(인천)(2020. 8. 6).

최근 어린이집에서 잇따라 발생한 아동학대 사건들로 많은 사회적 논란이 되고 있다. 어린이집 내 안전 및 아동학대 관련 사고와 가정 내 아동학대 급증에 따라 어린이집 보육교직원 및 영유아 부모 대상의 안전교육, 아동학대 예방교육 및 인권교육의 필요성이 강조되고 있고 실제로 시행되고 있다. 아동학대란 보호자를 포함한 성인이 아동의 건강 또는 복지를 해치거나 정상적 발달을 저해할 수 있는 신체적 · 정신적 · 성적 폭력이나 가혹행위를 하는 것과 아동의 보호자가 아동을 유기하거나 방임하는 것을 말한다(아동복지법 제3조 제7호). 아동학대에서 의미하는 보호자란 친권자, 후견인, 아동을 보호 · 양육 · 교육하거나 그러한 의무가 있는 자 또는 업무 · 고용 등의 관계로 사실상 아동을 보호 · 감독하는 자를 말하는데, 아동이 어린이집에서 보육을 받는 시간 동안 당해 아동을 담당하는 보육교직원도 보호자에 해당된다.

따라서 어린이집 보육교직원은 「아동학대범죄의 처벌 등에 관한 특례법」 제10조의 규정에 의한 신고의무자로서 직무상 아동학대를 알게 된 경우 및 의심되는 경우 즉시 112 등에 신고하여야 한다. 신고의무를 이행하지 않을 경우

500만 원 이하의 과태료를 부과한다. 또한 아동학대 금지행위 위반 시 어린이집의 원장 또는 보육교사의 자격은 취소된다.

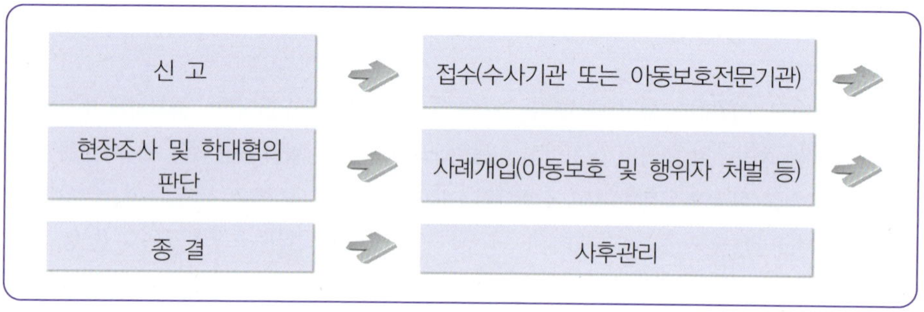

|그림 5-1| 수사기관 및 아동보호전문기관의 아동학대 개입절차

보육현장에서 영유아 및 아동의 인권을 보호하고 학대를 예방하기 위해 보육교직원을 대상으로 한 인권교육 및 아동권리 존중교육과 안전교육은 필수적이다.

보육교직원들에게 아동인권에 대한 재인식의 기회를 제공하는 '보육교직원 영유아 권리 선언'을 참고로 제시하면 다음과 같다.

보육교직원 영유아 권리 선언

우리는 보육전문가로서의 자세를 유지하고 영유아의 권리보호, 존중, 충족을 위해 책임을 다할 것을 선서합니다.

하나, 우리는 영유아가 차별 없이 평등하고 행복하게 자라도록 돕는다.
하나, 우리는 영유아에게 안전하고 편안한 보육환경을 제공하도록 노력한다.

하나, 우리는 영유아에게 충분한 영양과 위생적인 급식을 제공하여 영유아가 건강하게 성장하도록 돕는다.

하나, 우리는 영유아가 자신의 욕구와 의사를 자유롭게 표현할 수 있도록 격려한다.

하나, 우리는 영유아의 발달적 특성과 개별적 특성에 적합한 보육을 위해 노력한다.

하나, 우리는 영유아 존중을 바탕으로 일체의 체벌을 포함한 신체학대, 성학대, 정서학대, 방임을 하지 않는다.

하나, 우리는 아동학대 예방을 위해 노력하며 아동학대를 발견한 경우 신고의무자로서의 책임을 다한다.

하나, 우리는 보육활동에 부모참여를 확대하고 지역사회와 전문가 연계를 통해 아동이 바르게 성장할 수 있도록 기반을 조성한다.

20 년 월 일

보육교직원 ○○○○

출처 : 보건복지부 · 어린이집안전공제회 · 중앙육아종합지원센터(2015).

한편 보육교직원에 의한 아동학대 사건의 증가와 인성교육의 부재로 인한 사회적 위기감을 극복하고자 국가적인 차원에서 인성교육진흥법을 제정하게 되었다. 인성교육진흥법은 2014년 12월 29일 국회 통과 이후 2015년 1월 20일 법률 제13004호로 제정되어 공포되었으며, 2015년 7월 21일에 전국적으로 인성교육을 실시하게 되었다. 전국의 유초중고등학교는 매년 초 인성교육 계획을 수립하여 교육감에게 보고하고 있으며 이를 바탕으로 인성교육과정을 운영하고 있다. 인성교육진흥법은 건전하고 올바른 인성(人性)을 갖춘 국민을 육성하여 국가사회의 발전에 이바지함을 목적으로 하고 있다. 인성교육진흥법에서는 핵심가치와 덕목을 제시하고 있으며, 인성교육진흥법의 자세한 내용은 다음과 같다.

〈표 5-1〉 인성교육진흥법의 핵심가치 · 덕목

인성교육진흥법

제1조(목적)

이 법은 대한민국 헌법에 따른 인간으로서의 존엄과 가치를 보장하고 교육기본법에 따른 교육이념을 바탕으로 건전하고 올바른 인성(人性)을 갖춘 국민을 육성하여 국가사회의 발전에 이바지함을 목적으로 한다.

제2조(정의)

이 법에서 사용하는 용어의 뜻은 다음과 같다.〈개정 2017. 12. 19〉

1. "인성교육"이란 자신의 내면을 바르고 건전하게 가꾸고 타인 · 공동체 · 자연과 더불어 살아가는 데 필요한 인간다운 성품과 역량을 기르는 것을 목적으로 하는 교육을 말한다.
2. "핵심 가치 · 덕목"이란 인성교육의 목표가 되는 것으로 예(禮), 효(孝), 정직, 책임, 존중, 배려, 소통, 협동 등의 마음가짐이나 사람됨과 관련되는 핵심적인 가치 또는 덕목을 말한다.
3. "핵심역량"이란 핵심가치 · 덕목을 적극적이고 능동적으로 실천 또는 실행하는 데 필요한 지식과 공감 · 소통하는 의사소통능력이나 갈등해결 능력 등이 통합된 능력을 말한다.
4. "학교"란 다음 각 목의 어느 하나에 해당하는 기관을 말한다.

가. 유아교육법 제2조 제2호에 따른 유치원

나. 초 · 중등교육법 제2조에 따른 학교

다. 「재외국민의 교육지원 등에 관한 법률」 제2조 제3호에 따른 한국학교

제3조(다른 법률과의 관계)

인성교육에 관하여 다른 법률에 특별한 규정이 있는 경우를 제외하고는 이 법에서 정하는 바에 따른다.

제4조(국가 등의 책무)

① 국가와 지방자치단체는 인성을 갖춘 국민을 육성하기 위하여 인성교육에 관한 장기적이고 체계적인 정책을 수립하여 시행하여야 한다.

② 국가와 지방자치단체는 학생의 발달단계 및 단위 학교의 상황과 여건에 적합한 인성교육 진흥에 필요한 시책을 마련하여야 한다.
③ 국가와 지방자치단체는 학교를 중심으로 인성교육 활동을 전개하고, 인성 친화적인 교육환경을 조성할 수 있도록 가정과 지역사회의 유기적인 연계망을 구축하도록 노력하여야 한다.
④ 국가와 지방자치단체는 학교 인성교육의 진흥을 위하여 범국민적 참여의 필요성을 홍보하도록 노력하여야 한다.
⑤ 국민은 국가 및 지방자치단체가 추진하는 인성교육에 관한 정책에 적극적으로 협력하여야 한다.

제5조(인성교육의 기본 방향)
① 인성교육은 가정 및 학교와 사회에서 모두 장려되어야 한다.
② 인성교육은 인간의 전인적 발달을 고려하면서 장기적 차원에서 계획되고 실시되어야 한다.
③ 인성교육은 학교와 가정, 지역사회의 참여와 연대하에 다양한 사회적 기반을 활용하여 전국적으로 실시되어야 한다.

제6조(인성교육종합계획의 수립 등)
① 교육부장관은 인성교육의 효율적인 추진을 위하여 대통령령으로 정하는 관계 중앙행정기관의 장과의 협의와 제9조에 따른 인성교육진흥위원회의 심의를 거쳐 인성교육종합계획(이하 "종합계획"이라 한다)을 5년마다 수립하여야 한다.
② 종합계획에는 다음 각 호의 사항이 포함되어야 한다.
1. 인성교육의 추진 목표 및 계획
2. 인성교육의 홍보
3. 인성교육을 위한 재원조달 및 관리방안
4. 인성교육 핵심가치 · 덕목 및 핵심역량 선정에 관한 사항
5. 그 밖에 인성교육에 관하여 필요한 사항으로 대통령령으로 정하는 사항
③ 교육부 장관은 종합계획의 중요 사항을 변경하는 경우 제1항에 따른 관계 중앙행정기관의 장과의 협의와 제9조에 따른 인성교육진흥위원회의 심의를 거쳐야 한다. 다만, 법령의 개정이나 관계 중앙행정기관의 관련 사업계획 변경 등 경미한 사항을 변경하는 경우에는 그러하지 아니하다.

④ 교육부 장관은 제1항 또는 제3항에 따라 종합계획을 수립하거나 변경하였을 때에는 지체 없이 이를 관계 중앙행정기관의 장에게 통보하여야 한다.
⑤ 교육부장관은 종합계획을 수립하기 위하여 인성교육의 진흥에 관한 실태조사를 5년마다 실시할 수 있다. 〈신설 2018. 12. 18.〉
⑥ 교육부장관은 제5항에 따른 실태조사를 위하여 관계 중앙행정기관의 장 및 지방자치단체의 장 등 관련 기관 · 단체의 장에게 필요한 자료 제출을 요청할 수 있다. 이 경우 요청을 받은 자는 특별한 사유가 없으면 이에 협조하여야 한다.
〈신설 2018. 12 18.〉
⑦ 특별시 · 광역시 · 특별자치시 · 도 및 특별자치도 교육감(이하 "교육감"이라 한다)은 종합계획에 따라 해당 지방자치단체의 연도별 인성교육시행계획(이하 "시행계획"이라 한다)을 수립 · 시행하여야 한다. 〈개정 2018. 12. 18.〉
⑧ 교육감은 제5항에 따라 시행계획을 수립하거나 변경하였을 때에는 이를 지체 없이 교육부 장관에게 통보하여야 한다. 〈개정 2018. 12. 18.〉
⑨ 종합계획 및 시행계획의 수립 · 시행 등에 필요한 사항은 대통령령으로 정한다. 〈개정 2018. 12. 18.〉

제7조(계획수립 등의 협조)
① 교육부 장관과 교육감은 종합계획 또는 시행계획의 수립 · 시행 및 평가를 위하여 필요한 경우 관계 중앙행정기관의 장, 지방자치단체의 장 및 교육감 등에게 협조를 요청할 수 있다.
② 제1항에 따른 협조를 요청받은 자는 특별한 사유가 없으면 이에 따라야 한다.

제8조(공청회 등의 실시)
① 교육부 장관과 교육감은 종합계획 및 시행계획을 수립하려는 때에는 공청회, 설명회, 세미나, 설문조사 등 다양한 방식(이하 이 조에서 "공청회 등"이라 한다)으로 국민 및 관계 전문가 등으로부터 의견을 청취하여야 하며, 공청회 등에서 제시된 의견이 타당하다고 인정되는 때에는 이를 종합계획 및 시행계획 수립에 반영하여야 한다. 〈개정 2019. 12. 10.〉
② 공청회 등의 실시에 필요한 사항은 대통령령으로 정한다. 〈개정 2019. 12. 10.〉

제9조(인성교육진흥위원회)

① 인성교육에 관한 다음 각 호의 사항을 심의하기 위하여 교육부 장관 소속으로 인성교육진흥위원회(이하 "위원회"라 한다)를 둔다.

1. 인성교육 정책의 목표와 추진방향에 관한 사항
2. 종합계획 수립에 관한 사항
3. 인성교육 추진실적 점검 및 평가에 관한 사항
4. 인성교육 지원의 협력 및 조정에 관한 사항
5. 그 밖에 인성교육 지원을 위하여 대통령령으로 정하는 사항

② 위원회는 위원장을 포함한 20명 이내의 위원으로 구성한다.

③ 위원회의 위원장은 위원 중에서 호선하되, 공무원이 아닌 사람으로 한다.

④ 위원회의 위원은 다음 각 호의 어느 하나에 해당하는 사람 중에서 대통령령으로 정하는 바에 따라 교육부 장관이 임명 또는 위촉한다. 이 경우 위원은 공무원이 아닌 사람이 과반수가 되도록 한다.

1. 교육부 차관, 문화체육관광부 차관(문화체육관광부 장관이 지명하는 차관), 보건복지부 차관(보건복지부장관이 지명하는 차관) 및 여성가족부 차관
2. 국회의장이 추천하는 사람 3명
3. 인성교육에 관한 학식과 경험이 풍부한 사람 중에서 대통령령으로 정하는 사람

⑤ 위원회가 심의한 사항을 집행하기 위하여 인성교육 진흥과 관련된 조직 · 인력 · 업무 등에 필요한 사항은 교육부령으로 정한다.

⑥ 그 밖에 위원회의 구성 · 운영에 필요한 사항은 대통령령으로 정한다.

제10조(학교의 인성교육 기준과 운영)

① 교육부 장관은 대통령령으로 정하는 바에 따라 학교에 대한 인성교육 목표와 성취 기준을 정한다.

② 학교의 장은 제1항에 따른 인성교육의 목표 및 성취기준과 교육대상의 연령 등을 고려하여 대통령령으로 정하는 바에 따라 매년 인성에 관한 교육계획을 수립하여 교육을 실시하여야 한다.

③ 학교의 장은 인성교육의 핵심가치 · 덕목을 중심으로 학생의 인성 핵심역량을 함양하는 학교교육 과정을 편성 · 운영하여야 한다.

④ 학교의 장은 인성교육 진흥을 위하여 학교 · 가정 · 지역사회와의 연계방안을 강구하여야 한다.

제11조(인성교육 지원 등)

① 국가 및 지방자치단체는 가정, 학교 및 지역사회에서의 인성교육을 지원하기 위한 교육 프로그램(이하 "인성교육 프로그램"이라 한다)을 개발하여 보급하여야 한다.
② 국가와 지방자치단체는 인성교육 프로그램의 구성 및 운용 등을 전문단체 또는 전문가에게 위탁할 수 있다.
③ 교육부장관과 교육감은 인성교육 프로그램의 구성 및 운용 계획을 해당 학교 인터넷 홈페이지에 게시하는 등의 방법으로 학부모에게 알릴 수 있도록 하여야 한다.
④ 학부모는 국가, 지방자치단체 및 학교의 인성교육 진흥 시책에 협조하여야 하고, 인성교육을 위하여 필요한 사항을 해당 기관의 장에게 건의할 수 있다.
⑤ 그 밖에 가정, 학교 및 지역사회에서의 인성교육 진흥 등에 필요한 사항은 대통령령으로 정한다.

제12조(인성교육 프로그램의 인증)

① 교육부 장관은 인성교육 진흥을 위하여 인성교육 프로그램을 개발 · 보급하거나 인성교육 과정을 개설(開設) · 운영하려는 자(이하 "인성교육 프로그램 개발자 등"이라 한다)에 대하여 인성교육 프로그램과 인성교육 과정의 인증(이하 "인증"이라 한다)을 할 수 있다.
② 인증을 받고자 하는 인성교육 프로그램 개발자 등은 교육부 장관에게 신청하여야 한다.
③ 교육부 장관은 제2항에 따라 인증을 신청한 인성교육 프로그램 또는 인성교육 과정이 교육내용 · 교육시간 · 교육과목 · 교육시설 등 교육부령으로 정하는 인증기준에 적합한 경우에는 이를 인증할 수 있다.
④ 제3항에 따른 인증을 받은 자는 해당 인성교육 프로그램 또는 인성교육 과정에 대하여 교육부령으로 정하는 바에 따라 인증표시를 할 수 있다.
⑤ 제3항에 따른 인증을 받지 아니한 인성교육 프로그램 또는 인성교육 과정에 대하여 제4항의 인증표시를 하거나 이와 유사한 표시를 하여서는 아니 된다.
⑥ 제1항부터 제3항까지에 따른 인증의 절차 및 방법 등에 필요한 사항은 교육부령으로 정한다.

⑦ 교육부 장관은 제1항부터 제3항까지에 따른 인증업무를 교육부령으로 정하는 바에 따라 전문기관 또는 단체 등에 위탁할 수 있다.

제13조(인증의 유효기간)
① 제12조 제3항에 따른 인증의 유효기간은 인증을 받은 날부터 3년으로 한다.
② 제1항에 따른 유효기간은 1회에 한하여 2년 이내에서 연장할 수 있다.
③ 제2항에 따른 인증의 연장신청, 그 밖에 필요한 사항은 교육부령으로 정한다.

제14조(인증의 취소)
교육부 장관은 제12조 제3항에 따라 인증한 인성교육 프로그램 또는 인성교육 과정이 다음 각 호의 어느 하나에 해당하는 경우에는 그 인증을 취소할 수 있다. 다만, 제1호에 해당하는 경우에는 취소하여야 한다.
1. 거짓, 그 밖의 부정한 방법으로 인증받은 경우
2. 제12조 제3항에 따른 인증기준에 적합하지 아니하게 된 경우

제15조(인성교육 예산 지원)
국가 및 지방자치단체는 인성교육 지원, 인성교육 프로그램 개발 · 보급 등 인성교육 진흥에 필요한 비용을 예산의 범위에서 지원하여야 한다.

제16조(인성교육의 평가 등)
① 교육부장관 및 교육감은 종합계획 및 시행계획에 따른 인성교육의 추진성과 및 활동에 관한 평가를 1년마다 실시하여야 한다.
② 교육부장관과 교육감은 제1항에 따른 평가 결과를 종합계획 및 시행계획에 반영할 수 있다. 〈개정 2016. 12. 20.〉
③ 그 밖에 인성교육의 추진성과 및 활동평가에 필요한 사항은 대통령령으로 정한다.
〔제목개정 2016. 12. 20.〕

제17조(교원의 연수 등)
① 교육부장관과 교육감은 학교의 교원(이하 "교원"이라 한다)이 대통령령으로 정하는 바에

따라 일정시간 이상 인성교육 관련 연수를 이수하도록 하여야 한다.
〈개정 2017. 12. 19.〉
② 고등교육법 제41조에 따른 교육대학 · 사범대학(교육과 및 교직과정을 포함한다) 등 이에 준하는 기관으로서 교육부령으로 정하는 교원양성기관은 예비교원의 인성교육 지도 역량을 강화하기 위하여 관련 과목을 필수로 개설하여 운영하여야 한다.

제19조(언론의 인성교육 지원)
국가 및 지방자치단체는 범국민적 차원에서 인성교육의 중요성에 대한 인식을 공유하고 이들의 참여의지를 촉진시키기 위하여 필요한 경우 언론(언론중재 및 피해구제 등에 관한 법률 제2조에 따른 방송, 신문, 잡지 등 정기간행물, 뉴스통신 및 인터넷신문 등을 포함한다)을 이용하여 캠페인 활동을 전개하도록 노력하여야 한다.

제20조(전문인력의 양성)
① 국가 및 지방자치단체는 인성교육의 확대를 위하여 필요한 분야의 전문인력을 양성하여야 한다.
② 교육부 장관 및 교육감은 제1항에 따른 전문인력을 양성하기 위하여 교육 관련 기관 또는 단체 등을 인성교육 전문인력 양성기관으로 지정하고, 해당 전문인력 양성기관에 대하여 필요한 경비의 전부 또는 일부를 지원할 수 있다.
③ 제2항에 따른 인성교육 전문인력 양성기관의 지정기준은 대통령령으로 정한다.

제21조(권한의 위임)
교육부 장관은 이 법에 따른 권한의 일부를 대통령령으로 정하는 바에 따라 교육감에게 위임할 수 있다.

제22조(과태료)
① 다음 각 호의 어느 하나에 해당하는 자에게는 500만 원 이하의 과태료를 부과한다.
1. 거짓이나 그 밖의 부정한 방법으로 제12조에 따른 인증을 받은 자
2. 제12조 제5항을 위반하여 인증표시를 한 자
② 제1항에 따른 과태료는 대통령령으로 정하는 바에 따라 교육부 장관이 부과 · 징수한다.

2. 좋은 교사

1) 좋은 교사의 의미

'좋은 교사'란 '교사에게 요구되는 자질을 훌륭히 수행하는 사람, 즉 가장 교사다운 교사'를 의미한다고 볼 수 있다. 다시 말해서, '좋은 교사'는 '교사에게 필요한 자질들을 충분히 갖추어 학습자에게 좋은 영향을 미치는 교사'를 의미한다(김회용, 2007). 즉, 열정을 가진 자를 '좋은 교사'의 특성으로 보았다. 학교를 대상으로 어떤 교사를 원하는지 조사한 샌더스(Sanders, 2002)의 연구는 학교가 원하는 교사의 특성을 교수능력, 전문성, 인성으로 보았으며, 교수능력과 전문성보다 인성을 중시하는 학교가 2배 이상 많았다(조경자, 2007 재인용). 또한 유치원교사들을 대상으로 한 링(Ling, 2003)의 연구는 유아에 대한 사랑, 인내심, 성실성 등의 인성적 측면을 '좋은 교사'가 갖추어야 할 자질로 보았으며, 유아교육에 대한 지식을 그 다음으로 보았다(조경자, 2007 재인용).

우리나라에서 이루어진 연구를 살펴보면 현직 유아교사들을 대상으로 한 연구(이경민 · 엄은나, 2005; 한수진, 2001)에서 교사들은 인성을 가장 중요하게 생각하고 있었으며, 유아의 어머니들을 대상으로 한 연구(김지현, 2007)에서도 인성 또는 사명감, 개인차의 고려 및 교육관을 포함하는 교육적 태도를 가장 중시하는 것으로 나타났다.

우리나라의 연구자들도 '좋은 교사'의 특성을 유사하게 제시하고 있다. 김희용(2007)은 인격을 갖춘 교사, 전문성을 갖춘 교사, 미래사회가 요구하는 역량을 갖춘 교사를 '좋은 교사'로 규정하였다.

한수진(2001)의 연구는 교사가 갖추어야 할 자질의 조건으로 인성, 교양 및 전문지식, 교육기술, 교직에 대한 태도를 제시하였고, 인성과 교직에 대한 태도가 중요한 교사의 자질이라고 밝혔다.

이처럼 '좋은 교사'의 특성과 자질로 인성을 중요하게 보고 있으며 영유아의 보육과 교육을 담당하는 유아교사의 자질에 대해 국가적으로도 인성을 강화하는 방안을 추진하였다. 보건복지부는 인성과 전문성을 갖춘 보육교사를 양성하기 위해 보육교사인성론을 보육교사 자격취득을 위한 필수과목으로 지정하였고, 교육부는 교직적 · 인성검사를 통과한 학생들에게 유치원교사 자격증을 부여하고 있다. 유아교사들은 오랜 시간동안 영유아들과 지속적이고 정서적인 유대를 맺어야 하는 대상이므로 교사가 지닌 개인적 자질인 인성은 매우 중요하며 영유아에게 미치는 영향이 지대하다 볼 수 있다. 교직인성을 잘 갖춘 교사라는 말은 개인적, 사회적, 공동체적 차원에서 요구되는 인격적 요소들이 서로 조화와 균형을 이루고 있는 교사를 의미한다(황해익 · 김은정, 2015). 영유아교사가 갖추어야 할 인성에 대한 선행연구들을 종합한 김선화(2016)는 사랑, 성실성, 정서적 안정감, 친밀감, 원만한 인간관계, 공정성과 자제력, 일관성, 봉사성 등을 대표적인 인성으로 제시하였다. 유치원 원장의 생애사를 통해 바람직한 교사상을 조명한 김정화(2014)의 연구에 참여한 원장은 '공평하게 유아들을 사랑하는 선생님', '무한 신뢰가 가는 선생님', '한결같은 사랑을 주는 선생님'을 좋은 선생님이라고 하였다.

엄은나와 서동미(2009)는 예비 교사들이 '유아를 사랑하는 교사', '잘 가르치는 교사', '자기관리를 잘하는 교사'를 '좋은 교사'로 인식하고 있는 것으로 분석하였다.

위의 연구들을 종합해 보면 영유아교사가 갖추어야 할 좋은 교사의 요소로 인성적 자질을 최우선으로 두고 있다는 것을 알 수 있다. 즉, 좋은 교사란 영유아에 대한 사랑과 이해에 바탕을 둔 자질과 교직에 대한 사명감과 열정을 가지고 있는 교사를 의미함을 알 수 있다.

내가 생각하는 좋은 교사란?

좋은 교사란 ______________________________ 해야 한다.

왜냐하면 ______________________________ 이기 때문이다.

2) 좋은 교사 되기

영유아교사에 대한 이미지를 외부인들에게 물어보면 대부분 상냥한 말씨, 단정한 옷차림, 항상 웃는 얼굴 등의 긍정적인 이미지를 많이 언급한다. 순수한 유아들과 생활하는 유치원교사들이기에 항상 천사와 같은 마음씨와 웃는 얼굴을 하고 있을 것이라고 기대하기 때문이다. 그러나 좋은 교사의 이미지가 그냥 생기는 것은 아니다. 좋은 이미지의 교사가 되기 위해서는 본인 스스로 세련된 예의범절, 즉 좋은 말씨, 단정한 외모, 바른 인성을 갖추도록 준비하고 노력해야 한다.

(1) 바람직한 용모와 복장

항상 웃는 얼굴, 상냥한 말씨, 정중한 태도에 단정한 용모 · 복장이야말로 그 어떤 것 이상으로 값진 것이며 제2의 인격이라고 할 만큼 중요하다.

① 출퇴근할 때

너무 짧은 반바지나 치마, 심하게 노출된 상의 등은 피해야 한다. 유치원교사는 주위의 시선을 고려하여 교사다운 옷차림을 유지해야 한다. 또한 지나친 액세서리와 진한 화장, 긴 손톱과 진한 색상의 매니큐어, 향수 등도 삼가야 할 것이다. 출퇴근길에 학부모를 만날 수 있으니 서로 당황하지 않도록 옷차림에 신경을 써야 한다.

② 근무 중일 때

긴 머리는 항상 단정하게 묶고 큰 액세서리는 위험할 수 있으니 빼두며, 손톱이 길지 않은지 확인해야 한다. 출근할 때 입고 온 옷은 퇴근할 때까지 사물함에 넣어두고 편한 옷으로 갈아입는다. 원에서 제공하는 가운이나 앞치마를 별도로 착용하는 경우에는 이를 지키도록 한다. 교사들이 청바지를 입는 것을 싫어하는 원도 있으니 근무지의 상황에 따라 원의 지침에 따른다.

- 바깥놀이터에서 많은 시간을 보내는 날 : 운동화, 체육복 또는 티셔츠에 면바지
- 야외학습 가는 날 : 바지, 교사 단체 티셔츠, 배낭, 운동화, 모자
- 입학식, 졸업식 등 행사가 있는 날 : 격식을 갖춘 정장(이때도 치마가 너무 짧아 허벅지가 보이는 것은 예의에 어긋남 - 무릎까지 오는 길이의 치마, 단정한 머리)

부적절한 사례

저희 집이 가까운 곳이라 출퇴근 시간이 얼마 안 걸려요. 몇 년 동안은 출근할 때 정장을 차려입었는데 출근시간이 빨라지고 퇴근시간이 늦어지면서 옷을 갈아입는 게 귀찮더라고요. 그래서 출근할 때 아이들과 생활할 때 입는 옷 그대로 입고 출근하다가 원장님하고 입구에서 만난 적이 있었어요. 원장님께서 단정하지 못한 제 옷차림을 보시고 아무리 일찍 출근해도 유치원 근처에 학부모님들도 사시는데 신경 쓰라고 야단을 맞았던 적이 있어요.

제가 보석을 좋아하는 편이라 초임 때 보석이 조금 튀어나온 반지를 끼고 유치원에 갔었어요. 어느 유아가 점심을 먹다가 입가에 뭐가 묻었길래 휴지로 닦아주다가 그만 제 반지에 얼굴이 살짝 긁힌 거예요. 아이 어머님께 제 반지 때문에 그런 거라고 설명해 드렸지만 설명하면서도 참 부끄러웠어요. 그래서 그 이후로 보석 박힌 거나 조금 튀어나온 반지는 끼지 않아요.

요즘 자연스럽고 연한 화장이 유행이잖아요. 그래서 유치원 갈 때도 진한 화장을 잘 하지 않는 편인 데다 화장을 잘 고치지도 않거든요. 하루는 원장님이 저보고 어디 아프냐고 물으시는 거예요. 아니라고 대답했더니 화장을 안 하니까 어디 아파 보인다며 립스틱도 진하게 바르고 화장도 좀 하라고 하시는 거 있죠. 저는 저 나름대로 화장한 건데…

제가 성격이 좀 급한 편이라 종종걸음을 잘 걸어요. 그래서 이동할 때 급하게 걷거나 좀 뛰는 편이에요. 저희 주임 선생님은 차분한 성격이시라 우아하게 걸어 다니시거든요. 제가 급하지도 않은 일에 종종걸음으로 가거나 급하게 걸어가면 자꾸만 불안해 보인다고 천천히 걸어 다니라고 말씀하셨어요. 교사가 그렇게 급하게 걸어 다니면 아이들도 그렇게 급하게 다닌다고 하시면서요.

초임 선생님이 복도에서 저에게 뭘 물어보는 거예요. 물어보는 그 선생님의 표정이 갈수록 굳어지면서 어두워지더라고요. 그래서 질문에 대답한 후에 제가 "선생님, 왜 그렇게 저를 무서운 표정으로 봐요?"라고 물었더니 "아니, 선생님이 무표정으로 저를 너무 뚫어지게 쳐다보셔서 무서워서요. 제가 질문한 것에 대해 화가 나셨나 해서요"라고 대답하더라고요. 그래서 제 표정에 대해서 한 번 더 생각해 보게 되었어요.

(2) 상황에 맞는 인사하기

처음 만나는 사람에게 어떻게 인사하느냐에 따라 자신의 인품이 평가된다. 머리만 끄덕여서 인사하는 것보다 친절을 담아 상체를 굽혀 허리로 하는 인사는 정중하면서도 세련되게 보인다. 주방에서 일하시는 조리사분이나 차량을 운전해 주시는 기사분께도 항상 환한 얼굴로 미소 짓는 표정을 잃지 말아야 한다. 평소 인사하는 연습을 해둔다면 분명 학부모님과 동료교사에게 매력적인 사람으로 기억될 것이다.

① 상쾌하게 웃는 얼굴로 인사하세요

인사의 기본은 정중하면서도 명랑한 표정을 보이는 것이다. 아무리 얼굴이 예쁘고 곱게 화장을 했다 하더라도 미소를 담은 밝은 표정만큼 아름다울 수는 없다.

② 밝은 목소리로 인사하세요

목소리에 따라 똑같은 인사와 말도 상당히 다르게 받아들여진다. 밝은 목소리는 마음을 여는 열쇠이다.

③ 상대와 장소에 따라 인사하세요

• 정중히 예의를 표현해야 할 때

허리에서 머리까지 똑바로 펴서 상체를 굽힌다. 손은 앞의 몸에 붙인다. 여자는 오른손이 위, 왼손을 아래에, 남자는 왼손을 위, 오른손을 아래에 두는 것이 우리나라 인사법이다. 허리를 45° 기울이면 아주 정중한 인사이고, 30° 정도 기울이면 기본적인 인사라 할 수 있다.

• 지나가면서 인사를 할 때

걸어가면서 가볍게 머리를 숙인다. 시선을 밑으로 하고 웃음을 잃지 않도록 하고 "수고 많으십니다", "몸은 좀 나았나요?" 등의 말을 건네는 것이 상대에게 경의를 표하는 예의이다.

• 아는 사람이 멀리 있을 때

우리는 가끔 멀리서 아는 사람을 보면 모르는 척하고 그냥 지나가는 경우가 있다. 하지만 이럴 때 인사를 하지 않는 것보다 멀리서라도 가볍게 목례하거나 손을 들어 반갑다는 표시를 하는 것이 좋다.

• 여러 번 마주쳤을 때

같은 사람을 하루에 여러 번 만났을 때, 우리는 보통 어색하게 웃거나 '한 번 인사했으니' 하고 모른 체 지나가 버리곤 한다. 이럴 때는 밝은 표정을 보이며 멈추어 서서 가볍게 상체를 구부리는 목례를 하는 것이 좋다.

• 바쁘게 일을 하고 있을 때

바쁜 상황에서 격식을 갖추어 정중하게 인사하는 것은 누구에게나 어려울 것이다. 그러나 아무리 바쁘더라도 슬쩍 외면하는 것보다 상대방의 눈을 맞추며 가볍게 인사를 하는 것이 좋다.

• 사례 ① 어색한 분위기

원무실에 코팅하러 갔는데 원장님께서 앉아 계신 거예요. 들어갈 때 가벼운 목례를 하고 들어갔는데 들어가서 제 일을 보는 동안 침묵이 흐르는 거예요. 코팅기 예열시간이 조금 있어서 원장님과 무슨 이야기라도 해야 할 것 같은 느낌이 드는데 무엇에 대해 이야기를 해야 할지 모르겠더라고요. 원장님도 별말씀 없으시고… 이렇게 원장님이나 원감 선생님과 둘이 한 공간에 있을 때는 정말 무슨 말을 해서 분위기 전환을 해야 할지 모르겠어요.

• 사례 ② 목소리가 작은 경우

저는 목소리가 좀 작고 톤이 낮아서 일부러 인사를 더 많이 하는데, 멀리 있는 선생님에게는 인사를 해도 잘 들리지 않으니 선생님들이 가끔 오해를 하셨어요. 저는 인사를 한다고 했는데 상대방 선생님은 멀리서 그냥 쳐다보고 있는 것처럼 보인다며 기분이 좀 나쁘셨나 봐요. 그 이후부터는 멀리 있는 선생님에게 인사를 할 때는 고개를 더 숙여서 하게 되고 학부모님에게 인사할 때도 목소리가 작으니 인사하는 행동이라도 크게 하게 되더라고요.

(3) 바르게 말하기

좋은 말씨란 상대를 배려하는 말 씀씀이다. 말을 잘못하면 상대방에게 상처를 주는 칼이 되고 말을 잘 쓰면 천 냥 빚도 갚는다. 아울러 말 씀씀이는 사람의 품격을 가늠하게 한다. 결국 입에서 품격이 나온다는 의미이다.

① 자신의 언어습관을 반성해 봅시다

혹시 무심코 내뱉은 말로 상대방의 기분을 상하게 한 적은 없는가? 나이가 어리다고 반말을 쓰거나 바람직하지 못한 호칭을 사용하지는 않았는가?

② 대화할 때 지켜야 할 10가지 수칙

• 원의 지시상항에 대해서 명확한 대답을 해야 한다. "예, 알겠습니다. 원장님" 등 상대방의 지시사항에 대해 분명히 전달받고 수행할 것임을 대답으로 표현해야 한다.
• 유치원과 어린이집에서 원장님이나 나이 드신 어른들께는 존칭을 사용한다. "~요"라는 표현보다는 "~입니다", "아닙니다" 등의 존칭을 사용해야 한다.

- 질문은 적절하게 해야 하고, 상대방보다 말을 많이 하지 않는다.
- 상대편 말을 끊지 않는다.
- 폐를 끼쳤을 때는 사과의 표현을, 호의를 받았을 때는 감사의 표현을 한다.
- 분명하지 않은 내용에 대해선 "방금 하신 말씀은 이런 것이었지요?"라며 반드시 확인한다.
- 자신의 권한 범위를 넘는 제안일 경우 "선생님들과 의논해 보겠습니다"라고 유보한다.
- 외국어나 어려운 전문용어는 피한다.
- 대화뿐 아니라 자세와 시선에도 신경을 쓴다.
- 친한 사이라도 원 내에서(유아들이 보는 상황에서는)는 경어를 사용한다.

다음은 영유아교사들이 직장 동료와 대화할 때 힘들어하는 사례이다.

구 분	내 용
사례 1	제가 아무리 나이가 어린 선생님이지만 학부모들 앞에서는 그래도 교사잖아요. 그런데 주임 선생님이 학부모님 앞에서 저에게 ㅇㅇ 선생님이라고 호칭을 붙여주지 않고 이름을 부르면서 일을 시키시면 제가 학부모님 앞에서 얼마나 창피한지 모릅니다.
사례 2	우리 주임 선생님은 무슨 일을 계획하거나 준비할 때 명령하고 통보하는 말투를 자주 하세요. 우리가 아무리 주임 선생님보다 직급이 낮아도 좀 존중해서 "선생님, 이것 좀 해주세요" 또는 "선생님~ 이렇게 해주면 정말 고맙겠어요" 이렇게 기분 상하지 않게 말씀하시면 일도 더 열심히 할 텐데, 주임 선생님 말투 때문에 일이 더 하기 싫어진다니까요.

※ 당신의 경어 사용에 문제가 없는지 체크해 보세요.

① 주임(선배)의 말을 원장에게 전할 때 어떻게 해야 합니까?

a) 원장 선생님, 주임 선생님이 현장학습 예약 확인했다고 합니다.

b) 원장 선생님, 주임 선생님께서 현장학습 예약 확인했다고 합니다.

c) 원장 선생님, 주임 선생님께서 현장학습 예약 확인하셨다고 합니다.

② 원장의 말을 주임에게 전할 때 어떻게 해야 합니까?

a) 원장 선생님이 교육계획안 가져오라고 합니다.

b) 원장 선생님께서 교육계획안 가져오라고 합니다.

c) 원장 선생님께서 교육계획안 가져오라고 하십니다.

③ 주임에게 원장의 부재를 알릴 때 어떻게 해야 합니까?

a) 원장 선생님은 외출 중입니다.

b) 원장 선생님은 외출 중이십니다.

c) 원장 선생님은 없던데요.

④ 원장에게 주임의 부재를 알릴 때 어떻게 표현하나요?

a) 주임 선생님은 교사실에 안 계십니다.

b) 주임 선생님 어디 가시던데요.

c) 주임 선생님은 교사실에 없습니다.

정답 1번 - a, 2번 - c, 3번 - b, 4번 - a

(4) 전화 받기, 전화 걸기

하루에도 수십 번씩 걸려오는 전화는 유치원 제1의 창구라고 해도 무방하다. 따라서 어떤 전화라 할지라도 자기 감정을 다스려 친절하고 밝은 음성으로 응대하여 상대방에게 좋은 이미지를 심어주도록 해야 한다.

① 전화를 받을 때는 이렇게 하세요

- 벨이 울리면 되도록 빨리 받는다.
- 인사말과 함께 기관명과 이름을 밝힌다.
  "감사합니다. ○○유치원/ 어린이집 ○○○입니다."
- 메모해야 할 경우 정확히 확인한 뒤 기록한다.
  "○○반의 ○○○ 어머니라고 하셨습니까?"
- 전화를 바꿔줄 때는 상대방의 신원을 파악한 후 잠깐 기다리라고 한다.
  "잠시만 기다려 주십시오."

- 바꾸는 데 시간이 걸릴 때는 전화를 끊고 기다리게 한다.
  "지금, 자리에 없어서 돌아오는 대로 전화드리라고 하겠습니다."
- 통화 중에 다른 사람과 상의할 일이 있으면 들리지 않도록 한다.
- 전화를 끊을 때에는 끝맺음 인사를 한다.
  "감사합니다. 좋은 하루 되십시오."
- 잘못 걸려온 전화도 친절하게 응대한다.
  "여기는 유치원인데 몇 번으로 거셨습니까?"
- 사무실이나 교실에서 통화를 할 때에는 조용하게 말한다.
- 상대방이 먼저 전화를 끊고 나면 수화기를 조용히 내린다.

② 전화를 걸 때는 이렇게 하세요

- 전화번호, 용건을 미리 확인하고 전화를 건다.
- 아침 일찍, 밤늦은 시간, 식사시간, 휴일은 피해서 전화한다.
- 상대방이 수화기를 들면 먼저 인사를 한다.
  "○○유치원인데, ○○○ 집입니까? ○○유치원의 ○○(아이 이름) 선생님입니다. ○○ 어머니 되십니까?"
- 원하는 상대방이 없다면,
  "죄송합니다만, ○○○에게 메모를 부탁합니다."
- 통화 도중 전화가 끊기면 전화 건 사람이 다시 걸어야 한다.
- 상대방이 젊게 느껴져도 반말을 쓰지 않는다.
- 통화는 되도록 간단히 긴 내용이면 만나서 이야기하도록 제안한다.
- 전화를 끊을 때에는 끝맺음 인사를 한다.
  "안녕히 계십시오."
- 수화기는 상대방이 끊는 것을 확인하고 조용히 내려놓는다.

※ 자주 사용하는 전화언어

- “감사합니다. ㅇㅇ유치원 ㅇㅇㅇ입니다.”
- “잠시만 기다려 주시겠습니까?”
- “오래 기다리셨습니다.”
- “전화 바꿔드리겠습니다.”
- “잘 알겠습니다.”
- “~해 주시겠습니까?”
- “죄송합니다.”
- “그렇게 전하도록 하겠습니다.”

구 분	내 용
사 례	초임 때 일인데요. 원무실에 제가 있는데 마침 전화가 와서 제가 전화를 받아야 하는 상황이었어요. 그런데 원장님이 원무실에 계신 거예요. 원장님 때문에 떨려서 전화를 받고 “네, 안녕하십니까? ㅇㅇ 유치원입니다” 이렇게 대답하고 나서 그 다음 뭐라고 질문해야 할지 떠오르지 않는 거예요. 저희 유치원은 경력자 선생님이 주로 전화업무를 담당해서 제가 그날 처음 전화를 받았거든요. 그래서 제가 “죄송합니다, 어머님! 원장님 바꿔드리겠습니다” 이렇게 대답하고 원장님께 전화를 바꿔드렸어요. 원장님께서 그 전화업무를 끝내고 저에게 30분 정도 학부모님의 전화를 받는 예절에 대해서 상세히 알려주셨어요.

(5) 손님 맞이하기

다음은 영유아교육기관에 손님이 찾아왔을 때 교사가 경험하는 어려움이다. 사례를 잘 읽고 손님을 맞이할 때의 태도에 대해 생각해 보자.

구 분	내 용
사례 1	유치원에 다른 유치원 원장님들이 방문하셨어요. 저와 다른 동료교사가 다과를 준비해서 원장실에 가져가야 했어요. 둘이서 과일을 예쁘게 깎아서 접시에 담고 전통차를 준비해서 원장실에 들어갔는데 갑자기 누구에게 먼저 찻잔을 놓아야 되는지 모르겠더라고요. 그래서 옆 동료교사를 흘깃 봤더니 동료교사도 잘 모른다는 표정을 지어서 난감했어요. 다행히 저희 원장님께서 다른 원장님 먼저 드리라고 해서 그렇게 하긴 했지만 차를 대접하고 나오면서 조금 부끄러웠어요.
사례 2	아침에 아이들이 등원하면 정신이 없잖아요. 그런데 손님이 하필이면 등원하는 시간에 오신 거예요. 원장님을 뵈러 왔는데 원장님도 안 계시고, 다른 교사들도 등원 맞이하느라 바쁘고 정신없고, 그래서 제가 원장실로 안내해서 잠시 앉아 계시라고 말씀드리고는 차도 한 잔 드리지 못한 거예요. 그런데 시간이 좀 지나서 그 손님이 생각나서 얼른 원장실로 갔더니 차를 드시고 계셨어요. 주임 선생님께서 혼자 앉아 있는 손님을 보고 차를 대접했다고 하더라고요. 오후에 주임 선생님께서 아무리 바빠도 손님이 오셨는데 제가 바쁘면 다른 교사에게 부탁이라도 해서 차를 대접해야 했었다고 주의를 주시더라고요. 또 손님이 온 걸 주임 선생님께 알리지 않은 것에 대해서도 야단치셨어요.

교사에게 있어 가장 중요한 이미지는 마음이다. 옛말에 관상보다는 수상이 낫고 수상보다는 심상이 낫다고 했다. 특히 영유아들과 생활하는 교사에게 있어 가장 필요한 덕목 중의 하나가 마음의 풍요로움이다. 사소한 일이라도 유아의 입장에서 또는 학부모의 입장에서 배려해 주는 예의 바른 교사는 품성의 겸비는 물론이고 마음까지 감동시키는 진정한 교사라 할 수 있다.

교사의 기도

나에게 능력을 주시어 좋은 교사가 되게 하여 주소서.

나에게 지식뿐 아니라 지혜를 주시어 나와 만나고 있는 유아들의 삶의 존엄성을 깨닫게 하여 주소서.

나에게 통찰력을 주어 나와 만나는 유아들은 도움을 필요로 하고, 그들이 원하는 바가 내가 생각하고 있는 것과는 다르다는 것을 올바르게 인식하게 하여 주소서.

유아들을 생활로 안내하고 도울 때에 언제나 친절을 잃지 않게 하여 주소서.

가르치면서 배우게 하여 주소서.

나에게 인내를 주시어 실패하여도 낙담하지 않게 하여 주소서.

나와 유아들이 사랑으로 만나게 하여 주소서. 그리하여 유아들로 하여금 그들의 삶을 아름답고 신비로운 것으로 인식을 새롭게 할 수 있도록 내가 먼저 교사된 나 자신의 삶을 아름답고 신비롭게 살 수 있는 능력과 지혜를 주소서.

바로,

거기에 소명에 응답하는 나의 삶의 존엄성이 있음이옵니다.

Chapter 06

영유아교사의 역할과 직무

1. 역 할
2. 직 무

CHAPTER

06 영유아교사의 역할과 직무

교육 및 보육의 질과 관련된 많은 연구에서는 영유아교사의 전문성과 교사의 질이 교육 및 보육의 질에 결정적으로 영향을 미친다고 보고하고 있다. 결국 영유아교사가 어떻게 역할을 성공적으로 수행하는지와 깊은 관련이 있다. 따라서 이 장에서는 영유아교사의 역할에서 일반적으로 기대하는 역할과, 연령에 따른 영유아교사의 역할에 대해 살펴보고자 한다. 그리고 직무를 교사라는 직책을 가지고 직업적으로 해야 하는 업무라고 봤을 때 영유아교사가 교사 역할을 수행하면서 행하는 전체 직무영역과 하루일과별 직무에 대해서도 살펴보고자 한다.

1. 역 할

1) 일반적인 영유아교사의 역할

영유아교사의 역할은 영유아 교육 및 보육에 대한 개념의 변화, 사회적 · 문화적 · 제도적 변화 등에 따라 달리 규정되며, 교사가 담당하는 영유아의 연령, 프로그램의 종류나 특성에 따라서도 조금씩 다르게 정의되고 있다(교육과학기술부, 2009). 그만큼 영유아교사의 역할을 한마디로 규정하기는 쉽지 않으며, 학자들에 따라서도 영유아교사의 일반적인 역할에 대해 다양한 정의를 내려왔다. 이를 종합하여 정리하면 〈표 6-1〉과 같다.

〈표 6-1〉 영유아교사의 역할

학 자	역할 유형	비 고
Katz (1970)	• 모친 유형 • 치료 유형 • 교수 모형	
Ellis & Thers (1982)	• 계획자 • 학습 조력자 및 감독자 • 안내자 및 상담자 • 문화의 설명자 및 중재자 • 지역사회 연결자 • 교직의 일원으로서의 역할 수행자 • 학교사회의 일원으로서의 역할 수행자	아동과의 상호작용 이상의 범위를 포함
Spodek (1985)	• 양육역할 • 교수역할 • 관련적 역할	유아와의 관계에서 부모, 지역사회와의 관계로 확장
이은화 (1985)	• 환경 제공자 • 관찰자 • 프로그램 계획자 • 연구자 • 부모교육 담당자 • 평가자	양육의 개념보다 가르치는 역할에 초점
Schickedanz et al. (1990)	• 교육과정 설계자 • 계획자 · 조직자 · 평가자 • 훈육자 • 의사결정자	의사결정자의 역할 포함

Saracho (1997)	• 교육과정 설계자 • 일과 계획 및 수행자 • 상담자 및 조언자 • 연구자 • 행정 업무 및 관리자	연구자의 역할 포함
오문자 (2001)	• 능동적 지식 구성자 • 문화형성의 주체 • 유능한 의사결정자 • 연구자 • 공동 학습자	능동적 학습자 강조

출처 : 박은혜(2015), 염지숙 외(2015) 재인용.

〈표 6-1〉에서와 같이 초기 영유아교사의 역할은 어머니의 역할(양육자 역할)과 크게 다르지 않다는 견해에서 점차 교육과정을 계획하고, 실행하고, 평가하는 교수자의 역할로, 그리고 일방적인 전달자가 아니라 유아와 부모, 지역사회와 함께하는 역할로 변화해 가는 것을 알 수 있다. 영유아의 전인적인 성장과 발달을 위해서는 표에 제시된 역할이 모두 필요하다. 교사들이 교육목적과 상황에 맞게 문제를 해결하고, 발전하기 위해 어떤 역할을 어떻게 적합하게 수행하는지가 중요하다.

본 교재에서는 〈표 6-1〉을 토대로 하여 영유아교사의 역할을 다음과 같이 설명하고자 한다.

(1) 보호 및 양육자로서의 역할

영유아교사의 가장 기본적인 역할은 영유아를 안전하게 보호하고, 이들의 신체 및 생리적 욕구와 심리적 욕구를 충족시키는 것이다. 가족을 떠나 처음으로 장시간 집단생활을 경험하게 되는 영유아에게 교사는 가정에서 느끼는 안락함과, 부모에게서부터 느끼는 따뜻함으로 정상적인 발달을 지원하는 대리 양육자 역할을 해야 한다.

특히 영유아교육 대상의 연령이 하향화됨에 따라 영아 때부터 어린이집에서 장시간 생활하게 되고, 유치원에서는 종일반이 확대 운영되므로 영유아교사는 영유아에게 가정과 같은 물리적인 환경을 제공하며, 개개인의 요구를 적극 수용하는 태도를 가지고 따뜻한 분위기 속에서 상호작용하면서 안정감을 주고, 신뢰감을 형성해야 한다. 즉, 마치 어머니와 같은 정성으로 영유아를 돌보아야 한다.

양육자의 역할에서 빠질 수 없이 챙겨야 하는 것은 영유아의 건강과 안전을 지키는 일이다. 균형 잡힌 식사와 간식을 충분히 섭취할 수 있도록 건강 및 영양관리를 해야 하는데, 이는 영유아의 정상적인 발육뿐만 아니라 올바른 식습관 형성을 위해서도 중요한 일이다. 또한 하루일과 중에 정적인 활동을 조화롭게 계획하고 충분한 휴식과 수면시간을 제공해 주는 것도 영유아의 건강관리에 필수적이다.

영유아교사의 보호 및 양육자의 역할은 헌신적일 뿐만 아니라 영유아의 영양을 챙기고 건강과 안전에 대한 지도자의 역할을 수행하는 전문화된 어머니(professional mother)의 역할이라 할 수 있다(박세정 외, 2014 재인용).

(2) 교수자로서의 역할

영유아교사의 교수자로서의 역할은 교육 및 보육 프로그램을 계획하고, 구성하고, 실행하고, 평가하기까지 일련의 과정을 수행하며 영유아를 교육하는 것을 의미한다. 즉, 영유아의 발달수준과 유치원(어린이집)의 특성, 국가수준의 교육과정 등을 기초로 하여 연간계획, 월간계획, 일일계획을 수립하고, 수립된 계획에 따라 환경을 구성하고, 효과적인 교수-학습 방법을 계획하며, 이를 수행하고 다양한 평가방법을 이용하여 평가하는 역할이다. 또한 자신이 수행한 교육활동의 검증을 통해 새로운 교수계획을 수립하기 위하여 연구 · 노력하는 역할을 포함한다. 이러한 영유아교사의 교수자 역할에 대해 스포덱(Spodek, 1985)은 다음과 같이 구분하여 설명하였다.

- 영유아의 발달, 환경 및 활동 전반에 걸쳐 항상 관찰하고 진단하는 진단자
- 영유아의 발달수준 및 특성을 고려하여 적합한 교육활동 및 교육과정을 설계하고 조직하는 자
- 영유아교육과정 전반에 대해 평가하는 자

특히 영유아를 대상으로 하는 교육활동은 교과서 없이 영유아-교구, 영유아-영유아, 영유아-교사 간의 상호작용이나 활동을 중심으로 이루어지므로 교실의 환경을 마련하고 영유아의 활동을 적극적으로 지원해 주는 교사의 역할이 중요하다(성미영 외, 2015 재인용).

(3) 상호작용자로서의 역할

영유아교사는 생활 전반에서 영유아와 신체적으로나 언어적으로 끊임없이 상호작용을 한다. 상호작용자로서의 교사역할은 그저 계획되고 짜인 교육 프로그램을 수행하는 것이 아닌 영유아의 눈높이에 맞게 안내하고, 배려하는 마음으로 때로는 친구같이, 때로는 부모가 되어 지지하고 후원하는 일이다. '선생님, 나 좀 봐주세요'라는 영유아의 메시지에 언어적 상호작용과 온화한 태도, 긍정적인 신호 등의 비언어적인 상호작용은 보여지는 행위만이 아닌 감정의 교류를 포함한다. 이는 서로에 대한 인간적인 관계를 맺어가는 것으로 이러한 교사와 영유아 간의 감정의 교류는 뭔가를 가르치려고 하는 시도보다 더욱 중요하다(박선해 외, 2015).

영유아들은 모두가 가치 있는 존재이다. 그러나 때로는 교사를 힘들게 하는 아이도 있고, 단점이 보이는 부분도 있을 수 있다. 생활 속에서 발생하는 어려움이 있음에도 불구하고 이들을 소중하고 가치 있는 존재로 인정하고, 상호작용할 때 영유아들은 심리적으로 안정되어 보다 높은 자아존중감을 가지고 행복감을 느끼게 된다. 교사와 유아들 간의 긍정적인 상호작용이야말로 영유아의 성장과 발달을 지원하는 기반이 된다.

(4) 동일시 대상으로서의 역할

영유아들의 사회학습은 모방을 통해 많은 부분이 이루어진다. 교사가 다른 영유아에게 또는 다른 교사, 다른 성인에게 어떤 방식으로 반응하는지를 아이들은 그대로 받아들인다. 영유아들이 주의를 집중하고, 모방하는 의미 있는 성인에 해당하는 사람이 부모와 교사이다. 때로 교사는 영유아에게 부모보다 더 권위 있고, 매력적인 모방의 대상이 될 수 있다. 영유아에게 노출되는 교사의 언어와 태도, 행동 등 모든 것 하나하나가 영유아들에게 영향을 미치게 되고, 교사의 생활 전반의 모든 것이 아이들에게 흡수된다.

따라서 영유아교사는 평소에 자신의 언어와 행동들을 돌아보고, 반성할 부분이 있으면 반성하고, 의식적으로 노력하여 영유아들에게 올바른 교육적인 본보기가 될 만한 교사다운 모습을 보여줄 필요가 있다.

(5) 교류자로서의 역할

영유아의 전인적 발달을 위한 노력은 교사 혼자만의 일이 아니다. 부모와 지역사회가 서로 교류하며 함께 노력해야 하는 일이고, 절대적인 협력이 필요한 일이다. 교사와 부모, 지역사회가 같은 목표를 가지고 정보를 공유하며, 상호 협조체계가 형성될 때 영유아의 경험은 풍부해지고, 확장되어 지속적인 성장과 발달을 이루게 된다. 그러므로 영유아교사는 부모와 지역사회와의 협력적 관계 형성을 위해 교류자의 역할을 성실히 할 필요가 있다.

이를 위해 영유아교사는 부모와의 원활한 의사소통을 통해 그들의 요구를 이해하고, 수용하는 마음을 가지고 때로는 조언자로서, 때로는 상담자 역할을 해야 한다. 학부모들이 자녀걱정 없이 안심하고 사회 · 경제적 활동을 할 수 있도록 정보교환을 원활히 할 때 부모는 교사나 교육기관에 지지를 보내고, 신뢰하게 되는 것이다.

또한 영유아교사는 지역사회에 활용 가능한 인적 · 물리적 자원이 무엇이 있는지를 파악하여 기관을 방문하고, 지역 전문가를 초청하고, 지역사회 행사에 참여하는 등 발굴한 자원들과 친밀한 관계를 맺으면서 그 자원을 최대한 활용해야 한다(박선아 외, 2014). 이처럼 지역사회와의 협력은 영유아들이 지역사회의 구성원으로 적응하며 지역 공동체 일원으로 성장하고, 발달할 수 있도록 돕기 때문에 지역사회와 적극적으로 교류하는 교사의 역할은 중요하다.

(6) 연구자로서의 역할

영유아교육은 교과중심 교육과정이 아니기 때문에 교사의 역량에 많이 의존한다. 그러므로 영유아교사는 끊임없는 자질 향상과 교육활동 개선을 위해 연구자로서의 역할수행이 필요하다.

영유아교사 자신의 전문성 신장을 위해 스스로 연구계획을 세우고, 이를 실천하며 결과에 대하여 자기반성 과정을 통해 전문적 지식이나 기술을 더 나은 방향으로 개선하려는 의지를 가져야 한다. 또한 동료교사들의 협조와 상호 정보교환을 통하여 교사의 전문성을 발달시킬 수 있으므로 동료장학에도 적극 참여하고 영유아교육 관련 책읽기, 연수 및 강습 참여, 전문가 단체 및 협회 가입 등으로 연구자로서 실천하는 모습을 보이도록 한다.

2) 연령에 따른 영유아교사의 역할

영유아교사의 역할은 대상 연령에 따라 다소 차이가 날 수 있다. 이는 영유아기가 전 생애에서 어느 시기보다 발달적 변화가 빠르게 전개되고, 독립적인 인간 개체로 살아가기 위한 기초를 형성하는 시기이기 때문에 영유아의 심신의 건강과 전인적 발달을 지원할 수 있으려면 이들의 발달적 특성에 적합한 다양한 역할을 수행하여야 하기 때문이다(백혜리, 2014). 여기에서는 발달의 일반적인 이정표인 연령에 따라 영아반과 유아반으로 구분하고, 각 연령대의 교사역할에 대해 살펴보고자 한다.

(1) 영아반

연령구분에서 영아는 '출생에서부터 36개월에 해당하는 유아'를 말한다. 영아전담시설의 반 배치에 있어서도 0세반(출생~12개월), 만 1세반(12~24개월), 만 2세반(24~36개월)을 중심으로 영아 학급을 구분한다.

영아들은 옹알이에서부터 말을 배우고, 자신의 신체를 움직이면서 주변 세계와 소통하고, 학습하면서 발달의 여러 영역에서 급속도로 변화를 보인다. 영아는 성인에게 많은 것을 의존해야 하기 때문에 교사의 이해와 지원에 따라 영아가 경험하는 내용은 달라질 수 있다.

최근 여성의 사회적 참여 확대, 가족제도의 변화, 가족기능의 약화, 여성의 일자리 창출을 위한 양육문제 해결, 복지사회 구현 등 사회적 변화 및 요구에 의해 보육의 필요성이 높아짐에 따라 영아기부터 어린이집에서 지내는 영아의 수가 증가하고 있다. 어린이집에서 오랜 시간을 보내는 영아들에게 영아교사는 부모를 대신하여 양육자로서의 역할과 교육자로서의 역할을 수행하면서 사회·정서적인 측면뿐만 아니라 발달의 모든 측면에 중요한 역할을 하게 된다

(염지숙 외, 2015). 따라서 영아교사는 하루가 다르게 커가는 영아의 빠른 변화 속도에 올바르게 성장할 수 있도록 민감하게 반응하고, 이들의 발달적 욕구를 적절한 방법으로 충족시켜 주어야 한다.

영아기의 독특한 발달적 특징에 따른 영아반 교사의 역할을 소개하면 다음과 같다.

① 영아발달에 대한 지식 습득하기

영아기는 제1성장 급등기로 모든 발달영역에서 분화가 이루어지고, 기능이 점차 복잡해지는 변화가 일어난다. 영아발달 관련 지식은 교사로 하여금 영아 개개인의 특성을 파악하고, 그 수준에 맞는 학습 및 놀이환경을 제공하는 데 도움을 준다. 또한 왜 영아들이 반복적으로 물건을 부딪히거나 두드리면서 소리를 내는지, 밥을 흘리면서도 자기가 먹겠다고 떼를 쓰는지 등의 영아 행동의 원인을 이해하는 데도 영아발달에 대한 지식이 중요하다.

영아발달에 대한 지식을 실제로 확인하는 첫 단계는 자신의 학급에 있는 영아들을 관찰하는 것이다(박세정 외, 2014 재인용). 자신의 욕구를 정확히 언어로 전달하지 못하는 영아의 경우 교사가 세심하게 관찰한 내용을 기록해 둠으로써 단순하지만 의미 있는 발견을 하게 된다. 즉, 영아의 현재 발달이 빠르거나 느린 정도를 파악할 수 있고, 정상적인 발달은 물론 비정상적인 발달에 대한 상태를 파악할 수 있다. 더욱이 이를 기초로 영아교사는 미래 발달 상태를 예측하고, 보다 성공적인 전략으로 영아발달에 도움을 줄 수 있게 된다. 따라서 영아교사는 영아발달에 대한 지식과 개별영아의 발달단계를 학습하고, 이를 지속적으로 적용시킬 수 있는 기술을 발전시킴으로써 영아에게 매우 중요한 사랑과 반응적 보호를 실천할 수 있게 된다(박세정 외, 2014).

② 건강하고 안전한 환경 제공하기

영아기는 신체조절 능력이 미흡하고 주변 환경에 대한 인식능력이 매우 부족한 시기이므로 양육을 담당하는 성인의 도움이 필수적이다. 이런 점에서 가장 기본적이면서도 중요한 영아교사의 역할은 영아가 안전하게 지낼 수 있도록 청결과 위생을 유지하고, 안전한 환경을 제공하며 이들의 심리적인 안정을 제공하는 것이다(백혜리, 2014).

영아기는 발달 특성상 사물을 직접 보고 만지는 감각 · 운동적 활동과 무엇이든 입으로 가져가 탐색하는 경향이 강하다. 그리고 일반 가정과는 달리 어린이집에서는 여러 명의 영아들이 함께 생활하게 된다. 이는 면역력이 약한 영아들의 경우 세균감염이나 전염을 유발하는 쉬운 조건이 되기도 한다. 따라서 영아교사는 장난감 세척, 보육실 내 소독, 기저귀 갈기나 화장실 사용 후 손 씻기, 교실 환기 및 습도 조절 등 위생 관리와 점검에 대한 인식이 철저해야 한다.

영아교사가 해야 할 안전한 환경에 대한 일들은 영아들을 신체적 상해 없이 안전하게 보호하는 것이다. 신체발달을 통해 여러 가지 운동기술을 획득하면서 이를 숙달시켜 나가는 과정에 있는 영아는 이동반경이 넓어지고, 호기심의 발달로 탐색활동은 늘어나는 데 반해 주의력이나 판단력은 여전히 미성숙하다. 그 결과 주변 위험요소를 감지하거나 이에 대한 대처능력이 부족하여 각종 안전사고의 위험에 무방비로 도출될 가능성이 높다(정옥분 외, 2011). 이동 중 추락 및 충돌사고 발생, 이물질 흡입으로 인한 질식사고, 문이나 창문을 닫을 때 손 낌, 전기 콘센트에 이물질을 넣거나 만지는 행동 그리고 놀잇감을 원래의 의도와 다른 방법으로 다루거나, 놀이기구를 안전하지 않은 방법으로 이용하는 등의 위험상황이 일상생활에서 빈번하게 발생할 수 있다. 그러므로 영아교사는 영아의 안전을 확보하면서도 탐색욕구를 채워줄 수 있도록 안전하고, 다채로운 환경을 제공(성미영 외, 2015)하여야 하며, 영아기 안전사고 발생형태별 응급처치에 대한 내용을 필히 알고 있어야 한다.

③ 정서적인 안정감 지원하기

영아의 정서적인 안정감은 정서표현과 정서이해 그리고 안정애착에서부터 비롯되며 영아의 사회·정서 발달에 매우 중요하다. 영아는 자신의 정서를 인식하고, 이를 적절히 표현할 수 있도록 허용될 때 다른 사람에 대한 이해와 감정이입이 가능해지고, 이후 친사회적으로 행동하는 사람으로 성장하게 된다. 따라서 영아교사가 영아의 정서적 표현에 인정과 칭찬으로 적절히 반응하고, 울음과 분노 등의 부정적인 정서에도 그만두게 하거나 모르는 척 외면하기보다는 공감해 주고, 따뜻하게 위로해 준다면 영아는 위로해 주는 교사로부터 정서적 유대감과 안정감을 느끼게 된다. 이러한 안정감을 토대로 영아들은 자신이 돌아갈 수 있는 안전하고, 편안한 곳이 있다는 확신을 갖게 되면서 점차 자율성과 자기주장을 펼쳐나가게(박세정 외, 2014 재인용) 되고 더 나아가 교사와의 안정애착을 형성하게 된다.

애착이란 영아와 양육자 간에 형성되는 친밀한 유대감을 뜻한다. 생애 초기에 사회·정서 발달의 기초가 되는 발달이 있는데, 그것이 바로 애착의 발달이다. 일반적으로 영아는 6~7개월부터 18개월경까지 자신을 돌보는 어머니와 애착을 형성한다. 그러나 어린 연령부터 어린이집에 들어온 영아는 어머니 외에 보육교사와도 애착을 형성하고(정옥분 외, 2011), 어머니와 불안정한 애착을 형성한 영아도 교사와의 안정적인 애착형성을 통해 부분적으로 어머니와의 관계가 보충된다(이명순 외, 2010 재인용)고 밝혀져 영아와 교사 간의 애착형성의 중요성이 더욱 부각되고 있다. 따라서 영아교사는 가정을 떠나 처음으로 집단

생활에서 겪게 되는 낯선 환경과 낯선 사람들에 대해 불안해하는 영아를 위해 영아의 욕구에 민감하게 반응하고, 영아와 신체적 · 정서적 접촉을 많이 하면서 영아가 안정애착을 형성할 수 있도록 돕고, 지원해 주어야 한다.

④ 신체발달과 건강관리하기

생후 첫 1, 2년간 급속도로 이루어지는 영아의 신체적 성장과 운동기능 발달은 적절한 영양공급과 휴식 그리고 자극이 주어질 때 효과적으로 발달한다. 영양공급이 충분한 영아는 잘 자라며 질병에도 강하고, 질병에 걸렸어도 회복이 빠르다. 그리고 적극적으로 주변을 탐색하는 등의 왕성한 신체활동을 보인다. 반면에 영양이 결핍된 영아는 성장이 지체되고, 질병에 약하며 활동량이 적고, 짜증을 내거나 보채는 일이 많다.

또한 영양소 중 단백질 결핍과 열량 부족은 신체성장과 신경체계의 발달에 영향을 미친다(정옥분 외, 2011). 따라서 영아기 영양결핍은 영아의 신체발달을 지체시킬 뿐만 아니라 인지발달이나 정서발달 등의 통합적 발달에도 좋지 않은 영향을 미칠 수 있으며 이후의 발달에도 지속적으로 영향을 미친다. 이에 따라 영아교사는 영아의 급식과 영양공급에 각별히 관심을 가지고 보살펴야 한다. 아직 젖병을 떼지 않은 영아에 대해서는 부모와 미리 상의하여 우유 섭취량과 수유시간을 잘 알아두고, 이와 함께 영아의 활동량과 식사량, 배변상태를 세밀히 관찰한 후 개별 영양계획을 세우는 것도 필요하다(이명순 외, 2010).

그리고 영아들이 집단생활을 하는 만큼 질병관리도 중요하다. 매일 영아가 어린이집에 도착했을 때 건강상태를 살펴보고, 어린이집에 머물러 있는 동안 질병이나 이상 상태가 의심되는 영아에 대해서는 적절한 간호법과 지도계획을 가지고 있어야 한다.

⑤ 원활한 의사소통 지원하기

영아는 태어나자마자 울음으로 자신의 의사를 표현하다가 4~5개월에는 옹알이를 통해 성인과 의사소통을 시도한다. 만 2세경에는 문장을 만들기 위해 2개 이상의 단어를 연결시킬 수 있고, 유아기가 되면 거의 폭발적으로 단어가 증가한다. 이러한 유아기 언어발달은 영아기 언어발달을 토대로 이루어지기 때문에 영아기에 다양하고, 풍부한 언어적 자극을 주는 것은 중요하다. 특히 언어발달은 가정환경과 양육자의 언어적 자극에 따라 개인차가 큰 발달영역이다(정옥분 외, 2011).

따라서 영아의 언어발달을 촉진시키기 위한 풍부한 언어자극의 핵심적인 역할을 하는 사람은 양육자를 대신하는 영아교사이다. 영아의 언어능력을 향상시키기 위해서는 무엇보다 교사가 사용하는 언어의 질이 중요한데, '안 돼!', '하지마!'라는 식의 강하고 위협적인 목소리와 태도는 영아를 위축시키고, 불안하게 만든다. 부드러운 음성과 말투, 어휘 역시 교사의 언어의 질을 좌우한다. 교사의 언어는 영아에게 역할모델이 되어 영아 역시 교사와 같은 음성과 말투로 언어를 사용하기 때문이다(정옥분 외, 2011). 그리고 듣기자극을 위해 영아교사는 약간의 수다쟁이가 될 필요가 있다. 교사가 항상 아이에게 일상생활의 다양한 상황에 대해 무엇을 하고 있는지 이야기하면서 상호작용한다면 영아는 자연스럽게 소리에 대해 관심을 가지게 되고, 이 또한 언어발달을 촉진하는 결과를 기대할 수 있다.

또한 영아교사는 영아의 행동에도 민감하게 반응하여야 한다. 언어발달이 미숙한 영아들은 자신의 생각이나 감정, 요구 등을 충분히 표현하는 데 어려움을 겪기 때문에 몸짓과 표정 등을 이용해 자신의 의사를 표현하는 경우가 많다. 이때 교사는 영아가 보내는 비언어적 메시지에 기초하여 그들의 정서적 · 인지적 상태를 유추하고, 현재의 감정과 기분을 해석할 수 있는 통찰력을 길러 영아의 요구에 응하는 상호작용을 할 수 있어야 한다(이은상 외, 2015). 특히 영아들의 눈빛, 미소, 울음, 얼굴 표정, 작은 행동들과 특이한 말 등 정서적 상태나 요구에 따라 보내는 신호에 대해 민감해야 한다. 이러한 신호에 대한 교사의 적절하고 즉각적인 반응은 영아들에게 자신의 요구가 충족되고 있다는 확신감을 갖게 하여 안정감과 자존감을 길러준다.

⑥ 기본생활습관을 중요시하며 보살피기

'세 살 버릇 여든까지 간다'는 속담이 있듯이 영아기는 기본생활습관이 형성되는 중요한 시기로, 이 시기에 형성된 습관들은 성인기까지 지속된다. 영아는 부모나 교사와의 일상생활 중에 직접적인 설명이나 모방을 통해 잘 배운다. 그러므로 영아교사는 영아기에 기본적으로 배워야 할 기본생활습관을 가르칠 수 있는 상황이 발생했을 때, 기회를 놓치지 않고 반복적으로 안내하면서 기본생활습관이 형성되도록 보살펴야 한다. 예를 들어, 식사를 하면서 "잘 먹었습니다", "선생님처럼 휴지로 입을 깨끗이 닦자", 그리고 "바닥에 흘린 반찬은 휴지로 닦고 쓰레기통에 넣어보자" 등 행동적 모델과 올바른 습관이 왜 필요한지에 대한 이유를 설명하면서 영아들과 일상생활 속에서 자연스럽게 기본생활습관이 형성되도록 지도해야 한다(이명순 외, 2010).

영아기에 올바르게 형성되어야 할 기본생활습관에는 바른 식습관, 배변훈련, 수면습관, 정리 · 정돈, 몸단장, 인사하기, 고운 말 · 존댓말 사용하기 등의 생활습관들이 있다. 이를 위해 영아교사는 신체적인 욕구를 충족시키는 식습관 등은 하루일과 계획 중 일상적인 보육활동으로 계획하여야 하며, 예절과 관련된 생활습관 지도는 교사 스스로 바르고 일관적인 태도를 가지고 영아에게 본보기를 보여야 한다.

식습관 지도는 규칙적인 수유, 다양한 맛을 경험하는 이유식, 필수 영양소가 함유된 간식 및 식사를 골고루 균형 있게 섭취하는 것이 필요하다. 그리고 교사는 음식을 먹는 데 충분한 시간적 여유를 제공하고, 식사태도와 식사예절의 기초를 가르쳐야 한다. 또한 영아가 음식을 거부할 때는 습관적으로 먹기를 거부하는 것이 아니라면 인정하여 주고, 음식물을 상벌로 이용하여서는 안 된다(이명순 외, 2010).

영아에게 잠자기는 피로회복과 새로운 에너지를 축적하는 수단으로 새로운 활동을 할 수 있는 힘을 준다. 규칙적이고 충분한 잠을 취하지 못할 경우 영아들은 생활리듬이 불안정하게 되어 보채거나, 짜증을 내게 되므로(도미향 외, 2010) 영아교사는 영아들이 일정한 시간에 충분한 수면을 취하도록 하루일과를 규칙적으로 진행하고, 편안한 잠자리를 제공해 준다.

배변하기는 어린이집 생활에서 일상적이고도 중요한 일과이다. 이유기 영아(~12개월)의 경우는 배변훈련을 하기보다는 배변상태에 관심을 가지고 관찰하고 기록한다. 15개월 정도에는 대변의 횟수가 줄어들고, 변을 보는 시간이 일정해지면서 2세가 되면 대부분의 영아는 대소변을 가리게 된다. 이때는 기저귀를 차지 않아도 생활이 가능하지만 놀이에 열중하다 보면 배설욕구를 조절하지 못하여 실수를 할 수 있으므로 계속적인 관심과 훈련이 필요하다. 먼저 교사는 영아들이 배변하고 싶은 느낌을 알게 하고, 느낌이 올 때 변기에 앉아야 하는 것을 알려주고(도미향 외, 2010), 스스로 배변을 통제하여 만족감과 성취감을 느끼도록 지도해야 한다. 교사는 효과적인 일과 운영을 위하여 배변을 서두르는 경향이 있다. 그러나 배변훈련의 경험은 이후 성격 형성이나 집단생활의 적응에 많은 영향(이명순 외, 2010)을 미치므로 영아교사는 영아가 '더러운 것'에 대한 거부감을 가지지 않도록 해야 하며, 실수를 하더라도 수치심이나 죄의식을 느끼지 않도록 너그럽게 대해주도록 한다.

(2) 유아반

유아는 연령적으로 3~5세를 말한다. 유아기는 영아기와 달리 신체적으로는 자기 신체를 스스로 통제할 수 있게 되고, 정신적으로는 학습, 지각, 추론, 언어 등이 상당히 발달한다. 그리고 사회화 과정을 통하여 사회에서 통용되는 기본적 행동양식 및 가치체계를 내면화시키기 시작(최지영, 2013)하는 등 보다 적극적이고 주도적으로 성장하는 힘을 길러 나간다. 따라서 여기에서 알아볼 유아반 교사의 역할에 대해서는 영아반 교사역할에서 언급한 내용을 모두 포함하면서 추가적으로 유아기 발달적 측면에서 영아기와 특별히 구별되는 내용을 중심으로 살펴보고자 한다.

① 운동능력 발달 지원하기

유아기는 달리기, 뛰기(두 발 모아 뛰기, 뛰어내리기 등) 등의 이동운동과 공 던지기, 공 받기, 공차기와 같은 조작운동 능력이 기본적 수준단계로 발달한다. 아울러 신체의 균형능력과 조절능력이 향상되면서 자전거 타기, 그네 타기, 철봉에 매달리기 등의 신체활동이 가능해진다. 또한 유아들은 자신의 신체능력의 가능성을 발휘하고 싶은 욕구 때문에 넓은 공간에서 몸을 마음껏 움직이는 활동을 즐긴다. 따라서 교사는 특별한 경우를 제외하고 가능한 한 하루일과 중에 바깥에서 신체활동을 충실히 할 수 있도록 계획해야 한다. 이러한 바깥놀이를 통해 자연스럽게 대근육 운동기술을 사용하고, 세련되게 하여 균형 잡힌 운동능력을 기르게 된다. 이때 교사는 동일 연령의 유아일지라도 발달 및 운동 종류에 따라 나타날 수 있는 운동능력의 차이가 있음을 인정하고, 다른 유아와의 비교를 삼가야 하며, 유아가 능숙하지 않더라도 열심히 수행했을 때 칭찬하고 격려하도록 한다. 또한 대근육 신체활동은 넓은 공간에서 다양한 기구를 활용하는 경우가 많은 만큼 교사는 안전사고에 더욱 유의하여야 하며, 긴급한 상황에 대한 대비를 철저히 하는 것이 바람직하다.

대근육이 발달해 감에 따라 유아들이 발달적으로 준비되고 흥미를 보일 때, 교사는 유아의 소근육도 잘 발달할 수 있도록 돕는다. 유아의 소근육 발달과 눈과 손의 협응능력의 증진은 이후 정교한 신체적 기술을 발달시키고, 단계적으로 모든 영역의 발달을 이루는 토대가 된다. 이를 위해 교사는 구슬 꿰기, 지퍼 올리기, 작은 블록을 활용한 조형물 만들기, 가위로 오리기 등 소근육 운동능력과 조작기술의 발달을 돕는 활동을 제공하도록 한다.

② 탐구놀이, 상징놀이 등 인지발달 자극하기

유아들의 감각 · 운동적 인지구조는 성장하면서 점차 내면화되어 수체계, 공간개념, 논리의 법칙 등과 같은 조작적 인지구조로 발달하게 된다(최지영, 2013). 인지구조가 변하게 될 때 유아는 인지적으로 그만큼 성장하게 된다. 즉, 조작적 인지구조로 변화함으로써 유아는 영아기와는 다른 방식으로 환경과 상호작용하는 특징을 보이게 되는데, '왜', '어떻게'와 관련된 질문을 많이 하며, 자신과 주변 환경에 대한 지적 호기심을 가지고 궁금증을 해결하기 위해 여러 가지 탐구적 놀이를 즐긴다. 탐구놀이는 일상생활에서 부딪히는 현상이나 문제를 해결하기 위해 관찰, 조사, 실험 등이 포함된 놀이과정을 즐기고, 직접 경험해 봄으로써 유아의 인지발달 형성에 중요한 역할을 한다. 같은 맥락으로 누리과정에서도 유아기에는 주변의 다양한 사물과 자연현상에 대한 궁금증을 가지고 끊임없이 탐구하는 태도를 형성하는 것이 중요하다고 설명하고 있다. 따라서 유아교사는 단순히 지식을 전달하고 주입시키기보다는 유아들로 하여금 그들을 둘러싼 세상과 놀면서 수세기, 분류하기, 모양 만들기, 패턴 찾기, 측정 · 관찰 · 비교 · 예측하기 등의 활동에 관심을 가지도록 상호작용하고, 문제해결과정에서 탐색하고 관찰한 내용을 다양한 방법으로 표현할 수 있는 기회를 제공하는 것이 좋다.

인지발달 이론의 관점에서 보면, 유아기는 상징적 사고능력도 크게 증가한다. 이에 따라 유아는 내적인 사고와 생각을 가상의 형태로 표현할 수 있게 되고, 놀이행동에서 사물이나 행동, 역할 등을 실제와 다르게 가작화하여 '마치 ~인 것처럼' 하는 상징놀이를 즐긴다(좌승화 외, 2015). 유아는 이러한 놀이를 처음에는 단독으로 단순한 가장과 모방행동을 하지만, 연령이 증가하면서 사회적 맥락 속에서 더 많이 하게 되고, 자신뿐 아니라 타인에 대한 가장행동 및 사물과 상황을 가작화하면서 자신의 경험으로부터 다양한 개념 등을 통합시킨다. 예를 들어, '음식점 놀이'를 실행하기 위해 유아는 손님인 척하며 주문을 하고, 음식을 먹는 등 놀이상황에 어울리는 다양한 행동과정을 생각하고 결정한다. 이때 많은 놀이 아이디어를 산출하고, 구성하고, 연결 · 통합시키는 과정이 필수적이기 때문에 가작화 놀이는 유아의 개념지식을 급속도로 증가시키며, 보다 높은 수준의 인지행동을 자극하는 데 효과적이다. 따라서 유아교사는 유아가 가작화 놀이를 통해 자신의 여러 가지 경험이나 생각, 느낌을 새롭게 창조해 볼 수 있도록 다양한 표상거리를 제공해 주고, 가족 및 다양한 직업의 역할 그리고 TV와 책 등을 통해 접한 사건과 인물을 상상하고 자유롭게 표현할 수 있도록 허용적인 분위기를 조성해 주어야 한다.

③ 바람직한 사회적 기술과 태도 형성 돕기

유아기는 사회화 과정과 더불어 상호작용적 놀이가 증가하고, 점차 복잡해짐에 따라 자신을 포함한 주변 사람들 간의 관계를 이해하고, 바람직한 사회적 기술과 태도를 획득할 수 있는 최적의 시기이다. 사회적 기술과 태도는 사회관계 상황에서 무슨 판단을 내리고, 어떻게 행동해야 할지에 대해 정서적으로 판단하고, 사회에서 옳다고 생각하는 내용이나 가치체계에 맞추어 학습하고 내면화되어 외형적인 행동 모습으로 나타난다. 충분히 후천적인 학습이나 연습을 통해 교육이 가능하기 때문에 교사는 유아들에게 자율적으로 가치로움을 판단하고, 올바른 태도를 펼칠 기회를 충분히 경험하게 해야 한다. 이러한 과정에서 유아는 '친구와 협동하기', '배려하고 양보하기', '정직한 말과 행동하기' 등에 대한 중요성과 가치를 느끼고, 자신의 행동을 조율하게 된다. 이에 따라 누리과정에서는 유아들이 더불어 사는 사회에서 필요한 타인에 대한 이해, 배려, 나눔, 협력 등의 중요성을 인식하고, 이를 실천할 수 있는 능력을 기르기 위한 내용을 강조하고 있다.

이처럼 유아기는 사회적 기술과 태도를 형성하는 중요한 시기이기 때문에 교사는 유아가 친구들에게 친밀감을 표현하고 협동하면서 놀이하며, 갈등을 해결하는 과정을 통해 수용, 배려, 양보, 타협 등 친구와 사이좋게 지낼 수 있는 사회적 기술을 익히도록 지도한다. 또한 혼자서 해결할 수 없는 일이 생겼을 때에는 다른 사람에게 도움을 받기도 하고, 다른 사람이 도움을 필요로 할 때에는 도와주기도 하며, 서로 협력하여 화목하게 지내면 모두가 행복한 생활을 할 수 있다는 것을 알도록 한다. 그리고 정직한 말과 행동, 다른 사람에 대한 존중과 배려, 예의 바른 행동, 약속과 공공규칙 지키기, 자연과 자원 보호하기 등과 같은 사회적으로 가치 있는 것들에 대한 필요성과 중요성을 이해하고 실천하면서 올바른 습관을 형성하도록 지도(교육과학기술부 · 보건복지부, 2013)하는 역할을 해야 한다.

그러므로 교사는 역할놀이, 쌓기놀이, 모래놀이 등의 여러 가지 놀이와 이야기 나누기, 책읽기, 토의활동 그리고 놀잇감 정리, 간식 도우미, 텃밭 가꾸기 등 일상생활에서 긍정적인 경험과 체험을 통해 유아가 사회적 기술과 태도를 익힐 수 있도록 지도하고, 이를 돕는 역할을 해야 한다. 또한 유아가 주변 사람들로부터 보고 배울 수 있도록 교사-부모, 교사-직원, 교사-교사들이 서로 화목하게 지내며 돕고 배려하는 분위기를 조성하고, 교사의 모습이 모델링이 될 수 있도록 모범적인 행동을 보여야 한다.

2. 직 무

1) 전체 직무영역

영유아교사가 교사라는 직책을 수행하면서 직업적으로 해야 하는 업무를 '영유아교사의 직무'라고 한다. 영유아교사의 직무에 대해서는 유아교육법 제21조 제4항에 '교사는 법령에서 정하는 바에 따라 해당 유치원의 유아를 교육한다'라고 명시되어 있으며, 영유아보육법 제18조 제2항에는 '보육교사는 영유아를 보육하고 어린이집의 원장이 불가피한 사유로 직무를 수행할 수 없을 때에는 그 직무를 대행한다'로 규정되어 있다. 이러한 법령에 따르면, 영유아교사는 영유아를 보호하는 업무와 영유아의 발달을 촉진하고 미래의 건강한 삶을 위한 교육적 업무 모두를 포함한 다양한 직무를 수행해야 한다. 이에 따라 영유아교사가 직업적으로 수행하는 업무, 즉 직무는 전통적인 보호자로서, 전문적 지식과 기술을 가진 교수자로서, 상담자로서, 연구자로서, 사무 및 행정 업무자로서, 행사 진행자로서 등 다양하다.

일반적으로 학생 때는 유치원 혹은 어린이집 교사를 생각할 때 다정하고, 행복해하는 교사의 모습을 떠올린다. 그러나 실제로 아이들과 며칠 생활해 보면 영유아교사가 하는 일이 그리 만만하지 않다는 것을 금방 알게 된다. 따라서 초기 교직적응력을 높이기 위해 영유아교사들이 교육 및 보육 현장에서 수행해야 하는 모든 직무를 분석해 보는 것이 필요하다. 다음 〈표 6-2〉는 사립유치원 교사를 대상으로 영유아교사의 직무를 체계적으로 분석한 것이다(김은영, 2006). 직무영역 및 직무내용이 어린이집 교사가 수행해야 하는 직무와 크게 다르지 않으므로, 큰 틀에서 영유아교사의 직무라고 봐도 무방하다.

〈표 6-2〉 영유아교사의 직무영역 및 직무내용

영 역	직무 구분	직무내용
교수-학습 준비	교육계획	• 연간 · 월간 · 주간 교육 계획하기, 일일 교육활동 계획하기, 현장학습 계획하기
	교재 · 교구 준비	• 교재 · 교구 제작하기, 교재 · 교구 보수하기, 교재 · 교구 정리하기
	환경구성	• 실내 흥미영역 배치하기, 영유아 작품 전시, 주제 관련 환경 구성하기
	수업준비	• 수업준비를 위한 정보 검색하기, 교수자료에 대한 정보 얻기, 교수자료 준비 및 점검하기, 개별수준에 따른 수업정보 수정하기
	수업협의	• 다른 교사와 수업에 관해 협의하기, 학급 내 교사 간 역할 분담하기, 공동시설 사용 협의하기
교수-학습 실제	등 · 하원 지도	• 등원 지도하기, 귀가 지도하기
	놀이지도	• 실내놀이 계획 지도하기, 실내놀이 지도하기, 놀잇감의 안전한 사용 지도하기, 놀잇감 정리 · 정돈 지도하기, 놀이평가 지도하기, 실외놀이 활동 지도하기, 놀이안전 지도하기, 발달과 수준에 따른 개별 지도하기

	생활지도	• 바르게 인사하는 법 지도하기, 자기 물건 정리 지도하기, 바른 언어사용 지도하기, 차례 지키기 지도하기, 아껴쓰기 지도하기, 부적응 행동 관리하기, 친사회적 행동 격려하기, 교우관계 지도하기, 문제상황 개입하기, 유아의 독립성 격려하기, 자조기술 발달 격려하기, 정서적 안정 돕기, 영양교육하기, 급·간식 준비 및 정리지도, 식습관 지도하기, 식사 전후 청결 지도하기, 급·간식 도우미 지도하기, 화장실 사용 지도하기
	상호작용	• 유아 간 상호작용 격려하기, 개별 유아와 긍정적 상호작용하기, 유아의 요구에 반응해 주기
	활동운영	• 대집단 활동 운영하기, 소집단 활동 운영하기, 전이활동하기, 특별실 활동 지도하기, 특기교육하기, 학기 초 유아 오리엔테이션 진행하기
	현장학습 지도	• 현장학습 전후활동 지도하기, 현장학습 지도하기
교수-학습 평가	유아평가	• 표준화 검사하기, 놀이관찰 기록하기, 대소집단 활동 관찰기록하기, 흥미영역 평가하기, 유아 포트폴리오 제작 및 분석하기
	수업(교사) 평가	• 유아들의 하루일과 회상하기, 수업에 대한 저널 쓰기, 학급경영록 평가란 기록하기, 다른 교사와 교육과정 운영 평가하기
	프로그램 평가	• 평가척도를 이용한 프로그램 평가하기, 프로그램에 대한 부모의견 수렴하기, 평가결과 반영을 위한 계획 세우기
전문성 신장	연수 참여	• 원내연수 참여하기, 자격연수 참여하기, 직무연수 참여하기, 기타 외부연수 참여하기
	참 관	• 외부 수업 참관하기, 외부 시설 참관하기, 유아교육박람회 참관하기
	연구 관련 활동	• 학술대회 참여하기, 연구회 활동하기, 연구 참여하기
	장 학	• 전공과 관련된 상위학교 진학하기, 신입교사 오리엔테이션 진행하기, 교생 지도하기, 교육청 장학지도 받기, 동료장학 실시 및 받기, 자기 장학하기
	전문가로서 활동	• 교사로서의 윤리의식 실천하기, 교사의 법적 권리와 의무 이행하기, 소속기관의 팀 구성원으로 협동하기, 다른 전문가와 네트워크 만들기

유아보호 관련 업무	건 강	• 유아 시진하기, 지역 의료기관과 협약하기, 유아 건강검진에 대한 계획 세우기, 교사 건강검진 받기, 전염성 질환 예방대책 세우기, 적절한 휴식 취하도록 지도하기, 투약하고 확인 기록하기, 아픈 유아 간호하기, 식단 짜기
	청 결	• 유아 씻기기, 배변 실수 처리하기, 실내 온도 · 습도 · 채광 · 조도 조절하기, 유아 개인용품 청결하게 관리하기, 놀잇감 청결 유지하기, 교실 청소하기, 교실 외의 시설 청소하기
	안 전	• 항상 유아 주시하기, 유아안전에 관한 교육받기, 원내 안전규칙 세우기, 안전과 관련된 법규 따르기, 위험물에 대한 안전관리하기, 차량 탑승하여 안전지도하기, 유아 안전 관련 보험 가입하기, 아동학대의 징후가 있는지 살펴보기, 응급상황 시 역할분담 계획하기, 응급상황 훈련하기, 응급상황에 대비해 부모나 주 양육자 전화번호 관리하기, 응급 시 의료처치에 대한 부모 동의서 받기, 응급처치 물품과 기능 익히기, 응급처치 자격증 따기, 응급처치하기, 사고가 났을 경우 적법한 절차 따르기
학부모 관련 업무	부모와의 연계	• 학기 초 학부모 오리엔테이션하기, 부모-교사 협의회하기, 학부모와 수시로 정보 교환하기, 학부모에게 안부 전화하기, 학부모 지원 요청하기
	부모상담	• 개별상담하기, 집단상담하기
	부모교육	• 부모참여 수업하기, 학부모 워크숍하기, 부모교육하기
	가족 지원	• 부모 간의 교류 제공하기, 지역사회 자원에 대한 정보 제공하기, 다양한 방법으로 가족 지원하기
행사 관련 업무	행사 준비	• 행사 계획하기, 행사준비를 위한 정보 수집하기, 행사역할 분담하기, 행사 관련 유인물 제작 및 발송하기, 행사 관련 물품 준비하기, 행사 관련 프로그램 준비하기, 행사 관련 환경 구성하기
	행사 진행	• 행사 진행하기
	행사 마무리	• 행사 뒤 정리하기, 행사 평가하기

사무 관련 업무	문서작성	• 교육과정 운영과 관련된 문서 작성하기, 원아관리와 관련된 문서 작성하기, 교원관리와 관련된 문서 작성하기, 재무관리와 관련된 문서 작성하기, 교육청 요청자료 작성하기, 각종 보고서 작성하기, 제 증명서 발급하기, 유인물 제작 및 발송하기
	문서관리	• 각종 문서 관리하기, 회의록 관리하기, 각종 신청서 관리하기, 공문 처리하기
	사무관리	• 전언통신하기, 우편물 확인하기, 예금 관련 업무하기, 사진 관련 업무하기, 회계 관련 업무하기, 당직하기
	물품관리	• 재고 조사하기, 물품구입 계획 수립하기, 물품 구입하기
	운영관리	• 원아모집 관련 업무하기, 홈페이지 관리하기, 학급 편성하기, 버스노선 짜기
시설설비 관련 업무	안전관리	• 실내 · 외 안전점검 의뢰하기, 수시로 실내 · 외 시설 안전 점검하기, 실내 소독계획 및 의뢰하기
	기자재 관리	• 기자재 바른 사용법 익히기, 기자재 점검하기, 기자재 보수하기, 기자재 보수 신청하기
대인관계 및 사회적인 업무	대인관계	• 경조활동 참여하기, 교사 친목행사 참여하기, 상사 업무 보조하기, 손님 및 상사 접대하기, 졸업생 관리하기
	지역사회와의 관계	• 지역사회 행사 참여하기, 지역사회 인사들과 좋은 관계 맺기, 지역사회를 위해 봉사하기

출처 : 김길숙 · 황현숙 · 길현주(2012), pp. 21-23 재인용.

〈표 6-2〉에서와 같이 영유아교사의 직무영역은 교구 · 학습 준비 등 10개 영역으로 구분되며, 유치원 또는 어린이집의 특성, 대상 연령, 운영시간, 교사의 직위 등에 따라 직무내용의 실행 및 참여 정도는 다소 차이가 있다. 다른 한편 직무를 수행함에 있어서 전문성을 방해하는 요인으로 교사들은 잡무를 들고 있다. 청소, 세탁, 간식 만들기, 행사 시 사진촬영 등과 같은 교육활동과 직접 관련이 적은 업무가 많아 수업활동에 전념할 수 없는 경우가 많다(곽현주 외, 2010)고 한다. 영유

아교사의 전문성을 발휘하기 위해서는 교사 고유의 업무 이외의 업무를 최소화할 수 있는 방안을 다각도로 검토할 필요가 있다.

2) 하루일과별 직무

(1) 하루일과와 교사의 직무

하루일과란 영유아교사가 영유아들에게 제공하거나 또는 영유아들이 경험하게 될 많은 교육적 · 일상적 활동을 일일 단위로 순서와 시간의 양을 배열하고 실행하는 것이다(양승희 외, 2012).

일반적으로 영유아교사의 하루일과는 수업내용과 준비물을 검토하고, 교실환경을 준비하는 일을 시작으로 등원 및 맞이하기, 하루일과 소개 및 놀이 계획, 실내 · 외 자유선택활동, 정리 · 정돈, 이야기 나누기, 간식 및 점심, 대 · 소집단 활동, 평가 및 귀가 지도 등으로 진행된다. 영아교사의 경우에는 이외에 영아의 특성을 반영한 생리적인 일과(수유, 배변, 낮잠 등)와 신체 운동적인 일과(일광욕하기, 체조하기, 기어가고 움직이기 등) 등의 활동이 추가되어 하루일과가 진행된다. 영유아들이 집으로 돌아간 다음에 교사는 수업시간에 활용했던 교재 · 교구와 교실 정리 · 정돈, 다음날 수업내용과 준비물 확인, 학부모와 전화상담 그리고 관찰기록지 작성 등 남은 일과를 마무리한다.

유치원교사와 영아교사의 하루일과의 예를 참고하여 교사의 하루일과별 직무영역(표 6-2에 제시된 10개 영역)을 확인해 보면, 교사들이 어떤 일을 수행하고 어느 정도 수행하는지를 알 수 있다. 다음 〈표 6-3〉, 〈표 6-4〉는 유치원교사와 영아교사의 하루일과별 직무영역을 나타낸 것이다.

〈표 6-3〉 유치원교사의 하루일과 및 직무영역

시 간	활동내용	직무영역
8:00 ~	• 유아 맞이 준비	• 교수–학습 준비 • 시설설비 관련 업무 • 대인관계 및 사회적인 업무
9:00 ~	• 등원 및 놀이(언어, 수학 · 조작, 조형 영역)	• 교수–학습 실제 • 유아보호 관련 업무
9:10 ~	• 계획하기	
9:20 ~	• 실내 자유선택활동	
10:00 ~	• 이야기 나누기	
10:30 ~	• 간식	
10:50 ~	• 대 · 중 · 소집단 활동(동화, 동극, 음률, 게임, 실험, 조사, 요리 등)	
11:30 ~	• 실외 자유선택활동	
12:10 ~	• 점심식사	
13:00 ~	• 대 · 중 · 소집단 활동(동화, 동극, 음률, 게임, 실험, 조사, 요리 등)	
13:50 ~	• 평가 및 귀가 지도	
14:30 ~	• 활동실 및 교재 · 교구 정리	• 시설설비 관련 업무 • 유아보호 관련 업무
15:00 ~	• 휴식 및 교사의 수업 평가/ 유아관찰 및 평가 기록	• 교수–학습 평가 • 대인관계 및 사회적인 업무
16:00 ~	• 다음날 일일계획안 작성 및 수업 준비	• 교수–학습 준비
17:00 ~	• 행사 준비 및 기타 사무관리	• 행사 관련 업무 • 사무 관련 업무
18:00 ~	• 정리 및 퇴근	

출처 : 박은혜(2015). 유아교사론.

〈표 6-4〉 영아교사의 하루일과 및 직무영역

시 간	활동내용	직무영역
7:30 ~ 8:30	• 등원 및 맞이하기	• 교수-학습 준비 • 시설설비 관련 업무 및 사회적인 업무
8:30 ~ 9:20	• 자유놀이	• 교수-학습 실제 • 영유아 보호 관련 업무
9:20 ~ 9:30	• 정돈 및 화장실 가기	
9:30 ~ 9:50	• 오전 간식	
9:50 ~ 10:40	• 실내 자유놀이	
10:40 ~ 10:50	• 정돈 및 화장실 가기	
10:50 ~ 11:30	• 실외 자유놀이	
11:30 ~ 12:30	• 점심 먹기와 양치하기	
12:30 ~ 15:30	• 낮잠 및 휴식	
15:30 ~ 15:50	• 정돈 및 화장실 가기	
15:50 ~ 16:10	• 오후 간식	
16:10 ~ 17:30	• 오후 실내 · 외 자유놀이	
17:30 ~ 19:30	• 귀가 준비와 귀가	

출처 : 박선해 · 김미정(2015). 보육교사론 재구성.

(2) 하루일과와 교사의 역할

여기에서는 하루일과 중 등원 이후 수유 및 이유, 기저귀 갈기 등 영아의 생리적인 요구를 수용하는 영아교사의 역할을 먼저 살펴보고, 이어서 영아반과 유아반의 공통적인 하루일과 활동별 교사의 역할에 대해 살펴보고자 한다.

① 등원 및 맞이하기

교사의 하루일과는 기관에 도착하면서부터 시작된다. 교사는 영유아들이 등원하기 전에 미리 교실의 청결상태와 그날의 활동자료 등을 점검한다. 영유아를 맞이할 때는 밝은 표정으로 따뜻하게 대하며, 건강과 기분 상태 등을 세심하게 살핀다. 그리고 보호자와 필요한 정보를 교환하여 하루일과의 지도에 반영한다.

영유아의 등원 시 교사의 주요 역할을 정리하면 다음과 같다.

- 온화하고 밝은 표정으로 인사를 한다("안녕하세요", "반갑습니다", "어서오세요" 등의 인사를 한다).
- 영유아의 건강 · 심리상태를 살피고 투약시간, 중간귀가 여부 등을 확인한다.
- 보호자와 대화시간을 가지거나 일일연락장, 일일보고서를 확인한다.
- 영유아의 가방, 외투 등 개인 물건을 사물함에 정리할 수 있도록 지도한다.
- 아침을 먹지 않은 영유아들에게는 수유 및 아침식사를 제공하고, 아침잠이 부족한 영유아를 위해서는 조용히 잘 수 있도록 배려한다.
- 영유아가 하고 싶은 놀이를 시작하도록 하며, 격리불안을 겪는 영유아를 위해 심리적 안정감을 느낄 수 있는 분위기를 조성한다.

② 수유 및 이유

수유나 이유식과 관련된 일과들은 영아교사의 가장 기본적이며 중요한 역할이다. 영양학적으로 균형이 맞고, 위생적이고, 신선한 좋은 음식을 제공하여 어린이집에서 하루를 건강하게 잘 보낼 수 있도록 해야 한다.

어린이집에서 수유할 경우 교사는 우선적으로 우유의 위생관리에 주의를 기울여야 한다. 가정에서 가져오는 우유 및 모유는 각 영아의 이름이 적힌 개인 용기에 담아오도록 하고, 전달받는 즉시 냉장고에 보관한다. 또한 미리 부모와 상의하여 평소의 우유 섭취량과 횟수, 시간간격 등을 알아두며, 관찰을 통해 각 영아에게 적당한 영양계획을 세우고 수유하는 것이 바람직하다. 교사가 수유할 때는 교사의 품 안에 영아를 안아 심리적 안정감을 주고, 눈을 맞추거나 부드럽게 쓰다듬어 주는 등의 상호작용을 한다. 수유가 끝나면 영아의 등을 가볍게 토닥거려 트림을 시킨다. 그리고 교사는 하루 동안 먹은 영아의 수유 양, 시간, 특이사항 등을 일일보고서에 기록하여 귀가 시 부모가 참고할 수 있도록 한다.

영아는 1년 동안 급격한 섭식의 변화를 겪게 된다. 이유식은 일반적으로 생후 4개월에서 6개월 사이 또는 영아의 체중이 출생 시 체중의 2배가 될 때 시작한다(정옥분 외, 2011). 처음에는 미음부터 시작한 후 점차 과일과 채소 순서로 제공하며, 균형 잡힌 영양소가 골고루 포함되도록 한다. 영아의 미각은 어른처럼 발달되지 않았으므로 담백하게 조리하고, 서로 다른 음식 맛과 식감을 영아가 인식할 수 있도록 여러 재료를 섞기보다는 한 가지 음식만을 제공하고, 서서히 섞어주어 식품 자체의 맛을 즐기도록 한다. 그리고 교사는 부모로부터 가정에서의 이유식 유형(유동식, 고형식 등)과 음식선호도, 식습관 등과 특이반응이나 알레르기를 일으키는 식품에 대한 기초정보를 알아둔다.

교사는 수유와 이유식 시간이 단지 영아에게 영양공급과 음식제공 시간 이상의 가치가 있다는 것을 인식하고, 영아의 기본적인 욕구를 즐겁게 만족시킬 뿐만 아니라 정서적 교류와 자율성을 격려하며 상호작용한다. 식사가 끝난 후에는 손과 얼굴을 씻기고 영아용 칫솔로 양치를 지도한다.

수유와 이유식을 제공할 때 교사가 해야 할 일 및 이해해야 할 사항은 다음과 같다.

- 어린 영아는 수유간격이 짧기 때문에 개인별 수유 및 이유 기록표를 벽에 붙여두고 일과 중 지속적으로 참고한다.
- 유유 및 이유식을 데울 때는 용기의 특성에 따라 안전하게 데우도록 한다.
- 수유 및 이유 시간에 먹은 양이나 음식 종류, 배변 등을 일일보고서에 기록하여 부모에게 안내한다. 이러한 기록은 영아에게 질병과 영양 관련 문제발생 시에 중요한 정보가 된다.
- 영아가 이유식을 거부하거나 어려워하는 경우에는 억지로 먹이려 하지 말고 소량으로 시작하고, 영아에게 친숙하고 좋아하는 이유식을 가져오게 하는 등 부모와 상의하여 양이나 종류 등을 조절해 간다.
- 이유식은 식습관을 발달시키기 위한 것도 있기 때문에 가급적 숟가락으로 음식을 먹도록 한다. 숟가락 사용을 돕기 위해 숟가락을 보여주고 '아~', '냠냠냠~' 하고 입을 벌리고 먹는 시늉을 하며 도와준다. 혼자 숟가락으로 먹기 위해 필요한 아래턱과 팔, 손 등의 뼈와 근육의 발달이 미숙하여 잘 흘리는 것을 이해해 주어야 한다.
- 먹는 것과 식사예절을 지나치게 관련시키지 않으며, 음식을 쏟아서 손으로 바닥에 비비거나, 음식을 으깨는 것 등은 먹는 것을 자연스럽게 학습하는 행동임을 이해한다. 그리고 '손으로 먹기'는 스스로 먹기의 예비단계라는 것을 알고, 영아가 스스로 먹는 성취감을 느끼도록 한다.
- 수유 및 이유 공간은 잠자기 영역 내 또는 잠자기 영역 가까이에 구성하며, 항상 청결을 유지하고 안정되게 음식을 먹을 수 있도록 배려한다.

③ 기저귀 갈기

기저귀 갈기는 영아에게 교사와의 개별적인 접촉과 상호작용이 일어날 수 있는 중요하고 의미 있는 일과이며, 영아-교사 간의 안정된 애착형성에도 영향을 미친다. 기저귀 갈이대는 위생을 고려하여 놀이영역, 수유 및 이유 영역과 분리하며, 바로 씻기와 닦기가 가능한 싱크대 또는 세면대에 인접하여 배치한다. 기저귀를 가는 동안에 교사는 영아와 눈을 맞추며 이야기를 해주거나, 노래를 불러주며 긍정적인 경험이 되도록 상호작용해 준다. 그리고 배변상태를 보고 영아의 건강상태를 점검한다.

기저귀 갈기 일과 중 교사가 유의해야 할 사항은 다음과 같다.

- 기저귀 갈이 영역은 청결하고 안락하게 구성한다. 모빌, 딸랑이, 안전거울 등 영아가 흥미를 가질 수 있는 놀잇감을 함께 구비한다.
- 기저귀 갈이대는 세척이 쉽고 위생적인 재질의 것을 사용한다. 방수처리된 면 재질이 좋다.
- 기저귀는 개인별로 사용하여야 하며, 개인 서랍장에 항상 준비되어 있도록 부모에게 안내한다. 물휴지, 보습크림, 발진연고 등 기저귀를 가는 데 필요한 물품은 쉽게 사용할 수 있도록 가까이에 둔다.
- 기저귀를 버릴 때는 비닐봉지에 싸서 버리고, 쓰레기통은 손으로 열지 않고 페달을 밟으면 열리는 것으로 비치하며 수시로 위생상태를 확인한다.
- 기저귀를 갈아준 후 물휴지를 사용하거나, 물로 깨끗하게 씻어주어 청결하게 뒤처리하고 영아가 쾌적함을 느낄 수 있도록 한다.
- 영아의 배변상태는 건강상태와 연관이 있기 때문에 특히 영아의 건강상태가 좋지 않은 경우는 수시로 기저귀를 확인하고, 변상태를 점검한다.

평상시에도 일일보고서를 통해 기저귀를 간 횟수, 시간, 변상태 등을 기록하고 귀가 시 부모에게 알려준다.

④ 화장실 다녀오기

화장실 다녀오기는 하루일과 중 수시로 일어나며 배변훈련 정도에 따라 개별적인 배려가 필요하다(박선아 외, 2014). 영아는 배변통제가 매우 민감하고, 성격형성에도 많은 영향을 끼친다고 알려져 있기 때문에 긍정적인 경험이 되도록 지도한다. 유아의 경우에는 일과를 진행하면서 화장실 가는 시간을 일정하게 알려주어(자유놀이 이후, 점심식사 전, 낮잠시간 전후, 바깥놀이 전후 등) 배변주기를 스스로 조절할 수 있도록 지도한다. 학기 초의 3세 유아, 적응에 어려움을 겪는 유아나, 재미있는 활동에 몰입하거나 흥분되는 상태가 되면 자기도 모르게 실수하는 경우도 있기 때문에 주의해야 한다(박근주 외, 2005). 또한 바른 위생습관을 위해 화장실을 다녀온 후에는 반드시 손을 씻도록 지도한다.

화장실 다녀오기 지도를 위해 교사가 해야 할 일은 다음과 같다.

- 실수했을 때 갈아입힐 속옷 등 여벌의 옷을 항시 준비한다.
- 화장실 벽면에 용변 보는 순서 그림자료를 붙여두고 그림을 통해 옷 벗고 입기, 물 내리기, 휴지사용법, 손 씻기 등을 안내한다.
- 학기 초의 배변실수를 줄이기 위해 벨트나 지퍼 등이 있는 옷보다는 혼자 입고 벗을 수 있는 간편복을 입혀 보내도록 부모에게 협조를 구한다.
- 놀이에 열중하다가 간혹 실수하는 경우에도 놀리거나 나무라지 말고 너그럽게 대한다.
- 영유아의 배변느낌 표정이나 자세 등(얼굴이 빨개지는 것, 갑자기 몸을 움츠리며 식은땀을 흘리는 것, 다리를 꼬고 있는 것, 구석에서 가만히 있는 것 등)을 민감

하게 파악하여 화장실에 데려가도록 한다.

⑤ 간식 및 점심

영유아들은 성인에 비해 조금씩 자주 먹는 경향이 있고, 쉴 사이 없이 움직여서 에너지가 빨리 소모되므로 오전과 오후 간식 및 점심을 제공해야 한다. 간식과 점심식사 시간은 양질의 급식을 제공하는 영양학적 중요성뿐 아니라 영유아의 건강한 식생활 습관과 식사예절을 길러줄 수 있는 시간이다. 또한 영유아가 다양한 음식의 맛을 접해보고, 음식의 선호 폭을 넓혀가며, 음식재료를 탐색하는 즐거운 경험의 시간이 되어야 한다. 그리고 자연스럽게 식사예절을 지도하는 기회를 제공하며, 편안하고 안정된 분위기를 만들어 주어야 한다.

교사는 영유아들에게 간식과 점심식사를 제공할 때 다음과 같은 역할을 수행해야 한다.

- 간식과 점심식사 전에 손, 책상, 식사 공간 주변 등을 깨끗이 한다.
- 영유아의 식사량을 파악하여 배식해 준다. 편식을 하지 않고 골고루 먹도록 지도한다.
- 식사시간 동안 다 먹지 못한 영유아는 일단 정리하도록 하고, 오후 간식양을 늘려주는 것을 고려한다.
- 음식을 다 먹을 때까지 자리에서 뜨지 않도록 지도하고, 친구들과 이야기할 때는 입에 든 음식을 삼킨 후에 조용히 말하도록 지도하는 등 올바른 식사예절에 대해 익히도록 한다.
- 음식을 먹은 뒤 책상 위에 떨어진 음식 부스러기나 남은 반찬, 그릇은 스스로 정리할 수 있도록 지도한다.
- 부모와의 협의를 통해 선호하거나 싫어하는 음식의 종류, 투약기간 중에

피해야 하는 음식, 알레르기 반응을 일으키는 음식, 특별한 영양적 요구 등에 대한 정보를 알아두고 그에 대한 대처방안을 강구한다.

- 음식을 먹고 난 후에 영유아들이 사용할 양치도구를 준비하고 양치를 지도한다.

⑥ 낮잠과 휴식

움직임이 왕성하고 활동량이 많은 영유아들이 건강하게 생활하기 위해서는 충분한 낮잠과 휴식이 원활하게 이루어져야 한다. 특히 낮잠을 자는 동안에 영유아의 뇌세포는 쉬게 되고, 생체리듬을 재정비함에 따라 낮잠시간은 영유아의 정신적 · 신체적 성장 · 발달을 위해서라도 하루일과에 포함시켜 계획하고 실시되어야 한다. 수면시간, 수면 양, 수면습관 등은 영유아의 성향이나 기질에 따라 개인차가 있다. 그러므로 모든 영유아에게 정해진 시간에 일괄적으로 낮잠을 강요하기보다는 개별적으로 지도하도록 한다.

영유아들은 낮잠뿐 아니라 일과 중 조용히 쉬면서 몸과 마음의 긴장을 푸는 휴식이 필요하다. 휴식공간은 필요시에 언제라도 자유롭게 쉴 수 있는 공간으로 친구들과 분리되지 않으면서도 친구들의 방해 없이 쉴 수 있는 아늑한 느낌이 들도록 꾸며준다.

편안한 낮잠과 휴식시간을 위한 교사의 역할은 다음과 같다.

- 빛 차단, 적당한 온도와 습도 조절, 조용한 음악으로 긴장풀기 등 편안한 낮잠 분위기를 조성한다.
- 낮잠시간에 필요한 물품, 베개, 이불 등은 개별적으로 사용할 수 있도록 준비하고, 정서적 안정감을 위해 좋아하는 인형, 담요 등을 가져올 수 있도록 허용한다.

- 먼저 잠에서 깬 영유아는 놀라지 않도록 달래주고, 잠자고 있는 다른 영유아에게 방해가 되지 않도록 조용히 책을 읽어주거나 조용한 놀이를 함께한다.
- 잠이 깨면 교사와 함께 자기 이불, 베개를 정리하거나 옷을 입을 수 있도록 지도한다.
- 부모와의 대화를 통해 수면 시간대, 수면 양, 수면 시 특이사항 등에 대한 정보를 수집하고, 이를 바탕으로 개별적인 낮잠일과를 운영한다.
- 낮잠에서 깼을 때 불안해하거나, 낯설어하지 않도록 낮잠시간 동안 교사는 잠자는 영유아 곁에 항상 머물며 영유아의 상태를 살핀다.

⑦ 실내 자유선택활동

실내 자유선택활동은 하루일과에서 많은 비중을 차지하는 중요한 시간으로, 다양하게 준비된 놀이활동 중에서 영유아들이 자신의 욕구와 흥미에 따라 자유롭게 놀이를 선택하고 즐기는 시간이다. 자유선택활동을 위해 교사는 교실 내에 흥미영역을 마련하고, 생활주제에 따른 교재 · 교구를 제공하여 영유아들이 선택한 놀이가 원활하게 진행될 수 있도록 돕는다. 또한 교사는 놀이에 직접 개입하기도 하며, 영유아의 전반적인 발달수준을 관찰하고 평가한다.

실내 자유선택활동 시 교사는 다음과 같은 역할을 수행해야 한다.

- 나누어 쓰기나 공유하기가 익숙하지 않은 영유아에게는 같은 종류의 놀잇감을 2~3개 이상 구비한다.
- 또래 간 갈등을 사전에 방지할 수 있도록 놀잇감이나 공간을 수시로 점검하고, 신체적인 다툼이 발생한 경우에는 직접적이고, 순발력 있는 개입이 필요하다.

- 영유아의 발달수준과 흥미에 기초한 놀이환경을 제공한다.
- 모든 흥미영역을 고루 다니며, 영유아들과 상호작용하며 놀이를 촉진시킨다.
- 놀이 관찰을 통해 학습 · 발달 상황을 평가하고, 발달상의 문제점을 진단한다. 또한 좋아하는 놀이활동, 놀이 친구의 선호도 등을 평가하며 영유아에 대한 이해도를 높인다.

⑧ 대 · 소집단 활동

대 · 소집단 활동은 영유아가 함께 모여 활동하는 시간으로 하루일과 중에 약 2회 이상 실시한다. 집단활동의 인원 구성, 진행시간, 모이는 횟수 등은 영유아의 연령이나 집중도, 흥미도, 활동의 특성 및 시기 등을 고려하여 결정한다. 대 · 소집단 활동으로는 이야기 나누기, 동화 및 동시 감상, 동극, 음률, 게임, 요리, 미술, 토의, 실험, 관찰 등이 포함된다.

대 · 소집단 활동을 효과적으로 실행하기 위한 교사의 역할은 다음과 같다.

- 학기 초에는 대집단보다는 소집단 활동을 더 많이 계획한다.
- 일관성 있는 일과 운영으로 영유아들이 집단활동 시간이 언제인지 알게 하여 준비도와 흥미도를 높인다.
- 집단활동을 하는 동안 교사가 일방적으로 이끌어 가지 않도록 하며, 적절하게 질문하고, 제안하면서 영유아의 반응을 격려하고 인정해 준다.

⑨ 정리 · 정돈

정리 · 정돈은 자유선택활동을 마무리하면서 다음 활동을 위해 영유아가 사용한 놀잇감이나 자료를 제자리에 정리하거나, 실외 놀이와 점심 및 낮잠 후에 그리고 하루의 일과를 정리하면서 이루어진다. 기본생활습관 형성에 도움을 주기 위해 정리시간이 5~10분쯤 남았을 때, 영유아에게 미리 알려주어 스스로 놀잇감을 정리하도록 지도한다.

정리 · 정돈을 돕기 위한 교사의 역할은 다음과 같다.

- 정리 · 정돈시간을 알리는 신호 음악이나 표시를 미리 약속해 둔다.
- 전체 정리 · 정돈 시 청소용품을 항상 같은 자리에 비치하여 영유아들이 쉽게 사용할 수 있도록 한다.
- 교구장 선반에 같은 놀잇감 사진을 붙여두거나, 밑그림을 붙여주어 정리하기 쉽도록 한다. 그리고 안전사고 예방을 위해 무겁거나 부피가 큰 것은 아래 칸에 두도록 한다.
- 정리 · 정돈시간이 많이 필요한 경우에는 영유아들이 서로 도와줄 수 있도록 격려한다.
- 완성한 작품이나 시간이 더 걸리는 작품들은 자신의 보관함이나 적당한 장소에 보관하도록 한다.

⑩ 실외 자유선택활동

실외의 넓은 공간과 자유로움은 실내에서는 할 수 없는 독특한 놀이경험을 제공하기 때문에 실외놀이는 하루일과 중 영유아들이 가장 즐거워하는 시간이다. 영유아들은 즐겁게 뛰어놀면서 대근육 발달이 이루어지고 활발한 신체활동에 참여한다. 그리고 자연현상을 관찰하고, 사물과 자연을 탐색하면서 다양하고 풍부한 감각경험을 할 수 있을 뿐 아니라 또한 놀이기구를 또래들과 함께 사용하면서 질서와 협동심 같은 사회적 기술을 배우고 사회적 관계를 맺는다(좌승화 · 최애경 · 김길숙 · 김혜윤, 2015).

실외놀이 활동은 복합 놀이기구를 이용한 운동놀이, 물·모래놀이, 동식물 관찰하기, 자전거 타기, 뛰어다니기 등의 동적 활동과, 지칠 때 휴식과 함께할 수 있는 책 보기, 동시 짓기, 그림 그리기 등의 정적 활동을 균형 있게 제공함으로써 다양한 경험이 가능하다. 교사는 영유아들이 개방된 공간에서 긴장감을 풀고 하루를 건강하게 보낼 수 있도록 안전에도 유의해야 한다.

실외놀이 활동을 효과적으로 실행하기 위한 교사의 역할은 다음과 같다.

- 놀이터의 놀이기구나 놀이터 주변이 안전한지 정기적으로 점검하고, 안전사고에 대비하여 비상약품을 항상 가까이 둔다.
- 놀이기구의 안전한 사용법에 관해 이야기 나누고, 영유아 스스로 안전의 필요성을 인식하고, 안전한 방법으로 기구를 사용할 수 있도록 한다.
- 바깥 기온이나 날씨, 계절 특성에 따라 놀이하는 시간대나 시간 양을 융통성 있게 조절한다. 특히 햇볕, 황사, 스모그 등에 너무 노출되지 않도록 유의한다.

⑪ 귀가지도 및 가정과의 연계

귀가지도 시간은 하루일과를 끝내고 집으로 돌아가기 전에 영유아들이 모여 앉아 가장 재미있었던 일이나 힘들었던 일들을 회상하며, 그 이유와 해결책 등에 관한 이야기를 해보는 것으로 이루어진다. 교사는 가능한 한 즐겁고 좋았던 경험을 가지고 집으로 귀가하도록 돕고, 전달사항이나 내일 이루어질 활동 소개, 귀가 시 안전 등에 대해 안내를 한다. 그리고 귀가 시 챙겨야 할 작품이나 개인 소지품을 챙겨갈 수 있도록 지도해야 하는데, 어린 연령의 영유아일수록 교사가 한 번 더 확인해 보는 세심한 지도가 필요하다.

또한 귀가시간은 교사와 부모가 영유아의 하루일과에 대한 정보와 대화를 나누고, 영유아와는 하루일과를 마치고 헤어지는 시간이다. 이때 교사는 부모와 영유아에게 관심과 애정이 있다는 것을 느끼도록 하고, 하루를 무사히 잘 지낸 것에 대한 감사와 다음날의 기대감을 전하며 인사를 나눈다.

영유아의 안전한 귀가를 위해 교사가 유의해야 할 사항은 다음과 같다.

- 영유아의 얼굴과 손을 깨끗이 씻어주고, 옷을 단정하게 입혀주며 영유아들이 귀가할 때까지 애정 어린 관심을 보인다.
- 귀가 전 영유아의 개인 소지품을 잘 챙겨가도록 정리하고 귀가준비를 한다. 그리고 부모에게 전달할 안내장의 내용도 미리 정리하여 준비한다.
- 귀가시간이 분주하게 전개되면서 예기하지 못한 사고가 발생할 수 있으므로 유의해야 한다(예 교사 없이 영유아만 교실에 남는 일, 영유아를 하원차량에 태우지 않는 일, 다른 하원차량에 영유아를 태우는 일 등).
- 차량으로 귀가하는 경우에는 안전벨트 착용 등 영유아의 안전한 탑승을 확인하고, 하차지점에 보호자가 없는 경우에는 영유아를 하차시키지 않는다. 특히 보호자의 요청으로 평소 하차지점과 다른 장소에 영유아를 귀가시켜야 할 경우에는 더욱 세심한 주의가 필요하다.
- 걸어서 귀가하는 경우에는 사전 약속된 방법으로 귀가할 수 있도록 하며, 인계하기로 한 보호자 외에는 영유아와 함께 귀가시키지 않는다.
- 귀가 시 부모와 일과 중 재미있었던 일화나 특별한 일, 기타 특이사항 등에 대해 이야기를 나누고, 부모를 만나지 못할 경우에는 전화나 원아수첩을 통해 부모가 영유아의 하루일과에 대한 정보를 얻을 수 있도록 한다.

Chapter 07

영유아교사의 현직교육

CHAPTER

07 영유아교사의 현직교육

교사가 시대적 · 사회적 변화에 부응하고, 유능하고 전문적인 영유아교육 전문가로 발전하기 위해서는 현직교육이 필수적이다. 현직교육은 교사의 성장과 발달을 확보할 수 있는 효율적인 자기개발의 수단으로서, 교사의 역량강화와 전문성 향상뿐만 아니라 질 높은 교육 · 보육서비스를 제공하는 데 큰 도움이 될 수 있다. 이 장에서는 현직교육에 대한 이해를 돕기 위해 현직교육의 개념과 필요성, 유형을 차례대로 살펴보고자 한다.

1. 현직교육의 개념과 필요성

영유아교사의 교육은 양성교육과 현직교육으로 구분된다. 자격획득을 위해 교사가 되기 전에 받는 직전교육인 양성교육과 달리, 현직교육은 유아교육기관에 근무하면서 현직에서 받는 교육을 의미한다. 현직교육은 교원연수, 재교육, 계속교육 등의 다양한 용어로 혼용되고 있으나, 현직교사의 전문성 향상을 위해 이루어지는 재교육의 성격을 공통적으로 가진다.

교사의 전문성은 양성교육과 현직교육을 통해 길러질 수 있다. 교사의 전문성은 양성교육과정을 통해 충분히 개발되기 어려우며, 지속적인 현직교육을 통해 발달된다. 대다수의 교사들은 대학에서 이루어지는 양성교육과정을 마친 후 일선 교육현장에서 교수-학습 과정에서 어려움을 겪고, 지식 및 정보의 부족을 체감하게 된다. 이에 따라 우리나라에서는 현직교육을 통해서 교사의 전문성을 신장시킬 수 있다고 가정하고, 국가적 차원에서 교사들이 재교육을 받을 수 있도록 제도를 마련하고 있다(오채선, 2010). 이를 위한 법적 근거로서 유치원교사의 경우 교원 등의 연수에 관한 규정 및 관련 시행규칙, 보육교사의 경우 영유아보육법 및 관련 규정을 제시하고 있다.

2. 현직교육의 종류

영유아교사를 위한 재교육은 다양한 형태로 이루어고 있는데, 교원의 상위 직급으로의 승급을 위한 자격연수, 지방자치단체나 지역교육청에서 주관하여 이루어지는 재교육, 그리고 교사의 개인적 필요에 의해서 이루어지는 관련 학회나 관련 사설 교육단체 등에서의 재교육 등이 있다(이미화 · 김경회 · 김문정, 2008).

영유아교육기관에서 이루어지고 있는 현직교육의 유형들을 정리하여 다음 〈표 7-1〉에 제시하였다.

〈표 7-1〉 현직교육의 유형

<table>
<tr><th colspan="2">현직교육 종류</th><th colspan="2">영유아교육기관 구분</th></tr>
<tr><th>주 체</th><th>정 의</th><th>유치원</th><th>어린이집</th></tr>
<tr><td rowspan="2">정부주관
보수교육/ 연수</td><td rowspan="2">자격승급에 요구되는 현직교육 및 직무교육 시간으로 인정되는 현직교육</td><td>자격연수 및 직무연수</td><td>승급교육 및 직무교육</td></tr>
<tr><td>• 원장 자격연수
• 원감 자격연수
• 유치원 1급 정교사 자격연수
• 신규 및 일반교사 직무연수
• 특수직무연수</td><td>• 2급, 1급 보육교사 승급교육
• 원장 자격연수
• 일반직무교육
• 특별직무교육</td></tr>
<tr><td rowspan="2">지역교육청
및
지방자치단체</td><td rowspan="2">교육청이나 지방자치단체 주관 현직교육</td><td>교육청 주관으로 이루어지는 지구단위 유치원의 장학 및 연수</td><td>지방자치단체 주관의 현직교육</td></tr>
<tr><td>• 교육청 주관 교사연수
• 시범유치원 공개수업
• 지역 선임교사의 멘토링</td><td>구청단위의 교사 및 원장 교육</td></tr>
<tr><td>기관주도
원내교육</td><td>유치원이나 어린이집 자체의 교사교육</td><td>개별 유치원의 자율장학 및 연수</td><td>어린이집 단위의 자체 교육</td></tr>
<tr><td>개인주도 교육</td><td>개인적 욕구에 의해 참여하는 모든 형태의 현직교육</td><td>• 교원단체, 영유아 관련 학회 및 영리 교육단체에서 이루어지는 교육
• 교사 동아리 활동
• 상급학교 진학</td><td>• 육아종합지원센터, 보육 단체 및 학회, 영리 교육단체 등에서 이루어지는 교육
• 상급학교 진학</td></tr>
</table>

출처 : 이미화 · 김경회 · 김문정(2008).

여기에서는 영유아교사를 위한 현직교육을 담당하는 주체에 따라 정부나 지방자치단체에서 실시하는 현직교육을 중심으로 유치원교사와 보육교사로 구분하여 살펴보고자 한다.

1) 유치원교사

(1) 교원연수의 종류

유치원 교원을 위한 현직교육은 유치원 교원연수로 이루어진다. 유치원교사나 원장, 원감 등을 위한 교원연수는 다양한 형태로 이루어지고 있다(유아교육법 시행령 제28조에는 교육부 장관과 교육감은 유치원교원의 자질 향상을 위한 교육 및 연수를 정기적으로 실시해야 하고, 교원의 각종 교육 및 연수 계획을 수립하거나 집행할 경우 유치원 교원을 다른 교원과 같게 대우해야 하며 차별해서는 안 된다고 명시하고 있음).

일반적으로 이루어지는 유치원 교원연수를 정리하면 다음 〈표 7-2〉와 같다.

〈표 7-2〉 유치원 교원연수의 종류

<table>
<tr><th>단 위</th><th colspan="2">연수의 종류</th><th>목 적</th></tr>
<tr><td rowspan="3">연수기관 중심</td><td>자격연수</td><td>원장, 원감, 수석교사, 정교사(1급, 2급)</td><td>교원자격 취득</td></tr>
<tr><td>직무연수</td><td>교과교육, 생활지도, 정보화, 직무 관련 교양</td><td>직무수행에 필요한 능력 배양</td></tr>
<tr><td>특별연수</td><td>학위취득 대학위탁, 교원 해외유학, 해외 장·단기 체험연수 등</td><td>국가 또는 지방자치단체가 계획을 수립하여 교육공무원에게 전문지식과 기술을 배양하기 위하여 국내외의 특별한 프로그램을 이수하게 하는 연수</td></tr>
</table>

학교중심	컨설팅장학, 연구수업, 교과교육연구회, 전달강습, 교내 자율장학(사전협의회 → 수업공개 또는 참관 → 사후 협의회) 등	교육현장에 필요한 전문적 지식과 자질 및 능력 향상
개인중심 (자율연수)	국내외 교육기관 학위취득, 연구수행, 교과교육연구회, 학회, 개인별 연구 등	교원 스스로가 자신의 발전과 전문적 지식을 습득하기 위함

출처 : 중앙교육연수원(http://www.neti.go.kr).

(2) 교원연수의 대상

〈표 7-3〉 교원연수별 대상자

교육구분	연수대상	
자격연수	원장	해당 법에 명시된 교육경력이 있는 자 중에서 관할 교육장 또는 학교장의 추천을 받아 관할 교육감이 지명한 자
	원감	
	정교사(1급, 2급)	
	수석교사	해당 법에 명시된 교육경력이 있는 자 중에서 소속된 학교 또는 기관의 장의 추천을 받은 사람 중에서 교육감이 공개전형을 실시하여 선발
직무연수	• 교원능력개발평가 결과 직무수행능력 향상이 인정되는 교원 • 그 밖에 교육의 이론·방법 연구 및 직무수행에 필요한 능력배양을 하고자 하는 자	
특별연수	근무실적이 우수하고 필요한 학력 및 경력을 갖춘 사람 중에서 교원능력개발평가가 우수한 사람 중에서 선발	

출처 : 교원 등의 연수에 관한 규정 시행규칙 제4조.

위에서 살펴본 유치원 교원연수 중에서 자격연수의 연수과정을 좀 더 구체적으로 살펴보면 다음 〈표 7-4〉와 같다.

〈표 7-4〉 유치원교원의 자격연수과정

2급 정교사 과정		1급 정교사 과정	
영 역	이수시간 배정비율(%)	영 역	이수시간 배정비율(%)
가. 기본역량 : 교원으로서 요구되는 교육관 · 교직관 등 기본적인 소양 및 자질	30~50	가. 기본역량 : 교원으로서 요구되는 교육관 · 교직관 등 기본적인 소양 및 자질	30~50
나. 전문역량 : 정교사(1급)로서 전문적인 직무수행에 필요한 지식이나 기술(「교원자격검정령」 제4조에 따라 자격증에 표시할 담당과목의 전공지식을 포함한다)	50~70	나. 전문역량 : 정교사(2급)로서 전문적인 직무수행에 필요한 지식이나 기술(「교원자격검정령」 제4조에 따라 자격증에 표시할 담당과목의 전공지식을 포함한다)	50~70
합계	100	합계	100
원감 과정(수석교사 과정)		**원장 과정**	
영 역	이수시간 배정비율(%)	영 역	이수시간 배정비율(%)
가. 기본역량 : 교원으로서 요구되는 교육관 · 교직관 등 기본적인 소양 및 자질	30~50	가. 기본역량 : 교원으로서 요구되는 교육관 · 교직관 등 기본적인 소양 및 자질	30~50
나. 전문역량 : 교감 · 원감으로서 전문적인 직무 수행에 필요한 지식이나 기술	50~70	나. 전문역량 : 교장 · 원장으로서 전문적인 직무 수행에 필요한 지식이나 기술	50~70
합계	100	합계	100

출처 : 교원 등의 연수에 관한 규정 시행규칙 제7조 제1항 관련 [별표 2].

(3) 교원연수기관 및 종류

〈표 7-5〉 교원연수기관별 연수대상과 설치기관

<table>
<tr><th>연수기관</th><th>연수대상</th><th>설치기관</th></tr>
<tr><td>교육연수원</td><td>유아교육법 제7조에 따른 유치원 및 초·중등교육법 제2조에 따른 학교에 근무하는 교원</td><td>대학, 산업대학 또는 교육대학</td></tr>
<tr><td>교육행정연수원</td><td>유치원 및 학교에 근무하는 원장·원감·교장·교감 및 교원자격검정령 제23조에 따라 교장·원장의 자격인정을 받은 사람</td><td>대학, 산업대학 또는 교육대학</td></tr>
<tr><td>종합교육연수원</td><td rowspan="2">• 유아교육법 제7조에 따른 유치원 및 초·중등교육법 제2조에 따른 학교에 근무하는 교원
• 유치원 및 학교에 근무하는 원장·원감·교장·교감 및 교원자격검정령 제23조에 따라 교장·원장의 자격인정을 받은 사람</td><td>대학, 산업대학, 교육대학, 원격대학 중 방송통신대학, 교육청, 교육부 장관이 지정하는 기관 또는 법인</td></tr>
<tr><td>원격교육연수원</td><td>대학, 산업대학, 교육대학, 원격대학, 교육청, 교육부 장관이 지정하는 기관 또는 법인</td></tr>
</table>

출처 : 교원 등의 연수에 관한 규정 제2조와 제3조.

(4) 연수기간 및 이수시간

자격연수의 연수기간 및 이수시간은 〈표 7-6〉과 같고, 직무연수의 기간은 해당 연수원장이 정한다.

〈표 7-6〉 교원 자격연수의 연수기간 및 이수시간

구 분	교사 1급, 교감, 원감	교장, 원장
연수기간	15일 이상	25일 이상
이수시간	90시간 이상	180시간 이상

출처 : 교원 등의 연수에 관한 규정 제7조 관련 [별표 1].

2) 보육교사

(1) 보수교육의 정의

보수교육은 현재 어린이집에 종사하고 있는 보육교직원에 대한 연수, 즉 재교육을 의미하며 현직교육과 같은 개념으로 사용된다. 보수교육은 영유아보육법 제23조에 의거하여 보육교직원의 자질 향상을 위해 실시하는 교육으로서, 보육서비스에 필요한 지식과 능력을 유지 · 개발하기 위하여 원장과 보육교사가 최초자격 취득 또는 승급 후 2년마다 정기적으로 받는 '직무교육'과 보육교사가 상위등급의 자격(3급 → 2급, 2급 → 1급)을 취득하기 위해 받아야 하는 '승급교육'을 말한다(보건복지부, 2020).

보육교직원에게는 보육환경의 변화에 따라 요구되는 새로운 전문 지식과 기술을 습득하여 자질 향상을 도모할 수 있는 교육훈련이 필요하다. 이에 따라 보육교사와 원장의 보수교육이 법적으로 의무화되어 시행되고 있다.

(2) 보수교육의 종류

보수교육은 보육에 필요한 지식과 능력을 유지 · 계발하기 위하여 보육교직원이 정기적으로 받는 교육으로서, 직무교육과 승급교육으로 구분된다.

〈표 7-7〉 보수교육의 종류

<table>
<tr><th colspan="5">직무교육(보육교사, 원장 공통)</th><th>사전직무교육</th><th colspan="2">승급교육</th></tr>
<tr><td colspan="2">일반직무교육</td><td colspan="3">특별직무교육</td><td rowspan="2">어린이집 원장 사전직무교육</td><td rowspan="2">2급 보육교사 승급교육</td><td rowspan="2">1급 보육교사 승급교육</td></tr>
<tr><td>기본교육/심화 교육</td><td>장기 미종사자 교육</td><td>영아보육 직무교육</td><td>장애아보육 직무교육</td><td>방과후 보육 직무교육</td></tr>
</table>

출처 : 보건복지부(2020). 2020년도 보육사업안내, p. 222 재구성.

① 직무교육

직무교육은 보육서비스에 필요한 지식과 능력을 유지 및 개발하기 위하여 원장과 보육교사가 최초 자격 취득 또는 승급 후 2년마다 받는 교육이다. 직무교육은 일반직무교육과 특별직무교육으로 구분되며, 보육교사와 원장 모두 교육대상이다.

일반직무교육은 기본교육과 심화교육으로 구성되고, 보육업무경력 등을 감안하여 교육대상자가 선택하여 이수할 수 있다. 장기 미종사자 직무교육은 어린이집 원장 또는 보육교사의 자격을 취득한 사람으로서 만 2년 이상 보육업무를 수행하지 아니하다가 다시 보육업무를 수행하려는 사람이 교육대상자이다. 장기 미종사자 교육 대상자는 반드시 다시 보육업무를 수행하기 이전(채용 이전)까지 교육을 받아야 한다. 특별직무교육의 경우 영아보육, 장애아보육, 방과후 보육으로 이루어진다. 또한 어린이집 원장을 대상으로 하는 사전직무교육은 일반, 가정, 영아전담, 장애아 전문 어린이집 원장의 어느 하나의 자격을 취득하고자 할 때 교육을 받는다.

② 승급교육

승급교육은 보육교사가 3급에서 2급으로, 2급에서 1급으로 승급하기 위하여 필요한 교육이다.

보수교육이 이루어지는 교육구분별로 보수교육에 대해 더 구체적으로 살펴보면 다음 〈표 7-8〉과 같다.

〈표 7-8〉 교육구분별 보수교육 대상자

교육구분			교육대상	교육시간	비 고
직무교육	일반 직무교육	보육교사	현직에 종사하고 있는 보육교사로서 보육업무 경력이 만 2년을 경과한 자와 보육교사 직무교육(승급교육 포함)을 받은 해부터 만 2년이 경과한 자	40시간	매 3년마다
		원장	어린이집 원장의 직무를 담당한 때부터 만 2년이 지난 경우	40시간	매 3년마다
		장기 미종사자	만 2년 이상 보육업무를 수행하지 아니하다가 다시 보육업무를 수행하고자 하는 보육교사 또는 원장 자격 취득자	40시간	이수하고자 하는 자
	특별 직무교육	영아보육	영아보육을 담당하고 있는 일반직무교육 대상자와 영아보육을 담당하고자 하는 보육교사 및 어린이집 원장	40시간	이수하고자 하는 자
		장애아보육	장애아보육을 담당하고 있는 일반직무교육 대상자와 장애아보육을 담당하고자 하는 보육교사 및 어린이집 원장	40시간	이수하고자 하는 자
		방과후 보육	방과후 보육을 담당하고 있는 일반직무교육 대상자와 방과후 보육을 담당하고자 하는 보육교사 및 어린이집 원장	40시간	이수하고자 하는 자

<table>
<tr><td rowspan="2">승급 교육</td><td>2급 승급 교육</td><td>보육교사 3급의 자격을 취득한 후 보육업무 경력이 만 1년이 경과한 자</td><td>80시간</td><td>이수하고자 하는 자</td></tr>
<tr><td>1급 승급 교육</td><td>보육교사 2급의 자격을 취득한 후 보육업무 경력이 만 2년이 경과한 자 및 보육교사 2급의 자격을 취득한 후 보육 관련 대학원에서 석사 학위를 취득한 경우 보육업무 경력이 만 6개월이 경과한 자</td><td>80시간</td><td>이수하고자 하는 자</td></tr>
<tr><td>원장 사전 직무 교육</td><td>-</td><td>일반, 가정, 영아전담, 장애아전담 어린이집 원장의 어느 하나의 자격을 취득하고자 하는 자</td><td>80시간</td><td>이수하고자 하는 자</td></tr>
</table>

출처 : 보건복지부(2020). 2020년도 보육사업안내.

(3) 보수교육의 내용

보육교사와 어린이집 원장의 자질 향상을 위한 보수교육의 내용은 인성 · 소양, 건강 · 안전, 전문지식 · 기술의 내용으로 구성된다.

① 직무교육

직무교육은 교육대상자에 따라 일반직무교육과 특별직무교육으로 구분하여 실시한다. 먼저 보육교사를 위한 일반직무교육은 다음 〈표 7-9〉, 원장을 위한 일반직무교육은 〈표 7-10〉에 제시하였다. 그리고 장기 미종사자 교육은 〈표 7-11〉, 원장을 위한 사전직무교육은 〈표 7-12〉에 각각 제시하였다. 마지막으로 특별직무교육은 〈표 7-13〉에 제시하였다.

가. 일반직무교육

〈표 7-9〉 보육교사를 위한 일반직무교육

영 역	기본 과정		심화 과정	
	교과목	시간	교과목	시간
인성 · 소양 (8시간)	• 보육교사와 인권 – 인권에 대한 이해 – 교사와 아동의 인권존중 이해	3	• 보육교사의 인문적 소양 – 행복한 교사되기	3
	• 보육교사의 직무역량 강화 – 보육교사 직무 이해 – 보육교사 의사소통기법 훈련	3	• 보육교사의 직무역량 강화 – 보육교사 리더십 키우기 – 기관 구성원 간 멘토링 실행	3
	• 보육교사의 건강관리 – 보육교사의 신체 · 정신건강 이해 · 관리	2	• 보육교사의 건강관리 – 보육교사의 신체 · 정신건강 이해 · 관리	2
건강 · 안전 (9시간)	• 안전사고 예방교육 – 재난대비, 교통안전, 응급처치	3	• 안전사고 예방교육 – 재난대비, 교통안전, 응급처치	3
	• 보건위생관리 – 감염병 및 약물 오남용, 응급처치	3	• 보건위생관리 – 감염병 및 약물 오남용, 응급처치	3
	• 아동학대, 성폭력, 실종 예방 및 사후 관리 – 아동학대의 이해 – 성폭력 및 실종 예방교육	3	• 아동학대, 성폭력, 실종 예방 및 사후 관리 – 아동학대의 이해 – 성폭력 및 실종 예방교육	3

전문 지식 · 기술 (23시간)	장애 및 다문화 실제 (4시간)	• 다문화교육 이해와 실제 – 현장사례 중심 분석	2	• 다문화교육 과정 심화 – 다문화 프로그램 개발	2
		• 장애통합보육 운영 실제 – 개별화 프로그램 이해, 개발	2	• 장애통합보육 운영 실제 – 개별화 프로그램 적용 및 부모협력 강화	2
	보육 활동 운영의 실제 (16시간)	• 영유아 관찰 및 기록 실제 – 신체, 인지, 언어, 정서 등 발달 관찰 및 사례 분석	3	• 영유아 관찰기록의 활용 – 관찰기록 분석 및 영유아 발달평가와 상담활용능력 키우기	3
		• 영유아 부적응 행동의 이해 – 부적응 행동유형의 이해(불안, 위축, 공격, 주의산만 등)	2	• 영유아 행동유형별 발달지원 – 부적응 행동 예방과 지도	2
		• 보육정보 탐색의 적용과 사례 – 인터넷 등 정보활용방법, 보육통합정보시스템 이해	2	• 보육교사의 놀이참여 및 확장 · 연계 – 영유아 놀이관찰, 개입을 통한 확장 및 연계 교수-학습 방법	2
		• 디지털시대의 교수매체 활용 및 적용 – 인터넷, 스마트기기 등의 교수매체로서의 활용방법 이해 및 실습	3	• 영유아 프로그램 계획 및 운영 – 보육대상 및 철학에 따른 보육 프로그램 운영	3

		• 영유아 인성교육의 실제 – 기본생활습관지도 및 활동에 따른 인성교육 실제 사례	3	• 영유아 인성교육의 심화 – 기관 및 영유아의 발달특성에 따른 인성교육 계획 실습	3
		• 영아교사의 상호작용 전략(선택) – 영아 발달, 흥미, 놀이에 따른 교수방법 학습	3	• 어린이집 시설 · 설비 관리(선택) – 어린이집 시설 · 설비 관리 능력 학습	3
		• 유아교사의 상호작용 전략(선택) – 유아 발달, 흥미, 놀이에 따른 교수방법 학습	3	• 동료 수업 멘토링(선택) – 동료교사 간 수업지원 능력 학습	3
		• 보수교육기관 자체개발 교과목(선택)	3	• 보수교육기관 자체개발 교과목(선택)	3
	가족 및 지역사회 협력 (3시간)	• 부모–교사 의사소통의 이해와 실제(선택) – 부모–교사 간 의사소통 이해 및 갈등상황 시 소통 능력 함양	3	• 열린어린이집 계획 및 운영(선택) – 열린어린이집 개념과 환경 구성 – 열린어린이집 계획과 운영 실제	3
		• 부모 개별면담 기법(선택) – 성공적인 부모면담을 위한 대화법	3	• 지역사회 연계 프로그램 사례 분석(선택) – 지역 내 육아인프라 활용 능력 함양	3
계		15과목	40	15과목	40

비 고	※ 교육영역별 이수시간을 고려하여, 보수교육기관에서 일부 교과목 선택하여 운영 · 개설 가능 예 '보육활동 운영의 실제'와 '가족 및 지역사회 협력' 영역의 경우 교과목 일부 선택이수 가능 ※ 「건강 · 안전」 영역의 응급처치 관련 교육은 심폐소생술, 응급처치 실습 등 이론보다 실습 위주로 교육하도록 함 ※ 「건강 · 안전」 영역 교육에서 「긴급복지지원법 시행규칙」 제2조의3에 따른 긴급지원 신고의무자에 대한 내용을 1시간 이상 포함하여 교육하도록 함 ※ 건강 · 안전(9시간) 영역 내 '아동학대, 성폭력, 실종예방 및 사후관리' 교육 내용에서 아동의 성 관련 문제의 유형과 사례, 대응 방법 등 내용을 포함하여 교육 실시하도록 함

출처 : 보건복지부(2020). 2020년도 보육사업안내.

〈표 7-10〉 원장을 위한 일반직무교육

영 역	기본 과정		심화 과정	
	교과목	시간	교과목	시간
인성 · 소양 (8시간)	• 보육철학과 윤리 – 원장의 역할과 윤리	3	• 아동권리와 보육철학 – 보육철학과 보육이념 및 아동권리 이해	3
	• 원장의 건강관리 – 건강의 개념 및 건강관리 – 신체 · 정신 건강관리의 이해	3	• 원장의 건강관리 – 성인기의 건강관리, 건강한 생활습관, 스트레스와 건강	3
	• 보육교직원의 인문적 소양 – 행복에 대한 인문학적 고찰	2	• 보육교직원의 문화적 소양 – 예술적 소양 증진을 위한 지역 문화인프라 연계교육	2

<table>
<tr><td colspan="2" rowspan="3">건강 · 안전
(9시간)</td><td>• 안전사고 예방 및 대응
– 재난대비, 교통안전 등 관련 법안 및 사례</td><td>3</td><td>• 안전사고 예방 및 대응
– 재난대비, 교통안전 등 관련 법안 및 사례</td><td>3</td></tr>
<tr><td>• 보건위생 관리
– 응급처치, 질병관리, 감염병 및 약물 오남용, 위생관리</td><td>3</td><td>• 보건위생 관리
– 응급처치, 질병관리, 감염병 및 약물 오남용, 위생관리</td><td>3</td></tr>
<tr><td>• 아동학대, 성폭력, 실종 예방 및 사후 관리
– 아동학대, 성폭력, 실종 이해 및 예방을 위한 지원
– 아동보호서비스체계</td><td>3</td><td>• 아동학대, 성폭력, 실종 예방 및 사후 관리
– 아동학대, 성폭력, 실종 이해 및 예방을 위한 지원
– 아동보호서비스체계</td><td>3</td></tr>
<tr><td rowspan="4">전문 지식 · 기술
(23시간)</td><td rowspan="2">장애 및 다문화 실제
(4시간)</td><td>• 다문화교육 프로그램 이해와 실제
– 현장사례 중심 분석</td><td>2</td><td>• 다문화교육 프로그램 개발
– 다문화교육 프로그램의 현황 분석 및 개발</td><td>2</td></tr>
<tr><td>• 장애통합보육 운영 실제
– 기관 내 장애통합보육의 운영 이해
– 개별화교육 프로그램의 실제</td><td>2</td><td>• 장애통합보육을 위한 운영 관리
– 기관 내 특수교사 및 담임교사의 협력 지원</td><td>2</td></tr>
<tr><td rowspan="2">기관 운영의 실제
(16시간)</td><td>• 어린이집 내 영유아 관찰과 평가
– 영유아 놀이와 행동 관찰 기록 방법
– 관찰기록을 통한 아동평가 이해</td><td>3</td><td>• 아동발달 진단도구의 이해와 활용
– 기관에서 교사가 활용할 수 있는 아동발달 진단도구 및 방법 이해</td><td>3</td></tr>
<tr><td>• 보육계획과 보육일지 작성 관리
– 보육교사 지도원리 및 보</td><td>2</td><td>• 보육 프로그램 개발 및 평가
– 보육 프로그램의 이해 및 개발 실제</td><td>2</td></tr>
</table>

		육계획 수립 지도 – 보육일지 작성원리 및 작성 지도		– 영아반 · 유아반 프로그램 평가	
		• 영유아 생활지도를 위한 교사교육 – 영유아 생활지도의 기초와 교사교육 – 영유아 생활지도의 실제에서의 교사지원	2	• 교사교육 프로그램 개발 및 운영 – 교사교육 프로그램 개발을 위한 개념 및 중요성 – 교사교육 프로그램 운영의 실제	2
		• 교수매체 선정과 평가 – 교수매체의 유형, 구입 시 선정기준, 제작 시 고려사항 – 교육적 가치평가, 활용도 및 효율성 평가	2	• 보육과정 디지털활용능력 개발 – 어린이집 운영관리와 디지털 활용의 실제 및 실습	2
		• 원장의 대외협력 관리 – 원장의 대외협력 직무에 대한 이해 – 부모 및 지역사회의 요구 대처관리	2	• 원장의 리더십과 조직관리 – 원장의 리더십 유형 점검 – 리더십 유형별 조직관리 특성 및 바람직한 리더십	2
		• 영상정보처리기기(CCTV)의 관리 및 운영 – CCTV 관련 규정 및 법규 이해 – CCTV 열람관리 방법 – CCTV 관련 개인정보 유출 예방 관리	2	• 개인정보 보호와 디지털매체 윤리의 실제 – 개인정보 보호 관련 법에 대한 이해 – 어린이집 내 개인정보 관리 방법 – 디지털매체 사용예절과 윤리(사례중심 이해)	2

		• 우수 보육 프로그램 사례(선택) – 우수 보육 프로그램의 최신 동향 – 보육 프로그램의 개선	3	• 우수 보육 프로그램 동향(선택) – 우수 보육 프로그램의 최근 연구동향, 사례 분석 – 우수 보육 프로그램 개발 및 지원방안	3
		• 보수교육기관 자체개발 교과목(선택)	3	• 보수교육기관 자체개발 교과목(선택)	3
	가족 및 지역사회 협력 (3시간)	• 부모자원 활용계획과 운영(선택) – 어린이집 운영에 부모참여 활성화를 위한 부모자원 활용계획과 운영방법	3	• 부모 요구조사 및 활용(선택) – 연간운영 계획 및 의사결정을 위한 부모요구 조사방법 및 활용 이해	3
		• 어린이집과 지역사회 자원 연계의 실제(선택) – 지역사회 연계 참여 – 지역사회 연계 실제	3	• 어린이집과 지역사회 자원 연계 계발(선택) – 지역사회 연계 활용 – 지역사회 연계활동 계획	3
계		16과목	40	16과목	40
비 고		※ 교육영역별 이수시간을 고려하여, 보수교육기관에서 일부 교과목 선택하여 운영 · 개설 가능 예 '보육활동 운영의 실제'와 '가족 및 지역사회 협력' 영역의 경우 교과목 일부 선택이수 가능 ※ '보건위생관리' 교과목은 심폐소생술, 응급처치 실습 등 이론보다 실습 위주로 교육하도록 함			

출처 : 보건복지부(2020). 2020년도 보육사업안내.

〈표 7-11〉 장기 미종사자 교육

영역(시간)	어린이집 원장		보육교사	
	교과목	시간	교과목	시간
인성 · 소양 (8시간)	• 아동권리와 인권 – 아동복지와 인권의 이해 – 아동권리와 학대	4	• 보육교사의 역할과 윤리 – 보육교사의 역할 – 보육교사의 윤리	4
	• 원장직무의 이해 및 윤리 – 원장직무 이해 – 원장의 윤리 경영	4	• 아동복지와 인권 – 아동복지와 인권의 이해 – 아동권리와 학대	4
건강 · 안전 (4시간)	• 영유아 건강 · 안전 – 영유아 건강 · 안전교육 계획 및 관리 – 영유아 안전사고 예방 및 대응 – 친환경 급식 및 영양관리 – 시설 · 설비 안전관리	4	• 영유아 건강 · 안전 – 영유아 건강 · 안전교육 – 영유아 안전사고 예방교육 – 보육교사의 건강	4
전문지식 · 기술 (28시간)	• 보육정책의 최신 동향 – 보육정책에 대한 관점 – 우리나라 보육정책의 변화, 최근 동향 및 이슈 – 보육정책의 전망과 과제	4	• 영유아 관찰 및 평가 – 영유아 관찰의 이해 – 영유아 평가의 이해 – 영유아 평가 방법의 종류 – 관찰법 이해 및 적용 – 포트폴리오 평가 이해	4
	• 보육관련 법규의 이해 – 영유아보육법, 아동복지법, 근로기준법 등	4	• 영유아 행동지도 – 영유아 문제행동의 이해 – 영유아 문제행동 예방과 지도	4
	• 어린이집 인사관리 – 인사관리의 주요 단계 및 내용 – 인력개발을 위한 교직원 재교육, 복지, 평가 등	4	• 영유아 긍정적 상호작용 – 영유아 존중 상호작용의 이해 – 영유아 놀이 상호작용의 실제	4

	• 재무회계 관리 – 재무회계의 중요성, 재무회계 관리 기본 원칙 이해, 재무회계 운영과정(예산 · 집행 · 결산)	4	• 영유아 행동의 발달적 이해 – 영아발달(신체 발달 · 인지 발달 · 정서 발달) – 유아발달(신체 발달 · 인지 발달 · 사회성 발달)	4
	• 조직관리와 리더십 – 어린이집 조직 특성의 이해 – 건강하고 효율적인 조직 관리를 위한 원장의 리더십	4	• 보육계획 수립 – 보육계획 수립의 원리 – 보육계획 수립의 실제	4
	• 어린이집 개인정보보호 관리 및 보육통합정보시스템 이해 – 개인정보관리 계획수립 및 관리점검 – 보육통합정보시스템 이해 및 실제	4	• 보육일지 작성의 실제 – 보육일지의 이해 – 보육일지 작성 방법 – 보육일지 작성 실습	4
	• 보육프로그램 개발과 운영 – 보육프로그램의 특성 이해 및 운영 지원	4	• 표준보육과정 – 표준보육과정의 변천과 기초 – 표준보육과정의 구성과 관련 자료	4
계	10과목	40	10과목	40

〈표 7-12〉 어린이집원장 사전직무교육

영 역		교과목	시 간
인성 · 소양 (12시간)		• 아동권리와 아동학대 – 아동권리 이해 및 UN아동권리협약 이해 – 아동학대 예방	4
		• 원장직무의 이해 및 윤리 – 원장직무 이해 및 윤리 경영	4
		• 원장의 건강관리와 힐링 – 만성질환 및 스트레스 관리법 등	4
건강 · 안전 (18시간)		• 영유아의 건강안전교육의 계획 및 관리 – 사례중심 건강안전교육 계획 및 관리	3
		• 안전사고 예방 및 대응 – 재난대비, 교통안전 등	3
		• 보건위생 관리 – 응급처치, 질병관리, 감염병 및 약물 오남용, 위생관리	3
		• 아동학대, 성폭력, 실종 예방 및 사후관리 – 아동학대, 성폭력, 실종 이해 및 예방 – 신고의무자의 역할	3
		• 친환경 급식 및 영양관리 – 급식운영의 관리사항 및 준수사항 – 영아기 · 영유아기의 영양관리	3
		• 시설 · 설비 안전관리 – 어린이집 시설 · 설비 안전관리 원리 – 어린이집 시설 · 설비 기준 – 실내 · 외 시설의 안전평가 기준과 평정	3
전문 지식 기술 (48시간)	장애 및 다문화 관리 (8시간)	• 다문화가정과 연계한 영유아 지원 – 다문화가정 영유아 교육 및 부모교육	4
		• 장애통합보육의 운영관리 – 장애통합보육 프로그램 및 인력 관리	4

	기관 운영의 실제 (32시간)	• 보육정책의 최신 동향 – 보육정책에 대한 관점 – 우리나라 보육정책의 변화, 최근 동향 및 이슈 – 보육정책의 전망과 과제	3
		• 보육 관련 법규의 이해 – 영유아보육법, 아동복지법, 근로기준법 등	3
		• 어린이집 인사관리 – 인사관리의 주요 단계 및 내용 – 인력개발을 위한 교직원 재교육, 복지, 평가 등	3
		• 재무회계 관리 – 재무회계의 중요성, 재무회계 관리 기본 원칙 이해, 재무회계 운영과정(예산, 집행, 결산)	3
		• 조직관리와 리더십 – 어린이집 조직 특성의 이해 – 건강하고 효율적인 조직관리를 위한 원장의 리더십	4
		• 사례별 발달지원 및 전문가 연계 – 영유아 발달지원 및 관리 실제 – 지역사회 의료전문가와의 네트워크 방법	4
		• 보육교직원의 수업 멘토링 – 보육교직원의 수업능력 지원	4
		• 보육 프로그램 개발과 운영 – 보육 프로그램의 특성 이해 및 운영 지원	4
		• 어린이집의 개인정보 보호 관리 – 개인정보 보호 관련 법규의 이해 – 개인정보 관리계획 수립 및 관리 점검 – 개인정보 유출 시 대응 방안	4
	가족 및 지역사회 협력(8시간)	• 부모참여 계획 및 운영 – 부모교육, 부모상담, 운영위원회 등	4
		• 어린이집과 지역사회 자원의 연계 – 지역사회 자원 파악 및 활용 사례	4

평가시험	• 원장 사전직무교육 평가시험	2
계	23과목 + 평가시험	80
비 고	※「건강 · 안전」 영역의 응급처치 관련 교육은 심폐소생술, 응급처치 실습 등 이론보다 실습 위주로 교육하도록 함 ※「보육통합정보시스템 이해 및 실제」 교과목은 사회보장정보원에서 교육자료 제공 등 교육 협조 ※「건강 · 안전」 영역 교육에서 「긴급복지지원법 시행규칙」 제2조의3에 따른 긴급지원 신고의무자에 대한 내용을 1시간 이상 포함하여 교육하도록 함 ※ 건강 · 안전(9시간) 영역 내 '아동학대, 성폭력, 실종예방 및 사후관리' 교육 내용에서 아동의 성 관련 문제의 유형과 사례, 대응 방법 등 내용을 포함하여 교육 실시하도록 함	

출처 : 보건복지부(2020). 2020년도 보육사업안내.

나. 특별직무교육

〈표 7-13〉 특별직무교육

영 역	영아보육 직무교육	장애아보육 직무교육	방과후 보육 직무교육
인성 · 소양 영역	• 보육교사의 건강관리 • 영아보육교사의 역할과 윤리 • 아동권리와 영아학대 예방	• 장애아동 복지와 장애 인식개선 • 장애아 보육교사의 역할과 윤리 • 아동권리와 장애아 학대예방	• 현대사회 변화와 방과후 보육의 이해 • 방과후 보육교사의 역할과 윤리 • 아동권리와 아동학대 예방
건강 · 안전 영역	• 영아 건강교육 • 영아 안전사고 예방교육 • 보건위생관리	• 장애아급식 및 영양 관리 • 장애아 안전사고 예방 및 대응 • 장애아 보건위생관리	• 초등학생의 보건 · 위생관리 • 초등학생의 안전사고 예방 및 대응

전문 지식 · 기술	보육 활동 운영의 실제	• 영아 일상생활지도 I • 영아 일상생활지도 II • 표준보육과정 운영의 실제 • 영아 놀이지도 • 감각탐색활동 영역 • 역할 · 쌓기 영역 • 신체활동 영역 • 언어 영역 • 예술(음률,미술) 활동 • 실외놀이 활동 • 영아 적응프로그램 • 영아행동관찰과 평가 • 영아와의 상호작용 실제	• 장애아의 이해 I • 장애아의 이해 II • 일반보육과정에 기반한 장애영유아 교수방법 I • 일반보육과정에 기반한 장애영유아 교수방법 II • 운동발달 교수방법 • 의사소통 발달 교수방법 • 사회성 발달 교수방법 • 인지발달 교수방법 • 자조기술 발달 교수방법 • 개별화교육프로그램 작성 • 개별화교육프로그램 실행 및 평가 • 긍정적 행동 지원	• 초등학생의 발달적 특성 • 초등학교 교육과정의 이해 • 초등학생을 위한 교수–학습방법 • 학습지도 • 숙제 및 과제 지도 • 놀이지도 • 방과후 교육 프로그램에 대한 이해 I • 방과후 교육 프로그램에 대한 이해 II • 방과후 교육 프로그램에 대한 이해 III • 초등학생 생활지도 • 초등학생 문제행동 지원
	가족 및 지역 사회 협력	• 영아 부모 상담 실제	• 장애 영유아 가족지원 • 지역사회 연계	• 초등학생 부모와의 상담 및 연계 • 방과후 아동을 위한 지역사회연계
	장애 및 다문화 연계			• 학령기 장애아동의 이해와 교사지원 • 다문화사회와 아동
계		20과목, 40시간 (과목당 2시간)	20과목, 40시간 (과목당 2시간)	20과목, 40시간 (과목당 2시간)

출처 : 보건복지부(2020). 2020년도 보육사업안내.

② 승급교육

승급교육의 교육시간은 80시간을 원칙으로 하고 있다. 승급교육 대상자는 80점 이상을 획득하여야 승급교육을 이수한 것으로 인정한다. 보육교사를 위한 승급교육의 내용은 다음과 같다.

〈표 7-14〉 승급교육

영 역	2급 승급교육		1급 승급교육	
	교과목	시간	교과목	시간
인성 · 소양 (11시간)	• 아동복지와 인권의 이해 – 사례중심 아동권리에 대한 민감성 증진	4	• 아동복지와 인권의 실제 – 사례중심 아동권리에 대한 민감성 증진	4
	• 보육교사의 역할과 윤리 – 보육교사 2급의 역할 및 직업윤리	4	• 보육교사의 역할과 윤리 – 보육교사 1급의 역할 및 직업윤리	4
	• 보육교사의 건강관리와 힐링 – 보육교사의 신체 및 정신건강 이해 – 실습중심 질환 예방법 및 대처법	3	• 보육교사의 건강관리와 힐링 – 보육교사의 신체 및 정신건강 이해 – 실습중심 질환 예방법 및 대처법	3
건강 · 안전 (12시간)	• 영유아 건강안전교육 계획 및 실행 – 건강안전교육 계획 및 실행 실습	3	• 영유아 건강안전교육 계획 및 실행 – 건강안전교육 계획 및 실행 실습	3
	• 안전사고 예방교육 – 재난대비, 교통안전 등	3	• 안전사고 예방교육 – 재난대비, 교통안전 등	3

<table>
<tr><td colspan="2" rowspan="2"></td><td>• 보건위생 관리
– 감염병 및 약물 오남용, 응급처치</td><td>3</td><td>• 보건위생 관리
– 감염병 및 약물 오남용, 응급처치</td><td>3</td></tr>
<tr><td>• 아동학대, 성폭력, 실종 예방 및 사후 관리
– 아동학대 예방 기초, 개입 과정
– 성폭력, 실종 예방교육</td><td>3</td><td>• 아동학대, 성폭력, 실종 예방 및 사후 관리
– 아동학대 이해 및 어린이집에서의 아동학대
– 성폭력, 실종 예방교육</td><td>3</td></tr>
<tr><td rowspan="5">전문
지식
·
기술
(55시간)</td><td rowspan="2">장애 및
다문화
실제
(8시간)</td><td>• 다양한 가정의 영유아 이해
– 다양한 가정의 이해
– 다양한 가정 영유아의 특성에 따른 발달적 지원방법</td><td>4</td><td>• 다문화 가정의 영유아 지원
– 다문화 가정 영유아의 생활 및 발달 지원, 보육 지원 등 사례중심</td><td>4</td></tr>
<tr><td>• 장애영유아의 이해
– 발달기 영유아의 다양성 이해
– 영유아 선별, 장애진단, 중재의 중요성</td><td>4</td><td>• 장애영유아의 이해 및 지원
– 특수 영유아 특성별 지도
– 기관 내 장애영유아 지원 관리 방안</td><td>4</td></tr>
<tr><td rowspan="3">보육
활동
운영의
실제
(39시간)</td><td>• 영유아 관찰사례 이해 및 실제
– 관찰의 기초, 관찰기록 이해
– 일상생활 및 놀이행동, 상호작용 관찰실습</td><td>4</td><td>• 영유아 관찰 및 평가
– 관찰도구의 활용
– 관찰기록을 평가에 활용하는 방안</td><td>4</td></tr>
<tr><td>• 대 · 소집단 활동 운영
– 대 · 소집단 활동 운영을 위한 교수–학습 방법</td><td>4</td><td>• 대 · 소집단 활동 운영의 실제
– 대 · 소집단 활동 운영 실습</td><td>4</td></tr>
<tr><td>• 신체 · 예술(음률)활동 운영
– 신체 · 예술영역 발달의 이해
– 신체 · 예술활동 운영방법</td><td>4</td><td>• 신체 · 예술(음률)활동 운영의 실제
– 신체 · 예술(음률)활동 운영 실습</td><td>4</td></tr>
</table>

		• 언어 · 수 · 과학활동 운영 – 언어 · 수 · 과학영역 발달의 이해 – 언어 · 수 · 과학활동 운영 방법	4	• 언어 · 수 · 과학활동 운영의 실제 – 언어 · 수 · 과학활동 운영 실습	4
		• 역할 · 쌓기놀이 활동 운영 – 역할 · 쌓기놀이 영역 발달의 이해 – 역할 · 쌓기놀이 활동 운영 방법	4	• 역할 · 쌓기놀이 활동 운영의 실제 – 역할 · 쌓기놀이 활동 운영 실습	4
		• 보육계획 수립 및 보육일지 작성 – 보육계획의 원리, 연계성 있는 보육계획 – 보육일지 작성의 원리, 일과계획 작성, 일과의 실행과 평가 작성	4	• 보육일지 작성의 실제 – 보육일지 작성 실습	4
		• 표준보육과정의 이해 및 평가 – 제3차 어린이집 표준보육과정 총론, 0~1세 보육과정(6개 영역 목표, 내용체계), 2세 보육과정(6개 영역 목표, 내용범주, 내용) – 표준보육과정 운영평가	4	• 보육실습 지도의 적용과 사례 – 보육실습 지도의 의의, 계획, 운영, 평가	4
		• 누리과정의 이해 및 평가 – 3~5세 누리과정 5개 영역 목표, 내용범주, 내용 – 누리과정 운영평가	4	• 어린이집의 개인정보 보호 관리 – 개인정보 보호 관련 법에 대한 이해	4

				– 개인정보가 포함된 문서 관리 – CCTV 관련 개인정보 관리	
		• 영유아 행동의 발달적 이해 – 사례중심 발달영역별 영유아 행동의 이해 및 지원	4	• 영유아 문제행동 조기발견 – 영유아 사회 · 정서 발달과 적응 지도 – 발달적 지원과 치료적 접근이 필요한 영유아 이해 – 사례중심 문제행동 지원 방법	4
		• 실내 · 외 놀이환경 구성 – 실내 · 외 놀이환경 구성의 기본 요건, 원리, 실제 및 평가	3	• 어린이집 환경 구성 및 관리 – 어린이집 환경 구성의 원리 및 관리 실제	3
	가족 및 지역 사회 협력 (8시간)	• 다양한 부모–자녀 관계의 이해 – 가족형태의 다양화, 부모 역할, 건강한 부모–자녀 관계 형성	4	• 부모참여 계획 및 실행 – 부모참여의 실제 및 활성화 방안	4
		• 부모참여 및 상담 실제 – 부모참여 활동 계획 – 부모상담을 위한 준비 및 실습	4	• 지역사회 연계활동 계획 및 운영 – 보육과정, 장소, 활동에 따른 지역사회 연계활동 계획	4
평가시험		• 2급 승급교육 평가시험	2	• 1급 승급교육 평가시험	2
계		21과목 + 평가시험	80	21과목 + 평가시험	80
비 고		※ '보건위생관리' 교과목은 심폐소생술, 응급처치 실습 등 이론보다 실습위주로 교육하도록 함			

출처 : 보건복지부(2020). 2020년도 보육사업안내.

한편 직무교육과 승급교육을 같은 해에 받아야 하는 경우, 승급교육을 받은 자는 직무교육을 생략할 수 있다.

(4) 보수교육의 평가

① 보수교육은 해당 교육시간을 모두 출석한 경우에만 이수한 것으로 본다.
② 본인 또는 배우자의 직계혈족 및 형제자매의 사망 · 사고 또는 결혼 등으로 인한 결석이나 본인의 사고 · 질병 등으로 인한 결석의 경우에는 교육시 최대 10퍼센트 범위에서 출석한 것으로 인정할 수 있다. 다만, 출석 인정을 받기 위해서는 반드시 관련 서류를 제출하여야 한다.
③ 승급교육 대상자 중 출석기준은 충족하였으나 평가시험에서 80점 이상을 받지 못한 경우에는 승급교육을 이수한 것으로 인정할 수 없다.

(5) 보수교육의 절차

직무교육과 승급교육 등의 보수교육을 실시하는 주체는 시 · 도지사로서, 시 · 도지사는 매년 2월 말까지 보수교육의 수요를 파악하여 보수교육 계획을 수립하여야 한다. 시 · 도지사는 교육훈련시설, 정부출연 연구기관, 보육 관련 비영리법인 · 단체의 전문기관에 보수교육의 실시를 위탁하여 실시할 수 있다. 보수교육의 절차는 |그림 7-1|과 같다.

보육교직원 보수교육의 효율적 관리, 사용자 편의성의 제고를 위해 보육교직원 교육통합관리시스템이 구축 · 운영되고 있는데, 수요조사, 대상자 선정(시 · 군 · 구), 대상자 승인(시 · 도), 이수자 명단 통보(교육기관) 등을 교육통합시스템을 통해 실시한다. 또한 직무교육(일반 및 특별 직무교육) 등의 보수교육과정을 인터넷 방식에 의한 온라인 보수교육으로 실시할 수 있다.

과 정	추진내용
수요 파악 및 보수계획 수립	• 매년 2월 말까지 관할 지역의 교육 수요 파악 → 보수교육 계획 수립 • 관할 지역의 현직교직원 대상(당해연도 3급 양성과정 수료 예정 인원 고려해야 함)
⬇	
보수교육 위탁기관 선정	• 보수교육 실시의 위탁 • 위탁가능 전문기관 : 대학(전문대학 포함) 또는 이와 동등 이상의 학교, 보육교사교육원, 정부출연 연구기관, 보육 관련 비영리법인 · 단체, 육아종합지원센터 등
⬇	
보수교육 안내	• 보수교육 실시 전문기관별 자체 홈페이지나 중앙 및 각 시 · 도 보육정보센터 등에 교육일정을 게시하여 연중 안내
⬇	
보수교육 실시	• 보수교육 대상자 선정 → 보수교육 실시 → 보수교육 평가 → 수료증 발급 및 교육이수자 명단 시 · 도지사에게 통보
⬇	
보수교육 현황보고	• 보수교육 실시 현황 및 예산집행 현황을 보건복지부 장관에게 보고

|그림 7-1| 보수교육의 절차

Chapter 08

영유아교사의 발달과 전문성

1. 교사 발달의 의미
2. 교사 발달에 영향을 주는 변인
3. 영유아교사의 관심사 발달
4. 영유아교사의 교직주기에 따른 발달
5. 영유아교사의 전문성과 장학

CHAPTER

08 영유아교사의 발달과 전문성

영유아교사는 교사입문 과정을 포함하여 교직생활의 전체 기간을 통하여 교직생활과 관련된 여러 영역에서 가치관, 신념, 지식, 기능, 행동의 변화를 겪게 된다. 교사의 지식, 인식, 태도 등의 변화는 양적 변화와 질적 변화를 모두 의미한다. 이러한 변화과정을 통해 교사는 꾸준히 성장하면서 전문성을 가지게 됨과 동시에 전문성을 신장시키려는 노력 또한 기울여 나가야 한다.

교사양성 과정을 거쳐 교직에 입문하고 교사로서 성장하고 발달해 가는 과정에 대한 종합적인 연구는 최근에 시작되었다. 이러한 연구결과를 근간으로 하여 이 장에서는 영유아교사 발달의 의미와 교사 발달에 영향을 미치는 변인을 먼저 살펴보고자 한다. 이어서 교사의 교직발달 과정을 설명하는 대표적인 이론들을 교사의 관심사에 따른 발달단계와 교직주기에 따른 발달단계를 중심으로 살펴보고자 한다. 이와 함께 교사의 교직발달을 설명하는 이론들에 입각하여 영유아교사의 전문성에 대해 살펴보겠다.

1. 교사 발달의 의미

교사 발달이란 교사가 초임교사로서 교직생활을 시작하여 교직경력을 쌓아 가면서 퇴직에 이르는 전체 교직기간 중에 교사의 가치관, 신념, 태도, 지식, 기능, 교수행동의 양적 · 질적인 면에서의 계속적인 변화를 의미한다(노길영, 2000; Burden, 1990; Davis & Zaret, 1984). 교직생활을 하는 동안 교사는 열정을 가지고 일을 하다가도 좌절을 경험하는 등 성장과 쇠퇴 혹은 안정과 침체의 과정을 반복적으로 경험하면서 성장해 나간다. 교사 발달에 대한 이해는 우선 교사 자신들이 자신의 변화에 있어서 어떤 역할을 취해야 하는지를 알게 해준다. 그뿐만 아니라 교사교육자들에게는 교사들의 발달과정을 이해하여 교사교육을 계획하고 순서화하는 데 도움을 준다(Feiman & Floden, 1981). 즉, 교사의 발달단계를 정확하게 이해하면 교사 발달을 촉진시킬 수 있는 방법들을 제안하고 조언할 수 있어 결국 교사의 성장과 발달을 긍정적인 방향으로 유도할 수 있게 된다.

▲ 초임교사로 임용되기 직전 교사선서식을 하고 있는 예비영유아교사의 모습

이처럼 교사의 발달에 대한 이해는 결국 교사 자신의 성장과 발달을 위한 여러 방안을 제시해 줄 뿐만 아니라 교사교육의 방향성을 제시해 준다. 교사 발달에 대한 이해가 깊을 때 교사가 가지게 되는 의미는 다음과 같다(염지숙 외, 2014; 임부연 · 김성숙 · 송진영, 2014).

- 교직생활에 대한 발달적 관심을 가지고 교사 자신이 스스로를 발달하고 성장하는 존재로 인식하는 것은 교사의 전문성 신장에 매우 도움이 된다. 교직생활을 해나가면서 교사는 항상 자신의 위치에서 자신의 능력을 평가해 보고 자신의 미래를 계획하고 예측해 볼 수 있다. 이러한 과정에서 교사는 발달적 단계에 따라 스스로를 평생학습자로 인식하고 점진적인 발달을 통해 만족감을 얻을 수 있으며 동시에 전문성도 신장할 수 있게 된다.
- 교사 발달에 대한 이해는 교사로 하여금 자신을 지속적인 학습자로 인식하게 한다. 이로써 교사 스스로 자기 갱신(self-renewal)의 전략을 발달시킬 수 있도록 돕는다. 자기 갱신 전략으로는 독서 계획, 승급교육 참여, 전문 교원단체 가입 및 활동, 수업 향상을 위한 연수 참여, 학위과정에 입학하기 등을 들 수 있으며, 이를 통해 교사 스스로의 자신감을 가질 수 있게 된다.
- 경력교사들이 교사 발달에 대한 이해를 가지고 있게 되면 혹시라도 후배 교사들이 어려운 문제로 고민할 때 교사의 발달적 관점에서 조언하고 지지해 줄 수 있게 된다. 또한 초임교사 및 후배 교사들에게 자기 갱신을 위한 유용한 정보를 제공해 줄 수 있으며, 전문적이고 지속적인 성장과 발달을 촉진시켜 주고자 하는 동기를 가지게 된다.

이처럼 교사 발달에 대한 이해는 교사의 성장과 발달을 조력하고 촉진한다는 점에서 중요한 의미를 가진다. 교사로서 자신의 직업에 대한 발달적 이해를 하지 못한다는 것은 자신의 발달을 제대로 가꾸고 이끌어 내지 못하게 됨을 의미한다. 이는 결국 영유아의 성장과 발달을 향한 자신의 교수행위도 적합한 방향으로 이끌어 내지 못할 수도 있다. 따라서 교사의 발달단계와 그 특성에 대한 이해를 통해 적절한 교사교육의 방향 및 방안을 제공할 수 있으며, 궁극적으로 교사의 발달을 촉진시킴으로써 교사의 질과 교육의 질을 향상시킬 수 있을 것이다.

2. 교사 발달에 영향을 주는 변인

교사 발달에 대한 초기의 연구들은 교사들이 교직생활을 통하여 한 방향으로 수직 발달한다는 인식이 주를 이루었다. 그러나 최근에는 교사의 경력이 많을수록 더 유능하며 교직에 대해 더 높은 전문성을 가지는 것은 아니라고 밝히고 있다. 따라서 교사의 발달과정이 언제나 성장만을 향하는 것이 아니라 성장과 침체, 후퇴 등이 반복적으로 일어나는 복잡한 구조를 가진다는 것이다(권건일 · 신재흡, 2006).

교사 발달에 영향을 주는 요인으로는 교직경력뿐만 아니라 개인적 요인과 조직적 요인의 영향을 동시에 받는 것으로 알려지고 있다(Burke, Chirstensen & Fessler, 1984). 개인적 요인으로는 교사 개인의 가정적인 배경과 과거의 경험, 긍정적인 사건, 위기적 사건, 개인의 관심사, 개인의 성향 등을 들 수 있다. 조직적 요인에는 교직생활과 직접적인 관계가 있는 교육기관의 규정, 기관장의 교육신념, 기관의 경영상태, 신뢰감 등이 포함될 수 있다. 조직적 요인이 교사 발달에 직접적인 영향을 미치지만 기관보다 더 거시적인 차원의 사회적 기대나 교사의 전문성 향상을 지지하는 전문단체 및 교원노조의 영향도 간과할 수 없다.

교사 발달에 영향을 미치는 제 요인을 표로 나타내면 다음과 같다.

〈표 8-1〉 교사 발달에 영향을 주는 환경적 변인들

개인적 환경변인들		조직적 환경변인들	
가정 환경	• 가정 내 지원체제 • 가정 내 역할기대 • 재정상태 • 가족 수 • 가족들의 특별한 요구	기관 규정	• 인사정책 • 정년보장 • 자격요건 • 교육과정 운영의 자율성 • 맡은 영유아들의 연령
긍정적 사건	• 결혼 • 자녀의 출생	기관 경영 상태	• 분위기 • 교육철학의 일치 정도 • 의사소통 방식
위기적 사건	• 사랑하는 사람의 병환이나 사망 • 자신의 질병 • 재정적 손실이나 법률적 문제 • 이혼 • 가정 내의 불화 • 친구나 친척의 어려움	신뢰감	• 후원적인 분위기 • 교사에 대한 신뢰 • 재정적인 후원
개인적 경험	• 교육적 배경 • 자녀와의 경험 • 영유아교육기관 이외의 개인적인 일 • 다양한 교직활동 • 전문적 발달을 위한 활동	영유아 교육에 대한 사회적 기대감	• 영유아교육에 대한 사회적 이미지 • 영유아교육기관과 관련된 법령
개인적 관심사	• 취미 • 종교생활 • 여행 • 스포츠와 체력관리	전문 단체	• 관련 학회의 방향 • 학회에서의 활동 및 참여 • 학회에서 제공하는 정보
개인적 성향	• 개인의 목표와 포부 • 개인의 가치관 • 인생에서의 우선순위 • 다른 사람과의 관계 • 지역사회에 대한 느낌	교원 노조	• 후원적인 분위기 • 보호 및 안정감 • 교육위원회 및 교육행정가와의 관계

출처 : Burke, P. J., Christensen, J. C., & Fessler, R.(1984). Teacher career stages : Implications for staff development, pp. 12-14, 권건일 · 신재흡(2006) 재인용.

인간의 발달단계처럼 교사의 발달과정이 모든 단계를 거치면서 한 단계씩 발달해 나가는 일직선적인 변화를 의미하지는 않는다. 즉, 개인의 환경적 변인과 조직의 환경적 변인들이 교차적으로 영향을 미치면서 역동적이고 불규칙하게 교사의 발달이 일어날 수도 있다는 견해가 지배적이다. 실제로 교사들은 자신의 개인적 특성이나 재직하고 있는 기관의 구조적 혹은 정책적 특성과 복합적인 관계 속에서 성숙한 단계에 이르기도 전에 교직생활을 그만두거나 부적응 상태로 교직생활을 유지해 나가는 교사도 있다. 혹은 비교적 빠른 시간 내에 교직에 적응을 하고 성숙한 단계로 발전을 하다가 곧 좌절하거나 회의를 경험하는 교사도 있다.

따라서 교사의 발달과정은 교직생활의 전 기간에 걸쳐 교사가 속해 있는 환경적 변인의 영향을 받고 있다고 볼 수 있으므로 교사들이 교직에 몸담고 있는 동안 변화해 나가는 양상을 설명하는 것이 교사발달 이론이라고 하겠다.

3. 영유아교사의 관심사 발달

교사의 관심사는 풀러(Fuller)에 의해 처음으로 '지각된 문제나 걱정'으로 개념화되기 시작하였다(Fuller, 1969). 그러나 관심사에 대한 연구가 지속될수록 관심사에 대한 개념적 정의도 다각적인 측면으로 이루어지고 있다. 관심사에 대한 다양한 개념적 정의는 다음과 같다.

- 교사의 구조적인 좌절, 기대 또는 특별한 상황 속에서의 노력(Fuller, 1964)
- 교사에 의해 지각된 흥미 있는 일이나 교사가 관심을 가지고 있는 일(Tsai, 1990)

- 교사들이 가장 몰두해 있는 일에 대한 견해(Katz, 1985)
- 교사들이 일과 관련하여 지각하는 흥미, 불안, 요구, 스트레스나 염려 및 좌절, 문제, 기대 등 복합적이며 다원적인 차원의 개념으로서 현재 또는 미래에 중요하다고 고려되어 이들을 긍정적인 방향으로 해결하고자 하는 일종의 자아실현을 위한 한 방법(이은화 · 배소연 · 조부경, 1995)

교사 발달에 따른 관심사 이론은 풀러(Fuller)의 교사 발달 이론과 카츠(Katz)의 관심사 발달단계를 중심으로 소개하고자 한다.

1) 풀러(Fuller)의 관심사 발달단계

풀러는 예비 유아교사와 현직 유아교사를 대상으로 면담과 설문조사를 실시하고, 교사들의 관심사와 그들이 지각하고 있는 문제점에 대한 관련 문헌들을 분석하여 교사 관심사 발달단계를 교직 이전 단계, 초기 교직 단계, 후기 교직 단계 등 3단계로 제시하였다(문혁준 외, 2011; 염지숙 외, 2014).

(1) 교직 이전 단계(pre-teaching phase)

영유아를 가르쳐 본 경험이 없는 예비 교사들이 교사에게 요구되는 전문적인 기술과 능력을 갖추기 위해 교육을 받는 단계이다. 이 시기의 예비 교사들은 가르치는 것에 대한 구체적인 관심이 없거나 막연하고 불확실하다. 예비교사들은 교육현장 실습을 통하여 영유아를 가르치는 경험을 함으로써 처음으로 가르치는 일에 대한 관심을 형성하게 된다. 따라서 교사로서의 관심사를 발달시키기 위해서는 교육현장 실습경험이 필수적이다.

(2) 초기 교직 단계(early teaching phase)

교직에 처음 입문한 교사들이 자신이 가르치는 영유아에 대한 관심보다는 교사 자신에 대한 관심에 집중하게 되는 단계이다. 따라서 교실 통제나 자신이 가르칠 교육내용에 관심이 많은 것처럼 보이지만 사실은 자신이 교사로서 교육현장에서 생존할 수 있을 것인지 혹은 교실에서 발생하는 여러 상황을 통제하면서 제대로 교수활동을 할 수 있을지에 대한 관심이 더 높은 단계이다.

(3) 후기 교직 단계(late teaching phase)

초임교사와 달리 경험이 많은 교사들은 자기 자신에 대한 관심에서 벗어나 영유아의 발달과 성장에 대한 관심으로 옮겨간다. 영유아교사의 경우 자신이 담당하고 있는 영유아들의 교수-학습에 필요한 교수매체와 자료를 적절하게 지원하고 있는지, 효과적인 교수-학습 방법은 무엇인지, 영유아의 성장과 발달을 평가할 수 있는 방법은 무엇인지, 자신이 영유아에게 미치는 영향은 무엇인지 등에 대한 관심을 갖게 된다.

영유아의 발달과 교수행위에 대한 관심이 주를 이루게 되는 이 시기에는 관련 세미나와 워크숍 등에 적극적으로 참여해 효과적인 교수-학습 방법과 영유아 평가에 대한 지식과 정보에 관심을 보이게 된다. 이는 교사로서의 가장 성숙한 관심사 단계에 해당되며, 다른 사람이 제공하는 정보나 자료뿐 아니라 교사 자신의 반성적 고찰과 자가 평가가 중요하게 작용하는 시기이다.

이러한 풀러의 초기 관심사 이론은 계속 수정되면서 교직 이전 관심사, 생존에 대한 초기 관심사, 교수상황 관심사, 학생에 대한 관심사로 발전되었다(Fuller & Brown, 1975). 이를 정리하면 다음의 〈표 8-2〉와 같다(권미량 외, 2015).

〈표 8-2〉 풀러의 교사 관심사 단계

단 계	특 징
교직 이전 관심사 (pre-teaching concerns)	교직 이전 단계의 예비교사들은 영유아에 대해 관심을 가지고 현실적으로 접근하지만 교직을 환상적이고 이상적으로 바라보는 경향이 있어 교사에 대해 비판적 기준으로 엄격한 잣대를 가지고 있는 단계이다.
생존에 대한 초기 관심사 (early concerns about survival)	교직경험을 해나가게 되면서 이전의 교직에 대한 이상적인 관심사에서 벗어나 교사로서 자신의 생존에 관심을 갖게 되어 교수방법, 업무내용, 평가 등에 관심을 보이는 단계이다.
교수상황 관심사 (teaching situation concerns)	교수상황에 대한 다양한 현실 앞에서 좌절과 한계를 느끼며, 이러한 상황에 대한 교사 자신의 교수행위에 관심을 갖는 단계이다.
학생에 대한 관심사 (concerns about pupils)	영유아의 개인적 요구, 발달, 교수-학습 방법 등에 관심을 가지면서 학생에 대한 공정한 대우, 개별 교수법 구성, 개인적 관계 및 상호작용 등에 관심을 갖게 된다.

풀러의 수정 · 보완된 교사 발달의 관심사 단계는 일반적으로 초임교사가 경력이 많은 교사보다 자기 자신에 대한 자아 관심사를 더 많이 가지고 있으며, 자신에 대한 문제가 해결된 이후에는 자신이 맡고 있는 영유아들과 교수상황에 더 많은 관심을 보인다는 점을 명백히 시사하고 있다. 즉, 교직생활 과정에서 교사는 자신으로부터 점점 기관, 교수상황, 영유아 등 주변 인물과 상황으로 관심이 옮겨간다는 사실을 알 수 있다(염지숙 외, 2014).

2) 카츠(Katz)의 교사 발달 이론

카츠(Katz, 1972)는 풀러의 교사 관심사 발달 이론의 기본 개념을 확장하여 영유아교사의 발달단계를 생존단계, 강화단계, 갱신단계, 성숙단계 등 4단계로 구분하여 제시하였다. 이러한 카츠의 연구는 교직경험에 따른 영유아교사의 요구와 관심에 초점을 두고 각 단계에서 나타나는 특성, 훈련 요구, 적절한 훈련 시간과 장소 등을 제안하였다. 카츠는 교사 발달의 각 단계를 교사경력에 따라 구분하였으나, 실질적으로는 교사 개인의 특성, 상황변인 등에 따라 발달단계가 다르게 나타날 수도 있다는 유연성을 가지는 이론이다(염지숙 외, 2014).

카츠가 제시한 교사 발달의 각 단계의 특성은 다음과 같다.

(1) 생존단계(survival stage)

교직생활의 시작에서 첫 1년 정도의 시기이다. 교사의 최대 관심은 교직 생활에서 생존할 수 있을 것인지의 여부에 집중되어 있는 시기이다. 즉, 교사들은 현장에서 발생하는 여러 문제를 원활하게 해결할 수 있을지에 관심이 많다. 영유아들과 하루일과를 무사히 마칠 수 있을 것인지, 동료교사들이 부모들과 원만한 대인관계를 형성할 수 있을 것인지, 내가 교사생활을 잘 해낼 수 있을 것인지 등 생존과 관련된 문제들을 염려하게 된다.

이 시기의 교사들이 교실에서 직면하게 되는 일상의 문제들을 원만하게 해결하지 못하면 스스로의 자신감이 위축되고 교사로서의 자신감이 약하게 될 수 있다. 그러므로 이 시기의 교사들에게는 경력이 많은 교사 및 원장, 원감의 지원과 격려가 도움이 될 수 있다.

(2) 강화단계(consolidation stage)

첫 1년을 무사히 지내고 생존단계를 넘어서면서 대부분의 교사들은 자기 자신을 교직생활에서 위기를 잘 극복하고 생존할 수 있는 능력이 있는 존재로 여기게 된다. 이는 주로 교직경력 3년 정도의 시기로서 교사들은 교직생활에 안정과 자신감을 가지게 된다. 생존단계에서 습득한 경험을 강화하며, 교사로서의 업무 및 기술을 숙달하게 되고, 개별 영유아의 특별한 문제상황에 대한 관심을 가지기 시작한다. 즉, 분리불안이 있는 영유아를 어떻게 도울 것인지, 문제행동을 보이는 영유아를 어떻게 지도하는 것이 좋을지, 집단생활에 어려움이 있거나 또래들과의 활동을 방해하는 영유아를 도울 수 있는 방법이 무엇인지 등 영유아를 지도할 수 있는 구체적인 방안에 관심을 두게 된다. 그러므로 이 시기의 교사에게도 경험이 풍부한 선배나 경력교사, 전문가의 지원과 정보제공이 필요하다.

(3) 갱신단계(renewal stage)

교직경력이 3년 혹은 4년을 지나면서 교사들은 반복되는 자신의 일상에 싫증을 느끼게 된다. 교사는 자신의 수업에서 주로 사용하는 교수-학습 방법을 되돌아보면서 개선해야 할 점이나 새로운 교육적 접근을 시도해 보고자 노력한다. 즉, 자신에게 익숙한 교육적 접근 외에 새로운 아이디어나 교수법을 찾게 되는 시기이다. 그러므로 동료교사와의 만남, 수업참관, 동료장학, 전문적 모임 참석, 자신의 수업분석 등의 다양한 노력을 통해 자기 발전을 이루어 나간다.

▲ 교사 연수에 참여한 교사들의 모습

(4) 성숙단계(maturity stage)

성숙단계는 빠르면 교직경력 3년 정도에 도달하기도 하지만 보통 경력 5년 이상이 되었을 때 도달하게 된다. 이 단계의 교사는 자신을 성숙한 교사로 인식하며 완전한 자신감을 가지게 된다. 따라서 일상적인 관심에서 벗어나 좀 더 근원적인 고민을 하게 되는 시기이다. 예를 들면, 나의 교육철학과 교육적 신념은 무엇인지, 영유아교사로서 자신이 가지고 있는 아동관은 무엇인지, 영유아의 성장과 발달의 근원은 무엇인지 등 교육과 교직에 대한 포괄적이며 추상적인 문제들에 대해 깊은 관심을 가지게 된다.

성숙단계에 도달하기 이전에는 교실에서 발생하는 현실적이고 일상적인 상황에 관심이 집중되었지만 이제는 보다 근원적이고 철학적인 질문들에 의미를 두게 된다. 그러나 교직경력이 높아진다고 해서 누구나 성숙단계에 도달하는 것은 아니다. 그러므로 이 단계에서는 교사들이 세미나, 학회, 학위과정, 폭넓은 독서, 전문가 모임 등을 통해 전문가로서의 관점에 대한 이해와 확신, 자아갱신 및 인정의 기회를 갖도록 노력해야 할 필요가 있다.

영유아를 위한 효과적인 교육을 제공하기 위해서 인간의 발달단계를 이해하는 것이 필수적인 것처럼 교사의 발달단계를 이해하는 것은 각 단계별로 적절한 전문성 발달 지원을 위해서 중요한 부분이다. 따라서 위에서 살펴본 카츠의 교사 발달단계별로 요구되는 교사교육 방법을 표로 나타내면 다음과 같다 (문혁준 외, 2011; 염지숙 외, 2014; Katz, 1972).

〈표 8-3〉 카츠의 영유아교사 발달단계별 교사교육 방법

교사 발달단계	교사교육 방법			
성숙단계 (4단계)				학술대회나 세미나에 참석 혹은 학위과정에 진학 권유, 폭넓은 독서 및 문제상황에 대한 토론회 결성
갱신단계 (3단계)			새로운 교수-학습 방법에 대한 학술대회에 참석하거나 자신의 수업에 대한 장학, 동료교사의 수업참관 등을 통해 도움을 제공	
강화단계 (2단계)		전문가와의 상담, 동료교사의 조언, 충고, 토의 등을 통해 문제상황을 해결하는 방법에 대한 탐구 과정이 필요		
생존단계 (1단계)	영유아 교육현장에 대한 구체적인 지원과 기술적 도움			

0 1년 2년 3년 4년 5년

이상에서 살펴본 풀러의 관심사 이론이나 카츠의 영유아교사 발달이론은 교사의 관심사가 직선적으로 발달한다는 관점에서 이루어진 직선적이며 순차적인 이론의 특성을 가지고 있다.

4. 영유아교사의 교직주기에 따른 발달

인간이 태어나 영아기, 유아기, 아동기, 청소년기, 성인기를 거쳐 노년기에 이르는 인생의 주기가 있는 것처럼 교직생활에서도 교사가 되기 위한 준비기간을 시작으로 교직에 입문하여 경력교사 등을 거쳐 교사가 되어 나가는 일련의 과정을 주기라고 한다(박은혜, 2012).

이처럼 교직주기에 따른 발달단계에 대해 버크, 크리스텐센 및 훼슬러(Burke, Christensen & Fessler, 1984)는 교사 발달 사이클 모델(TCCM : Teacher Career Cycle Model)을 제시하였다. 이 모델은 기존의 성인 발달 및 교사 발달에 관한 연구들을 종합적으로 분석한 자료를 바탕으로 하여 만들어졌다(권건일 · 신재흡, 2006).

이 모델에서는 개인적 환경과 조직적 환경 사이에서 관계성을 찾아 나가면서 교사발달 과정을 설명하고 있다. 여러 학자들이 교직주기에 따른 발달단계를 제안한 내용을 훼슬러(Fessler, 1995)가 구체적인 8단계로 세분하였다. 이를 정리하면 다음과 같다.

〈표 8-4〉 훼슬러의 교직주기에 따른 교사 발달

교직주기	교사 발달
교직 준비기	• 교사 역할 수행을 위해 대학에서 준비하는 시기 • 상급학교로 진학하거나 새로운 역할수행을 위한 자격연수 참여시기
교직 입문기	• 교사가 된 후 초기 2~3년간 교사 생활에 적응해 나가는 시기 • 동료교사, 학부모, 영유아로부터 인정받기 위해 노력하는 시기
능력 구축기	• 교수능력 향상을 위해서 노력하는 시기 • 새로운 교육적 접근을 시도하는 시기
열중과 성장기	• 높은 수준의 유능감을 형성하는 시기
좌절감 경험기	• 교직에 대한 만족도가 사라지고 회의감을 경험하는 시기
안정과 침체기	• 최소한의 역할만을 하며 새로운 일에 대해서는 수동적인 태도를 지니는 시기
교직 쇠퇴기	• 교직을 떠날 준비를 하는 시기
교직 퇴직기	• 교직을 떠나거나 교직에 대한 대안을 찾는 시기

(1) 교직 준비 시기

교사가 되기 위해 필요한 전문지식과 기술을 습득하기 위해 교육을 받는 시기이다. 직전교육 및 상급학교에 진학하거나 관리자가 되는 원장 혹은 원감의 경우 새로운 역할을 수행하기 위해 자격연수를 받는 경우도 이 시기에 해당될 수 있다. 일반적으로 초임교사를 위한 직전교육은 대학에서 이루어지며, 경력교사가 되기 위한 재교육인 승급교육 연수, 원감, 원장의 자격연수 혹은 직무연수 등도 이 시기에 해당된다.

(2) 교직 입문 시기

교직에 처음 입문한 이후 몇 년 동안 교사의 일상적 활동에 적응해 나가는 시기이다. 동료교사, 학부모, 영유아들로부터 인정받기 위해 노력하며 초임교사로서 때로 불안감과 걱정스러움을 경험하기도 하는 시기이다. 경력교사의 경우 자신이 맡고 있는 영유아의 발달적 특징에 따른 교수–학습 방법을 연구하며 노력하게 된다. 부장 교사나 원감 혹은 원장으로 부임한 경우 그 역할에서 요구되는 업무를 수행하기 위하여 노력한다. 교직생활을 해나가면서 교사들의 개인적인 특성과 재직하는 교육기관의 규정과 풍토에 따라 적응해 나가는 기간은 다양할 수 있다.

(3) 능력 구축 시기

교사들이 새로운 교직에 수동적으로 적응하는 시기를 벗어나 적극적으로 자신의 교수능력을 향상시키기 위해 노력하는 시기를 의미한다. 이 시기의 교사들은 자신의 교수행위와 관련하여 새로운 교육적 접근을 시도하며 새로운 아이디어를 얻기 위하여 워크숍에 참석하거나 전문서적을 읽기도 한다. 혹은 대학원에 진학하는 등 개인의 노력으로 성장을 추구하는 시기이다.

(4) 열중과 성장의 시기

교사들은 자신의 노력으로 교직을 수행하는 데 필요한 전문적인 지식과 능력을 구축하였으며, 가르치는 일을 사랑한다. 이 시기의 교사들은 자신의 직업에 대한 만족도가 높은 편으로 전문가로 계속 성장하기 위하여 도전하는 시기이다. 자신이 가지고 있는 지식을 동료교사 등 타인과 공유하고자 하는 열망도 높다.

(5) 좌절감 경험 시기

이 시기의 교사들은 자신의 교수법에 대한 회의감, 문제아동의 행동지도 방법에 대한 혼란감, 교직의 업무와 직업 여건에 대한 불만 등이 생기기 시작하면서 가르치는 일에 좌절감과 환멸감을 경험한다. 일반적으로 교직생활 중반에 접어들면서 이러한 느낌을 가지게 되지만 교직 초기에 이미 좌절감을 경험하는 경우도 있을 수 있다.

(6) 안정과 침체의 시기

교사들은 자신이 하는 일에 익숙해져 있기 때문에 더 이상의 발전과 성장을 위해 노력하기보다는 특별한 변화 없이 현재의 상태를 유지하고자 하는 시기이다. 따라서 의무적인 일은 수행하지만 새로운 일에 대해서는 적극적으로 시도하지 않는 경향이 있다. 이 시기의 교사들은 열정을 회복하여 정체기를 극복할 수 있는 계기를 마련하는 것이 중요하다.

(7) 교직 쇠퇴 시기

교직을 떠날 준비를 하는 시기에 해당된다. 퇴직을 하려는 이유에 따라 퇴직을 긍정적으로 혹은 부정적으로 받아들일 수 있다.

(8) 교직 퇴직 시기

교직을 떠나는 시기이다. 교직을 떠난다는 것은 정년 등의 이유로 가르치는 일을 아주 그만두는 경우뿐만 아니라 육아나 상급학교로의 진학을 위한 휴직, 교사 이외의 다른 직장으로의 이직 등도 포함된다. 교직이 적성에 맞지 않는다거나 교직환경에 적응하지 못하여 이직을 고려하는 경우에는 상당한 갈등의 시간을 보낼 수밖에 없다. 이러한 경우에는 퇴직을 고려하고 준비하는 기간이 상당히 길어질 수 있다.

이처럼 훼슬러가 제시한 8단계의 교사직업 주기는 직선적이며 순차적인 이론이 아니라 순환적이며 복합성을 가지므로 단계별로 모든 단계를 거쳐 나가는 것을 의미하는 것은 아니다. 또한 한쪽 방향으로만 진행되는 단선적인 변화를 의미하는 것도 아니다. 훼슬러의 교직발달 이론의 8단계 중에서 전반부의 네 단계는 높은 동기부여, 성취에 대한 높은 열정, 정체감 확립 등이 특징적이지만 후반부의 네 단계는 교직에 대한 만족감 감소, 교수행위에 대한 기대감 및 열정의 감소 등의 특징을 나타낸다. 그러나 전반부의 단계가 후반부의 단계보다 반드시 바람직하고 더 발전된 단계라고 말할 수는 없다. 훼슬러의 교사 발달 모델의 각 단계는 순환적이며 교사를 둘러싼 개인적 환경과 경험, 노력, 성향, 그리고 주변의 여건과 상황에 따라 교사 개인이 거치게 되는 교직주기 단계와 기간은 매우 유동적이다. 그러므로 훼슬러의 모델에서 교사의 발달은 개인의 경험, 노력, 성향, 기관의 정책 및 여건 등의 영향을 받으면서 8단계는 복합적으로 순환하며 나타날 수 있다(염지숙 외, 2014).

5. 영유아교사의 전문성과 장학

지금까지 살펴본 교사의 발달을 지원하고 지지할 수 있는 영유아교사의 전문성 발달과 장학에 대한 개념 및 주요 내용에 대하여 살펴보고자 한다.

1) 영유아교사의 전문성

전문성이란 어떤 영역에서 보통 사람이 흔히 할 수 있는 수준 이상의 수행 능력을 보이는 것으로서 전문성은 장기적이고 체계적인 훈련을 통해 획득될 수 있다. 이에 전문성이란 특정 영역에서 지식과 기술을 가지고 높은 수준의 수행을 나타내는 행동이나 잠재력으로 정의할 수 있다(오현석 · 김정아, 2007).

전문성의 정의에 따르면 영유아교사의 전문성이란 영유아교육 영역에서 지식과 기술을 가지고 높은 수준의 수행을 나타내는 행동이나 잠재력이라 할 수 있다. 영유아교사가 갖추어야 할 전문성은 교사의 발달이라는 측면과 맥을 같이해서 영유아교사의 전문성은 고정되어 있는 것이 아니라 끊임없이 성장 · 발달해 나아간다는 것을 의미한다(조부경, 1994). 즉, 자신이 가지고 있는 아동관, 교직관, 교육신념 등과 같은 영역에서뿐만 아니라 지식 및 교수기술, 개별 영유아에 대한 이해와 지도, 교직 업무 수행의 영역에서 변화와 발달이 일어나게 된다(노길영, 2000).

영유아기는 주변 환경의 영향을 많이 받는 시기이므로 교사가 영유아의 발달과 학습에 미치는 영향도 다른 어느 시기보다 크고 중요하다. 영유아교육이 지식전달 위주의 교육이 아니라 전인적인 성장과 발달을 목적으로 하는 기초교육이므로 교사의 영향력은 더욱 중요하다. 그 결과 교사의 역할에서 영유아의 성장과 발달을 지원하고 그들의 잠재 가능성을 최대한 신장시킬 수 있는 교육적 역할이 강조되고 있다. 교육기본법 제14조 제2항은 "교원은 교육자로서 갖추어야 할 품성과 자질을 향상시키기 위하여 노력하여야 한다(교육법전편찬위원회, 2004)"고 명시함으로써 교사의 전문성 신장을 위한 노력을 중요한 직무로 규정하고 있다.

교육의 질적인 성장을 위해 요구되는 교사의 전문성에 대해 살펴보면, 우선 '전문'의 사전적 의미는 "어떤 분야에 상당한 지식과 경험을 가지고 오직 그 분야에만 연구하거나 맡음"이다. 따라서 전문가란 어떤 분야에 상당한 지식과 경험을 가지고 그 일을 잘 한다는 말이다(염지숙 외, 2014). 이러한 관점에서 영유아교사의 전문성이란 고도의 지적 능력, 사회봉사 기능, 자율성, 직업윤리, 사회 · 경제적 지위라는 전문직의 기준에 충족하는 정도를 말한다(이영애, 2008).

교사는 영유아에게 적절한 교육활동을 계획하고 물리적 환경을 구성할 뿐만 아니라 영유아와 직접적으로 상호작용하는 중요한 역할을 수행하기 때문에 질적인 교육을 이루는 데에는 교사가 결정적인 영향을 미친다(김은영, 2006; 변영계, 1990; Phyfe-Perkins, 1981). 이러한 맥락에서 볼 때 교사의 전문성은 영유아교육에서 매우 중요한 요인이다. 교사는 스스로 자신의 직업에 대한 확고한 신념과 인식을 가지는 것이 지속적인 전문성 발달에 중요한 요인이 된다(김혜린, 1993). 교사의 교직 전문성 인식에 대한 체크리스트를 검토해 보기로 하자.

〈표 8-5〉 영유아교사의 교직 전문성 인식 체크리스트

▶ 다음은 선생님의 교직 전문성 인식에 관한 질문입니다. 질문을 읽고 자신의 생각과 가장 일치하는 곳에 체크(✔)해 주십시오.		전혀 그렇지 않다	그렇지 않다	보통이다	그렇다	매우 그렇다
1	유아교사는 장기간의 전문교육이 요구되는 직업이라고 생각한다.	1	2	3	4	5
2	전문지식을 현장교육에 적용할 수 있다고 생각한다.	1	2	3	4	5
3	유아교사로서 영유아의 발달에 적합한 교수방법을 알고 있다고 생각한다.	1	2	3	4	5
4	학부모들이 유아의 생활문제에 대하여 나에게 격의 없는 상담을 할 수 있고, 도움을 줄 수 있다.	1	2	3	4	5

5	유아의 발달에 맞는 고도의 지식이나 기술을 얻기 위해 교직 및 보육에 관한 정보를 계속적으로 습득해야 한다.	1	2	3	4	5
6	유아교사는 사회적으로 필요한 직업이다.	1	2	3	4	5
7	유아를 보호 · 교육하는 일은 매우 중요하다.	1	2	3	4	5
8	유아교사는 사회발전에 기여하는 직업이다.	1	2	3	4	5
9	유아교사는 사적인(개인적인) 일을 다소 희생하더라도 보육에 충실하도록 노력해야 한다.	1	2	3	4	5
10	유아교사직은 보수가 적더라도 헌신할 수 있는 봉사정신이 있어야 한다.	1	2	3	4	5
11	유아시설에서는 부모교육 등을 실시하여 지역의 성인들에게도 혜택을 주고자 노력해야 한다.	1	2	3	4	5
12	유아교사는 주변 사람들로부터 전문직으로서의 적절한 사회적 대우와 존경을 받고 있다고 생각한다.	1	2	3	4	5
13	유아교사직은 안전성이 있다고 생각한다(정년, 해직 등).	1	2	3	4	5
14	유아교사직은 같은 학력으로 가질 수 있는 타 직업에 비해 보수가 좋은 편이라고 생각한다.	1	2	3	4	5

15	유아교사직을 선택한 것에 대해 후회 없이 만족한다.	1	2	3	4	5
16	학급운영에 대한 결정권은 나에게 있다고 생각한다.	1	2	3	4	5
17	유아교사의 업무수행은 상사(외부)로부터 간섭 없이 이루어지고 있다고 생각한다.	1	2	3	4	5
18	학급에서 발생하는 사건에 대한 책임은 교사에게 있다고 생각한다.	1	2	3	4	5
19	나는 유아기관 운영에 대한 중요한 결정에 적극적으로 참여하고 있다고 생각한다.	1	2	3	4	5
20	나는 유아를 객관적으로 관찰할 수 있다고 생각한다.	1	2	3	4	5
21	나는 문제상황에서 감정을 조절할 수 있다고 생각한다.	1	2	3	4	5
22	나는 유아들이나 그의 부모들과 적절한 심리적 거리를 유지하고 있다고 생각한다.	1	2	3	4	5
23	나는 나의 일에 신념을 가지고 있다.	1	2	3	4	5
24	나는 유아교사로서의 실천사항을 스스로 규정하여 그 역할에 충실하고 있다고 생각한다.	1	2	3	4	5
25	유아 개인의 사적인 정보를 보호하는 것은 교사의 본질적인 역할 중 하나라고 생각한다.	1	2	3	4	5

26	영유아교사는 영유아의 개인차를 인정하고 수용하며 존엄성을 인정해야 한다.	1	2	3	4	5
27	영유아교사는 높은 윤리적 행동기준이 요구된다.	1	2	3	4	5
28	전문성 향상을 위해 교사자격증 부여 기준이 강화되어야 한다고 생각한다.	1	2	3	4	5
29	영유아 교육 · 보육의 질을 향상시키기 위해서는 대외적인 활동(교원 및 보육 관련 정책)에 교사의 참여가 요구된다.	1	2	3	4	5
30	교권의 확보와 신장 및 교원복지의 증진, 교사의 전문성을 고양하기 위한 전문직 단체가 필요하다.	1	2	3	4	5

출처 : 곽희영(2014). 유아교사의 교직윤리 의식과 실천에 따른 교사효능감 및 전문성에 관한 연구. 경남대학교 대학원 석사학위논문.

곽희영(2014)의 체크리스트는 영유아교사의 교직 전문성에 대한 인식을 알아본 것으로 1~5번 문항은 전문적 지식과 기술, 6~7번 문항은 사회적 필요성, 8~11번 문항은 사회봉사성, 12~15번 문항은 사회 · 경제적 지위, 16~19번 문항은 자율성, 20~22번 문항은 공정성, 23~27번 문항은 직업윤리, 28~30번 문항은 전문직 단체에 관한 인식을 알아보고 있다. 교직의 전문성에 대한 체크리스트를 개별로 실시하여 자신의 영유아교사직에 대해 가지고 있는 전문성에 대한 인식 조사결과를 토대로 영유아교사의 전문성에 대한 논의를 해볼 수 있을 것이다.

2) 장 학

장학이란 학습지도의 개선을 위하여 제공되는 지도 · 조언을 비롯하여 교육활동의 전반에 걸쳐 교육목표를 효과적으로 달성하기 위해 이루어지는 전문적 · 기술적 봉사활동 또는 참모활동이다(이영애 · 이정욱 · 이금구, 2015). 국내외 학자들의 견해를 종합하면 장학의 개념에 공통적으로 포함되는 요소는 '교육활동의 개선'과 '지도 · 조언활동'이라고 할 수 있다.

장학은 교사와 학생이 자기성장을 이룩할 수 있도록 조장하고 유도하는 학교 행정 당국자들의 체계적이고도 지속적인 노력으로 정의할 수 있는바, 교사는 변화와 발달을 거듭하는 역동적인 존재이다(노길영, 2000). 그러므로 교사의 전문성 또한 한 수준에 머무르는 것이 아니라 끊임없이 변화하고 발달한다. 교사의 전문성 발달에 대해 먼저 이해하고, 이를 근거로 하여 개별 교사의 요구와 필요에 부합하는 외적 지원을 제공하여 교사의 전문성을 향상시키는 것이 중요하다. 이와 같이 교사 발달에 대한 이해를 바탕으로 이에 적합한 지원을 하기 위해서는 교사 개개인의 특성과 교사가 처한 상황 등을 고려한 장학이 필요하다(이영애, 2008).

영유아교육기관에서 장학의 일반적인 개념은 원칙적으로 행정기관의 지시를 받지 않고 단위 기관에서 또는 인접한 교육기관들 간, 교원들 간에 교육활동의 개선을 위하여 자율적으로 수행하는 장학활동이라고 규정할 수 있다.

일반적으로 영유아교육기관에서 이루어지는 장학은 원내 자율장학과 지구별 자율장학으로 구분된다. 원내 자율장학의 경우에는 수업장학, 임상장학, 동료장학, 자기장학, 약식장학, 자체연수 등을 포함하여 다양한 장학활동이 이루어진다. 지구별 상학의 경우에는 타 기관과의 협력 장학으로 교육 프로그램 및 교육정보 교환, 교육 연구 및 특색 사업의 공동 추진, 교육 현안의 협의,

조정, 협동적 교육 등의 활동이 이루어진다. 여기서는 글래트혼(Glatthorn, 1997)이 제시한 직접적 장학, 상호 협력적 장학, 자기주도적 장학을 범주로 한 장학의 형태와 장학의 최근 경향에 대해 알아보고자 한다.

(1) 직접적 장학

직접적 장학이란 교사 자신의 교수 개선에 직접적인 도움을 주고자 고안된 지원체계이다. 단순한 교사 평가가 아니라 교수 향상을 위한 것이며 교사와 장학요원 간에 직접적이고 상호적인 관계를 형성한다. 이를 통하여 합리적으로 수업을 계획하고 참관하며 이에 대하여 집중적이고 객관적인 수업을 분석하는 순환방식의 장학유형이다.

초임교사나 경험이 있는 교사 중 특별한 문제를 안고 있는 교사에게 유익하다. 직접적인 장학유형으로는 수업장학, 임상장학, 약식장학이 이에 포함된다고 할 수 있다.

① 수업장학

수업장학이란 교육부 장관 및 지방 교육행정기관 수준에서의 학무장학과 비교하여 학교수준에서 교사를 지도하고 조언하는 활동이라고 볼 수 있다(강영삼, 1994). 현재 일반적으로 통용되고 있는 교내장학과 같은 의미로 사용되고 있다. 우리가 흔히 말하는 연구수업, 수업연구, 시범수업, 마이크로 티칭(micro-teaching) 등이 이에 속한다.

단위 유치원에서 자율적으로 실시되는 수업장학은 원칙적으로 원장, 원감의 주도하에 교사들의 수업기술 향상과 수업방법의 개선을 위하여 초임교사나 경력이 짧은 교사, 수업기술 향상이 필요한 교사를 대상으로 진행된다(권건일 · 신재흡, 2006).

▲ 연구수업 후 외부전문가의 컨설팅을 받는 교사의 모습

② 임상장학

임상장학은 교실 내에서 교사의 실제 수업행동에 초점을 두는 것과 교사와 장학담당자 간의 대면적 관계가 중요한 요소로 작용한다. 교사의 실제 수업 개선에 관심을 두고 장학담당자와 교사가 현장에서 계획 및 협의를 거쳐 수업 관찰을 실시한다. 이러한 과정에서 피드백을 제공하고 사후 협의회를 진행하는 1:1의 장학이다. 이러한 임상장학은 교사의 수업기술 향상을 위하여 교실에서의 교사의 수업행동에 초점을 두고 집중적이며 체계적으로 조언을 하는 과정이다.

③ 약식장학

약식장학이란 원장과 원감이 간헐적으로 짧은 시간 동안의 학급순시와 수업참관을 통하여 교사들의 수업 및 학급 경영 활동을 관찰하고, 이에 대해 교사들에게 지도 및 조언을 제공하는 과정을 의미한다. 이러한 약식장학은 원장과 원감의 계획에 의해 주도되는 비공식적인 장학의 성격을 지니고 있다. 교사들의 전문성 발달을 목표로 하여 다른 장학유형과 병행하며 진행하는 보완적이고 대안적인 성격을 가진다(김신영, 1997).

(2) 상호 협력적 장학

상호 협력적 장학은 동료장학이라고도 한다. 즉, 동료교사들이 자신의 전문적인 성장을 위하여 함께 협동하여 상호 간에 수업연구, 공개활동 추진, 관심사 협의 등과 같은 공동의 노력을 하는 활동이다(이윤식, 1999). 즉, 교사들이 상대방의 수업을 관찰하여 피드백을 주거나 공동 관심사에 대해 토의하는 방법 등을 활용하여 상호 협력적으로 전문성을 향상시켜 나가는 장학 유형이다. 대체로 모든 교사들이 활용할 수 있는 장학 유형이기도 하다.

상호 협력적 장학에는 동료장학, 자체연수, 자율장학 등이 포함될 수 있다.

① 동료장학

동료장학이란 소집단의 동료교사들 간에 그들의 교육활동 개선을 위하여 공동으로 노력하는 과정이라고 할 수 있다. 즉, 동료교사가 서로 간의 수업을 관찰하고 그 결과에 대하여 피드백하고 공통적인 관심사에 대하여 토의함으로써 자신들의 전문적 향상을 위한 것으로 비교적 반형식화된 장학이다(김병두, 1988).

단위 교육기관 내에서 실시되는 동료장학은 동료 간의 협조를 토대로 교사의 전문성 발달, 개인적 발달, 그리고 그들이 근무하는 기관의 조직적 발달에 기여할 수 있다.

② 자체연수

자체연수는 교직원들의 교육활동 개선을 위하여 그들의 필요와 요구에 대해 교육기관 내외의 인적 · 물적 자원을 활용하여 기관 자체에서 실시하는 연수활동이다. 자체연수는 기관의 형편과 교직원들의 필요와 요구를 바탕으로 원장,

원감, 주임교사 및 교사를 포함하여 원 내외의 교직원 또는 외부 전문가나 장학요원들이 연수 담당자가 되어 진행한다.

▲ 외부전문가를 통한 자체연수를 받고 있는 교사들의 모습

③ 자율장학

자율장학은 외부의 지시에 의해서가 아니라 기관에서 기관장을 중심으로 교직원들의 협력적인 관계 속에서 이루어지는 장학이다. 즉, 영유아교육기관 현장에서 이루어지는 자율적이고 자발적인 장학을 의미한다.

자율장학은 타 기관과의 협력장학으로 다른 영유아교육기관들과 서로 협력하여 실시하는 장학유형이다. 2~3곳의 기관이 협력하여 전문서적을 읽고 세미나를 하거나 다른 기관 참관하기, 교사들 간의 연구모임 가지기 등을 통해 서로 간의 자극이 되어 다양하고 새로운 생각을 교환할 수 있다.

(3) 자기주도적 장학

자기주도적 장학은 교사가 외적 자극에 의하여 타율적으로 지도를 받는 것이 아니라 스스로 자신을 개발하려는 내적 동기에 의해 이행되는 자율적 장학의 한 형태이다. 이러한 형태의 장학은 교사의 자기 능력과 노력에 의하여 자발적으로 실시하는 자신에 의한, 자신에 대한 창조적 장학활동을 의미한다(최자윤, 1996; Glatthorn, 1997).

자기주도적 장학은 경험이 있고 자기 지도 및 분석에 능숙하여 혼자 일하기 좋아하는 교사에게 적합하다. 자기주도적 장학에는 자기장학이 포함된다.

자기장학은 교사 개인이 자신의 전문성 발달을 위하여 스스로 체계적인 계획을 세우고 이를 실현하는 과정이다. 교사란 전문직 종사자로서 자기 성장과 자기 발전의 끊임없는 노력이 요구되는 직업이므로 교직에서 자기장학의 의미는 매우 크다고 할 수 있다.

혼자 일하기를 좋아하는 경험 및 능력이 있는 교사들에게 가장 적합하고 유용한 방법이다. 구체적으로는 아동 관찰, 대학 및 대학원 진학, 자격연수과정 등록, 전문단체 참여 등의 방법으로 자기장학을 실현해 나갈 수 있다.

이상에서 교사의 전문성 향상을 도모하는 장학의 다양한 유형을 살펴보았다. 장학이란 개별 교사의 요구와 경력에 적합한 장학유형을 선택하여 교사에게 자기 평가, 자기 향상의 기회를 제공하고 교사가 개별적으로 교수목표를 세우고, 자신의 수업에 대하여 반성하고 개발할 기회를 제공하여 교사의 전문성 발달에 도움을 주는 것이다. 또한 교사들의 의사소통 기술을 길러주고 구성원들 간의 긴밀한 인간관계 형성을 지지하는 역할도 더불어 하게 된다. 그러나 장학의 가장 큰 제한점은 실시에 있어 절대적으로 시간이 부족하다는 점이다.

(4) 장학의 최근 경향

사회 환경의 변화에 따라 교육행정도 변화하면서 지시 · 감독 중심의 장학에서 지원 · 조정으로 바뀌고 있다(진동섭 · 김도기, 2005). 또한 교원 전문성 계발

활동의 하나인 장학 활동 역시 이러한 변화의 영향을 받아 기존의 집단 장학이 개별 장학으로, 행정적, 형식적 장학이 구체적 장학으로, 결과 중심의 장학이 과정으로서의 장학으로 변화되고 있음을 의미한다. 이는 최근에 교수-학습의 질 향상이 중시되는 측면에서 민주적인 지도성과 자율적인 참여가 강조됨을 의미한다. 교원의 전문성을 계발하는 활동으로서 장학은 기존의 행정기관 중심의 장학에서 현장 중심의 맞춤형 컨설팅 장학으로 변화하고 있는 추세이다.

다음으로 컨설팅 장학의 개념, 특징, 목적, 절차를 중심으로 살펴보고자 한다.

① 컨설팅 장학의 개념

교육청 주도로 이루어지던 과거의 장학이 최근 현장 요구 및 맞춤식 컨설팅 장학으로 전환되고 있는 시점에서 이루어지고 있는 컨설팅 장학은 수업장학의 다른 여러 장학과 구분되는 새로운 개념이라고 할 수 있다. 컨설팅 장학은 컨설팅의 의미와 원리를 장학에 적용한 개념으로 수직적으로 이루어지던 장학이 아니라 장학 담당자와 교사 간의 수평적 관계 속에서 이루어지며, 교사의 자발성을 최대한 보장하는 방식의 장학이다(진동섭 · 김도기, 2005). 즉, 교원의 자발적 의뢰를 바탕으로 교수-학습 방법과 관련된 전문성을 향상하기 위해 교내외의 전문가들이 제공하는 조언활동이라고 볼 수 있다.

한편 유치원 컨설팅이란 유치원의 교육력과 질을 제고하기 위하여 유치원 구성원들의 요청에 따라 전문성을 갖춘 전문가들이 유치원 운영, 교수-학습 방법, 교육 문제 진단 및 해결과정을 지원하는 일련의 활동으로(교육과학기술부 · 육아정책연구소, 2010), 컨설팅 장학을 요청한 원장이나 교사에게 제공하는 전문적인 지원 및 간접적인 서비스 과정을 의미한다. 특히 이러한 과정은 전문가가 장학을 요청한 원장 및 교사와의 상호협력과 연계를 통하여 이루어진다는 특징이 있다(최애경, 2010). 즉, 유치원에서의 컨설팅 장학은 원내장학의 한 유형으로 전문성을 갖춘 장학요원이 유치원 교직원의 요청에 따라 컨설팅함으로써 문제를 해결해 가는 과정이다(전호숙, 2009).

② 컨설팅 장학의 특징

유치원 컨설팅 장학의 특징 및 기대효과는 다음과 같다(이영애 · 이정욱 · 이금구, 2015).

첫째, 유치원의 교육과정 및 운영 관리 전반에 대한 전문가의 컨설팅으로 조언과 자문을 통해 유치원의 발전을 도모한다.

둘째, 유치원의 운영 전반을 체계적으로 점검하여 유치원 교육활동 및 운영 전반에 대한 종합적인 안목 형성을 추구한다.

셋째, 유치원 평가의 평가항목 및 평가지표를 중심으로 유치원 운영 전반을 진단해 봄으로써 차기 유치원 평가에 대비한 전문적 지원활동의 의미를 갖는다.

③ 컨설팅 장학의 목적

컨설팅 장학의 목적은 교육의 질적 향상이다. 유아교육기관 운영의 질적 향상을 고려하여 컨설팅은 다음과 같이 이루어진다(이영애 · 이정욱 · 이금구, 2015).

첫째, 교육 개선의 필요성을 느끼는 구성원의 자발적 요청에 의해 실시한다.

둘째, 구체적이고 직접적인 도움을 통해 실제 교육 개선 측면의 효과를 이끄는 교실지원 방안을 추구한다.

셋째, 전문가 집단에 의해서 유치원 운영에 대한 진단 및 도움을 받아 전반적으로 개선을 꾀하는 교육지원 시스템의 특징을 가지고 있다.

④ 컨설팅 장학의 절차

컨설팅 장학의 방법은 일반 컨설팅과 크게 다르지 않으며, 해결해야 할 문제와 의뢰인이 처한 상황, 의뢰인의 성격 등에 따라 다양하게 개발된다. 컨설팅의 절차는 준비단계, 진단단계, 해결방안 구안 및 선택 단계, 해결방안 실행 단계, 평가단계를 거친다. 학교 단위의 컨설팅 절차를 그림으로 나타내면 다음과 같다.

준비 단계	• 의뢰와 접수 • 학교 컨설턴트 선택(배정) • 예비진단 • 학교 컨설팅 계약
⬇	
진단 단계	• 자료수집 및 필요한 사실 밝히기 • 자료 분석 및 향후 활동 방향 정하기
⬇	
해결방안 구안 및 선택	• 해결방안 구안 및 제안 • 해결방안 선택
⬇	
해결방안 실행	• 학교 컨설턴트의 조언과 관찰 • 의뢰인의 실행
⬇	
평 가	• 평가 • 최종보고

|그림 8-1| 학교 컨설팅 절차 모형

출처 : 교육과학기술부 · 육아정책연구소(2010). 2010 시 · 도 유치원 컨설팅단 중앙 연수.

Chapter 09

영유아교육기관의 교직문화

CHAPTER

09 영유아교육기관의 교직문화

교직문화는 교직생활, 즉 교사의 정신적인 가치관부터 인적 · 물적 환경에 접하는 모든 경험의 총체를 의미한다. 특히 영유아교육기관의 교직문화는 초 · 중등 교직문화와 다른 독특한 교직문화를 형성하고 있다. 영유아교사는 유치원과 어린이집이라는 특수한 교직문화를 통해 형성된 환경 속에서 직업 전문성을 가진 교사로 성장하게 되면서 교사직에 대한 정체성을 형성하고 교직에 헌신하게 된다.

특히 우리나라 영유아교육기관의 특수성, 즉 유치원과 어린이집의 이원화된 구조 속에서 유치원교사와 보육교사 간의 근무조건, 보수체계 등의 다양성으로 인해 영유아교육기관의 유형별로 발생할 수 있는 교직문화를 살펴보고자 한다.

1. 교직문화의 개념

교직문화란 특정한 교사집단 혹은 광범위한 교직사회에 공유되고 있는 태도, 가치, 신념, 습관 및 행동 방식을 말한다. 교직집단 안에 형성된 암묵적인 규범의 이해와 교사가 직무를 수행하면서 교직문화를 학습하고 공유하는 것은 교직생활에 있어서 필수적인 요소이다. 교직문화는 교사 개개인의 직업정체감 형성에 강한 영향을 주며 교사로서의 행동에 기준을 제시하고 교사의 행동을 규제해 주기도 한다.

우리나라 연구에서 이루어진 교직문화에 대한 정의를 살펴보면, 내적인 힘, 신념체계와 같은 내적인 가치를 핵심으로 다루고 있다는 것이다. 예를 들어, 정병오(2003)는 교직문화란 아이들과 학교교육에 헌신하며 이를 변화시키고자 하는 사명감과 열정을 지속시키는 힘이며, 그 과정에서 발생하는 갈등을 성숙하게 해결할 수 있게 해주는 분위기와 내적인 가치라고 하였다. 김희규(2003)는 기존 학교교육의 틀 속에서 바람직하다고 인정되는 제반 신념체계나 가치체계를 교직문화라고 정의한다. 그러므로 이러한 교직문화는 교사들의 교직생활과 교육의 질에 상당한 영향을 미친다고 볼 수 있다.

2. 영유아교육기관의 교직문화

1) 교직문화의 성격

직업으로서의 교직을 처음 형성한 코메니우스(Comenius)는 부모가 자녀를 가르치기 위한 능력이나 시간을 거의 지니지 못하기 때문에 이러한 과업을 직업적으로 전담할 사람이 필요하다고 하였다. 그중에서 영유아교육기관의 교사들은 부모의 역할을 대신하여 기관을 다니는 어린 자녀를 가르치는 것을 전문으로 하는 사람이다. 이미 17세기에 코메니우스도 말한 바 있듯이 자녀교육은 원래 부모가 담당하였다. 어머니뿐만 아니라 아버지도 함께 책임을 다해야 하는 일이었다. 그러나 학습자의 연령이 낮을수록 교사에게 어머니 역할인 돌봄

(caring)의 중요성이 강조되어 역사적으로 영유아교육에서의 가르침은 어린이를 돌보고 양육하는 것과 동일한 의미를 지니게 되었다. 학습자의 사회 · 정서적 발달 정도와 어머니가 주로 양육하던 어린 연령을 대상으로 한다는 점으로 인해 영유아교사직은 여성의 일로 인식되어 왔다. 한국교육개발원(2005)에서도 우리나라 영유아교사들 중 여교사가 압도적으로 많은 현상을 교원 처우 문제와 더불어 전통적으로 영유아교사직이 여성의 직업이라는 인식 때문인 것으로 분석하고 있다.

특히 영유아교사들의 90% 이상이 여성이라는 점은 영유아교사직이 여성에게 편중된 직업이라는 것을 보여주고 있다. 영유아교육기관 조직이 주로 여성으로 구성되어 있는 현상은 영유아교육기관 교직만이 갖는 특성이므로 영유아교사의 직업사회화 과정은 다른 직업과는 다른 양상으로 볼 수 있으며 고유한 특성을 가지고 있다고 볼 수 있다. 영유아교육기관의 교직문화는 영유아교사가 된 개인이 개인 자질과는 별도로 영유아교사라는 직업의식과 직무 특성 때문에 영유아교사 특유의 행동을 하게 되는 것을 의미한다. 영유아교육기관은 조직 특성뿐만 아니라 교과서 없이 이루어지는 교육활동 측면과 제도적인 측면에서 초 · 중등학교와는 다른 특수성이 나타난다. 그러므로 이러한 특수성이 반영된 영유아교육기관의 교직문화를 이해할 필요가 있다.

2) 교직문화의 특수성

영유아교사의 직무는 한계가 명확하지 않으며, 수업 및 직무에 대한 일반적인 방법이나 공식이 초 · 중등학교 교사들보다 불확실한 특성을 가지고 있다. 시작과 끝이 불분명해 보이는 활동중심 수업은 영유아교육기관의 독자성임에도 불구하고, 시간단위로 짜여진 수업중심에 비하여 유치원 교사의 직무는 쉽게 가늠하기 어려운 현실이다. 따라서 초 · 중등교사가 해야 하는 업무와 유치원교사가 해야 하는 업무는 성격상 비슷해 보이지만 구체적으로 수행해야 하는 세부적인 일은 다른 점이 많다고 볼 수 있다. 영유아교사의 업무는 유아를 가르치는 일만 하면 될 것 같지만 원아 선발부터 입소 오리엔테이션, 차량지도, 급식지도, 졸업이나 진급하는 과정에 필요한 모든 일을 교사가 직접적으로 수행해야만 한다. 영유아교육기관의 교직은 업무를 보조해 주는 사무직의 유무에 따라서도 교사의 실제 업무가 달라지며 어느 직업보다도 교사 혼자 여러 가지 역할을 수행해야 하는 업무상의 다양성이 존재하는 직업이다. 즉, 영유아교육기관의 교직은 교사에게 전문성 외에도 업무의 다양성을 수행할 수 있는 능력과 다양한 자질을 고루 갖춘 교사를 필요로 하고 있다.

영유아교육기관 중 유치원의 교직문화를 분석한 연구(조혜선, 2008)에 의하면, 유치원 교직문화는 다른 초 · 중등 교직문화와 달리 함께 일하기, 부지런히 행동하기, 보수적으로 살기, 현장에서 배우기 등의 독특한 특성이 있다고 한다. 구체적으로 살펴보면 다음과 같다.

(1) 함께 일하기

유치원교사들은 동료교사와 정서적 · 업무적인 협력을 하여 '공동일'과 '개인일'을 조절하는 교직생활을 하고 있다. 유치원 교직이라는 일정 집단에서만 사용되는 단어인 '공동 일'과 '개인 일'이 존재한다는 것은 유치원 교직에는 집단과 개인이 독립적으로 공존하면서 이와 관련된 경험과 사건들이 유기적으로 통합되어 있음을 알 수 있는 부분이다. 유치원 교직문화에서 가장 두드러지는 특징으로 드러난 함께 일하기는 다른 상급학교에서는 나타나지 않는 유치원 교직문화의 특성으로 볼 수 있다. 그 이유는 유치원의 행사 위주의 교육활동은 개인 교사가 아무리 다재다능한 능력이 있어도 혼자서 할 수 없는 수업형태이기 때문이다. 이러한 이유로 유치원교사들은 서로의 장단점을 맞추어 가며 함께 일하기를 실천하고 있다.

(2) 부지런히 행동하기

업무의 특성상 끊임없이 크고 작은 일들이 일어나며, 그 즉시 처리해야 하는 일들이 많기 때문에 교사들은 근무시간 내내 쉴 틈 없이 끊임없이 몸을 움직이며 일을 한다. 만약 긴박하게 일어나는 모든 활동에 대하여 신속하고 민첩하게 대응하지 않으면 유아들의 안전에 위험이 따르기 때문이다.

(3) 보수적으로 살기

우리나라 교직문화는 다른 조직문화보다 보수적이다. 유치원도 마찬가지로 보수적인데, 특히 교사다운 복장과 태도 등을 요구함으로써 사회에 이미 형성되어 있는 보수적인 특성을 고수하려고 한다. 그리고 교직 내부에는 보수적인 경력서열인 질서가 형성되어 있어 보수성이 강한 위계적인 인간관계 질서가 자리잡혀 있으며, 교사들은 이에 대해 힘들어하면서도 지위와 서열에 순종하며 유치원 특유의 교직문화를 형성하고 있다.

(4) 현장에서 배우기

유치원교사들은 교사실에서 다른 교사들의 수업준비를 어깨너머로 보며 경력교사의 수업 기술 및 노하우를 현장에서 직접 배우고 있다. 유치원은 교사실에서 모든 행사 준비, 학부모 상담, 원아생활 지도 등이 이루어져 경력교사들의 지혜를 배울 수 있는 공간이기 때문이다.

유치원교사 특유의 집단중심적인 교직문화는 초임교사들에게 낮은 직무만족도를 형성하게 되어, 유능한 유치원교사가 지속적으로 현장에 남도록 하는 것에 장애가 될 수 있다. 따라서 교직문화를 지배하는 가치관 중 유교적 문화인 장유유서, 위계질서 등이 인간관계에서 많은 비중을 차지하고 있기 때문에 개인지향적인 삶을 추구하는 예비 교사들과 초임교사들의 가치관과 매우 다르기 때문에 갈등이 존재할 수밖에 없다. 원의 최고 경영자인 원장과 경력교사들은 영유아교사가 될 학생들의 의식변화와 생활패턴을 이해하여 새로운 시대에 맞는 교직문화를 형성하는 데 노력해야 할 것이다.

3. 영유아교사의 직무만족도

직무란 개인이나 조직 내에서 직책에 따라 수행되는 업무를 말하며, 자신에게 주어진 직무에 대해 만족하는가의 척도를 직무만족도라고 한다(라은미, 2018). 직무만족에 영향을 주는 요인으로 조르드 블룸(Jorde-Bloom, 1989)은 동료와의 관계, 원장과의 관계, 직무 자체의 특성, 보수와 승진의 기회, 일반적인 근무환경 등의 다섯 가지 요인을 들고 있다. 이 다섯 가지 직무만족 요인은 거의 유사하다고 말할 수 있으나 직무만족 요인이 어느 시대, 어느 환경, 어느 조직을 막론하고 동일하다고 할 수는 없으며, 조직 안에서 처해 있는 상황에 따라 달라질 수 있다. 또한 직무만족이란 개인의 주어진 직무상황에서 내적 · 외현적 욕구가 충족되어 자신이 지닌 직무에 대해 가지게 되는 긍정적인 정서상태로서 교육활동에 많은 영향을 주는 요인이라 볼 수 있다. 특히 유치원과 어린이집의 경우 교사처우 및 근무조건에 차이가 나기 때문에 교사의 직무만족도는 영유아교육기관의 유형에 따라 달라질 수밖에 없을 것이다.

1) 유치원교사

유아교육의 질이 유아교사에 의해서 결정되는 상황에서 전문적 자질을 갖춘 교사에 대한 요구와 동시에 현장에서 유아교사의 직무만족도에 대한 관심이 고조되고 있다. 유아교육에 있어서 질적 측면을 강조하는 것은 유아교사의 역할 증가 및 전문성을 전제로 하고 있고, 이러한 역할은 교사가 자신의 직업을 어떻게 생각하며 얼마나 만족하고 있는지와 같은 직무만족도와 밀접한 관련이 있다고 본다(조정녀, 2012).

유치원교사의 직무만족도가 가지고 있는 중요성은 교사가 교육대상인 유아들에게 직접적인 영향을 주는 인적 환경이기 때문이다. 가르치는 일과 돌봄을 함께 수행하기에 교사 개인이 가진 기질이나 특성이 영유아에게 직접적인 영향을 미치게 되기 때문이다(허수윤 · 서현아, 2014).

이인숙(2010)에 의하면, 직무만족에 있어서 교사가 수행하는 직무성과는 교사가 직업의 사명을 명확히 지각하고 근무할 때 증진되고 직무에 만족감을 가지며 교사 자신이나 조직을 위해 일할 때 그 성과 역시 높아진다. 반면 교사가 직무에 불만족한 상태로 근무하게 되면 의욕을 잃게 되고 그에 따라 만족도는 낮아져서 결과적으로 교육의 질적 향상을 저해하는 결정적인 요인으로 작용하게 된다.

관련 법에 명시된 유치원 교사의 하루 평균 근무시간은 하루 8시간 근무규정으로 되어 있다. 이승신(2003)의 연구에서 국공립유치원의 경우 하루 평균 근무시간이 약 8시간 37분이고, 사립유치원의 경우 하루 평균 근무시간이 약 10시간 8분으로 나타났다. 또한 근무시간이 짧을수록 근무여건에 대한 만족점수가 높았다. 강근화(2004)는 경기도에 소재한 공 · 사립유치원 교사 280명을 대상으로 직무만족도를 비교한 결과를 보면 공 · 사립유치원 교사 모두 전반적으로 직무만족도가 높게 나타났으며, 설립유형별로 보면 공립유치원 교사의 만족도가 사립유치원 교사보다 높게 나타났다. 김미경(2005)의 연구에서는 교원의 직무부담이 법규상의 한계를 초월하고 있으며, 교사들은 그들의 정규수업을 진행시켜야 하는 업무 외에 공문서 처리, 각종 장부정리, 각종 행사참여 등을 통한 과중한 초과근무 부담을 안고 있다고 지적한 바 있다.

이선임(2004)의 유치원교사의 직무만족도 및 직무스트레스와 이직 성향과의 관계 연구에서는 공 · 사립 유치원 교사들의 직무수행을 저해하는 변인과 직무만족, 직무 스트레스 및 이직성향을 연구하였는데, 직무수행의 조직적 환경변인과 이직성향에 관하여 수업의 부담보다 오히려 교육적 활동 이외의 다른 활동에 의한 근무시간, 업무량, 급여, 연수 등이 유치원교사의 직무수행에 부정적인 영향을 미치는 것으로 나타났다.

이정희와 조성연(2009)은 자아탄력성과 직무만족도 간에 유의한 상관이 있으며, 김인숙(2009)은 유아교육기관 교사의 직무만족도에 영향을 미치는 관련 변인 중 가장 중요한 변인이 교사의 자아탄력성이라고 보고하였다.

김승인(2002)은 유아교육기관의 교직선택 동기와 직무만족도의 관계를 연구한 결과에서 직무만족도의 5개 하위영역(직무 자체, 인간관계, 보수, 전문성 신장, 근무환경) 간의 비교분석 결과에 의하면, 직무 그 자체와 인간관계에 가장 크게 비중을 두고 있었으며, 전문성 신장과 근무환경 및 보상은 상대적으로 적은 비중을 차지하고 있는 것으로 나타났다.

김양자(2002)는 유아교육기관 교사의 전체적인 직무만족도와 전문성 조사를 기초로 유아교육기관 교사의 직무만족도와 전문성의 관련 변인에 따른 차이를 조사하였다. 직무만족도에 관한 문항들의 평균을 보면 교직의식의 경우가 가장 높은 평균을 나타냈으며, 인간관계, 근무환경, 자율성의 순으로 높게 나타났다. 유아교육기관 교사들이 자신의 직무에 대해 전반적으로 만족하고 있으나 보상체계나 담당 업무에 있어서는 만족도가 떨어지는 것으로 나타났다.

위의 연구들을 살펴보면, 유치원교사의 직무만족도에 영향을 미치는 중요 요인들은 시설의 근무환경, 직무 자체, 동료관계, 사회적 인정, 근무조건, 보수, 승진, 교사의 사회적 배경과 내적인 요인 등으로 볼 수 있으며, 공립과 사립 유치원에 따른 직무만족도에서도 많은 차이가 나타남을 알 수 있다. 또한 공 · 사립유치원에 따른 직무만족도는 교사의 이직률과 교수활동에도 영향을 미치는 중요한 요인이 됨을 알 수 있다.

2) 보육교사

어린이집의 질적 향상을 좌우하는 중요한 요인이 보육교사임에도 불구하고 현실에 있어서 보육교사에 대한 인식은 현저히 낮다. 보육교사들은 나이가 어린 영유아들을 돌보고 있다는 점에서 역할이 중요함에도 불구하고 처우 개선이 낮아 보육교사의 직무만족도는 낮은 편이다. 낮은 직무만족도는 많은 보육교사들에게 의욕저하와 직무에 대한 회의감을 불러일으키는 요인이 되며 보육교사들의 높은 이직률을 가져오게 된다. 이와 같이 보육교사가 직무에 불만족할 때는 근무의욕을 잃게 되고 직무성과는 낮아지게 되어 결과적으로 아동보육 및 교육의 질적 향상이 저해된다.

보육교사의 직무에 대한 만족 여부는 교사의 사기를 결정하며, 교사의 사기는 유아들에게 전달되고, 결국 학습의 성과에 영향을 미치기 때문에 교육의 질적인 부분에서 중요한 요인으로 인식되고 있다. 보육교사의 직무민족도가 높아질수록 보육교사의 영유아에 대한 애착이 높아진다는 연구(이화경, 2011),

보육교사의 직무스트레스는 원아들과의 활동과 업무 관련요인에 대한 스트레스가 클수록 직무만족도가 낮았다는 연구(조성연, 2004)는 보육교사의 직무만족도가 보육에 있어서 중요한 요인임을 알 수 있다.

이기향(2001)은 보육교사의 직무환경과 직무만족과의 관계를 규명하여 직무환경 중에서 어떤 변수가 보육교사의 직무만족도를 높일 수 있는지를 밝혀 교사에게는 직무환경을 개선하고 아동에게는 보다 한 차원 높은 질적인 보육과 교육을 실현해 나갈 수 있도록 기초자료를 제시하였다. 직무환경에서는 하루 평균 근무시간이 적으면 적을수록 직무만족이 높다는 결과가 나왔으며, 물리적 환경에서는 교재 · 교구의 자료제공에 따른 직무만족도와 자료의 정리 · 정돈에 따른 직무만족도 그리고 채광의 정도에 따른 직무만족도가 통계적으로 상관관계가 있다는 조사결과가 나왔다.

현미옥(2005)은 보육교사들의 시설환경과 원장과의 인간관계로 인한 직무만족도에 대한 보육교사 직무만족도에 관한 연구를 통하여 보육교사의 직무만족을 구성하는 모든 영역에서 개인 관련 변인보다는 어린이집 관련 변인이나 원장 관련 변인이 미치는 영향이 더 크다는 점을 확인시켜 주었다. 그중에서도 원장의 지도성 유형이 가장 두드러지는 변인임을 확인하고, 원장이 효율형 지도성 유형으로 보육교사를 대하는 행정체계 및 인간관계가 필요하다고 제시했다.

정정숙(2006)의 보육교사의 직무만족도에 관한 연구에서 교사의 일반적인 직무만족도는 동료관계, 직무 자체, 근무환경에 대해서는 대체로 만족하는 것으로 나타났으나, 원장과의 관계, 보수, 승진에서는 덜 만족하는 것으로 나타났다.

문정아(2007)의 보육교사의 직무만족도에 영향을 미치는 요인에 관한 연구에서 보육교사의 일반적 특성과 근무환경에 따른 교사들의 직무만족도와의 상관관계를 살펴본 결과, 보육교사의 처우개선이 시급하고 대체교사 채용 등 보육교사의 근무환경이 개선될 필요를 보여주었다.

김은주(2008)는 보육교사의 직무만족도에 영향을 미치는 변인분석에서 보육교사 직무만족도의 일반적인 수준을 분석한 결과 인간관계, 근무환경, 직무 자체, 보수 및 승진의 기회에 대한 만족도는 상대적으로 낮게 나타났다. 이러한 결과는 어린이집의 보수 및 발전의 기회에 대한 대책이나 제도 마련이 미비한 것을 보여준다.

이종명(2008)의 보육교사의 전문성 인식과 직무만족도를 살펴본 연구에서는 보육교사의 직무만족 수준을 분석한 결과, 보수 및 승진과 관련된 직무만족도가 가장 낮은 것으로 밝혀졌다. 이로 미루어 볼 때 보육교사의 보수수준이 현실화될 필요가 있다. 또 보육교사의 직무만족도는 보육교사의 전문성 인식수준에 따라 달라졌다. 특히 신념, 윤리성과 자율성에 대한 인식 정도가 높을수록 직무만족도는 높아졌다.

이상의 선행연구를 분석해 보면, 보육교사들의 직무만족과 관련된 요인으로 직무 자체, 원장과의 관계, 동료와의 관계, 보수와 승진기회, 근무환경 등으로 주된 연구가 이루어졌음을 알 수 있으며, 대체로 직무만족도가 낮은 편임을 알 수 있다. 영유아교육에서 가장 중요한 요소가 교사임을 감안할 때 이처럼 낮은 직무만족도는 장기적인 근무를 어렵게 하며 이직에도 영향을 미친다. 보육교사의 직무 만족도를 높이기 위해서는 교사들의 정당한 처우 개선이 뒤따라야 하며 보수수준이 현실적으로 안정화되어야 한다. 국가적인 차원에서 교사의 직무와 근무조건에 관한 처우 개선이 이루어지고 있으나 설립 유형 중 민간어린이집 교사들의 처우 개선이 다른 설립유형에 비해 부족한 상황이라고 볼 수 있다.

이상에서 유치원교사와 보육교사들의 직무만족도를 선행연구 결과들을 중심으로 살펴보았다. 영유아교사의 직무만족도 문항을 인간관계, 직무, 근무환경, 사회적 인정 및 후생복지, 보수와 승진제도의 5개 영역별로 나누어 살펴보면 다음과 같다.

직무만족도

1. 인간관계						
번 호	항 목	전혀 아니다	별로 아니다	그저 그렇다	약간 그렇다	아주 그렇다
1	원장은 내가 하는 업무를 존중해 준다.					
2	교사와 원장은 유치원(어린이집)의 각종 문제를 격의 없이 함께 토의한다.					
3	원장과의 인간관계의 어려움으로 교사직을 그만두고 싶을 때가 있다.					
4	동료교사들과의 불화로 인해 갈등을 겪은 일이 많다.					
5	어려운 일이 있으면 동료교사들 간에 서로 도와주곤 한다.					
6	나와 동료들은 개인적인 문제를 서로 이야기한다.					
7	교직원 간의 인간관계가 좋아 나에게 교직이 즐거운 직업으로 여겨진다.					

2. 직 무						
번 호	항 목	전혀 아니다	별로 아니다	그저 그렇다	약간 그렇다	아주 그렇다
1	어린이와 하루의 활동을 끝내고 나면 보람을 느낀다.					
2	내가 하는 일이 별 가치가 없는 것 같다.					
3	교육활동의 부가적인 잡무가 많다.					
4	내가 하는 업무는 발전적인 변화가 많다.					
5	내가 받는 훈련과 기술을 적용시키기 어렵다.					
6	지금의 일을 하면서 싫증을 느낄 때가 많다.					
7	각종 행사 참여나 준비로 인해 큰 부담을 느낀다.					
8	과다한 직무로 인해 피로를 느끼는 일이 많다.					

3. 근무환경						
번 호	항 목	전혀 아니다	별로 아니다	그저 그렇다	약간 그렇다	아주 그렇다
1	교사와 유아의 비율이 적당하다.					
2	교수활동을 위한 학습자료가 만족스럽게 제공되고 있다.					
3	모든 시설은 나의 교수활동에 편리하도록 되어 있다.					

4	교사로서 나의 일일 및 주당 수업시간이 알맞다.					
5	하루일과를 평가해 볼 시간적 여유가 충분하다.					
6	교실 밖의 소음이 교실 내에 수업을 방해한다.					
7	유아 수만큼 교실의 크기가 적당하다.					
8	원장이나 원감은 교사들의 교수활동을 지원하기 위해 만족스러울 만큼의 정보를 제공해 준다.					
9	원장이 퇴근하기 전에 교사들이 퇴근을 먼저 하는 것에 대한 심리적 부담을 느낀다.					
10	교사들의 자질향상을 위한 연수를 자주 보내준다.					

4. 사회적 인정 및 후생복지						
번 호	항 목	전혀 아니다	별로 아니다	그저 그렇다	약간 그렇다	아주 그렇다
1	나는 유치원(어린이집) 교사라는 것에 대한 자부심을 갖고 남을 대할 때가 있다.					
2	일반적으로 유치원(어린이집) 교사에 대한 사회적 인식은 괜찮은 편이다.					
3	학부모들은 대체로 유치원(어린이집) 교사를 믿고 인격적으로 잘 대해준다.					

4	유치원(어린이집)교사는 초 · 중등교사에 비해 사회적 인정을 받고 있지 못하다.					
5	유치원(어린이집)교사의 휴가조건은 다른 직종에 비해 유리하다.					
6	유치원(어린이집)교사의 자녀를 위해 학비 감면 및 장학혜택이 만족스럽게 이루어지고 있다.					
7	우리 유치원(어린이집)교사를 위한 복지시설이 잘 갖추어졌다고 생각한다.					
8	유치원(어린이집)교사들을 위한 주택자금 및 연금혜택 제도는 보장되어 있다.					
9	교직은 타 직종에 비해 불의의 사고 및 재해 등에 대한 보장제도가 비교적 잘 되어 있다.					

5. 보수와 승진제도						
번 호	항 목	전혀 아니다	별로 아니다	그저 그렇다	약간 그렇다	아주 그렇다
1	나의 보수는 학력 · 경력 · 능력을 고려해 볼 때 공정하다.					
2	나는 공무원(교육공무원) 보수 규정에 따른 정상적인 호봉을 받고 있다.					
3	나는 공무원(교육공무원) 보수 규정에 따른 수당(제 수당, 복리 후생비)을 받고 있다.					

4	나는 초등학교 교사나 중학교 교사와 동등한 보수를 받고 있다.					
5	보수는 다른 유치원(어린이집)과 비교해서 공정하다.					
6	현재 보수로 생활비 및 교육비를 제외하고 약간 저축할 수 있다.					
7	만일 다른 직장에서 더 많은 보수를 준다고 한다면 나는 이직할 수 있다.					
8	교사의 임용제도에 대하여 만족하고 있다.					
9	인사이동, 교사정보 제도는 공평하고 합리적인 편이다.					
10	유치원(어린이집)에서 실력 있고 성실하게 근무한다면 승진이 된다고 생각한다.					
11	나는 언젠가는 유치원(어린이집) 원장이 될 수 있다고 생각한다.					
12	부당한 징계처분을 받았을 때 구제활동은 아예 포기하는 것이 낫다고 생각한다.					

4. 직무스트레스 관리

영유아교사는 종일보육에 따른 장시간 근무와 수업준비 외에 높은 강도로 인한 직무스트레스에 노출되어 있다. 영유아교사의 직무스트레스 노출은 아동발달에 부정적 영향을 미치고 스트레스의 장기누적은 퇴직이나 이직률을 높이는 원인이 되어 교육의 안정성 및 질 저하를 가져올 수도 있다. 직무스트레스에 잘 대처하기 위해서는 자신의 스트레스를 잘 진단하고 관리해야 한다. 다음은 스트레스 정도를 측정하는 체크리스트이다(양찬삼, 2005). 지금 자신이 어느 정도 스트레스를 받고 있는지 점검해 보도록 하자.

문 항	전혀 그렇지 않다 (0점)	약간 그렇다 (1점)	대체로 그렇다 (2점)	매우 그렇다 (3점)
1. 쉽게 짜증이 나고 기분변화가 심하다.				
2. 피부가 거칠고 각종 피부질환이 심해졌다.				
3. 온몸의 근육이 긴장되고 여기저기 쑤신다.				
4. 잠을 잘 못 자거나 깊은 잠을 못 자고 자주 깬다.				
5. 매사에 자신감이 없고 자기비하를 많이 한다.				
6. 별다른 이유 없이 초조하고 불안하다.				
7. 쉽게 피로감을 느낀다.				
8. 매사에 집중이 잘 안 되고 일의 능률이 떨어진다.				
9. 식욕이 없어 잘 안 먹거나 갑자기 폭식을 한다.				
10. 기억력이 나빠져 잘 잊어버린다.				
총 점				

0~5점 이하 : 거의 스트레스를 받고 있지 않음
6~10점 : 약간 스트레스를 받고 있음
11~15점 : 비교적 스트레스를 받고 있으므로 스트레스를 줄이기 위한 대책이 필요함
16~20점 : 신체상태에 대한 검진과 더불어 스트레스를 줄이기 위한 적극적인 대책이 필요함
21점 이상 : 매우 심한 스트레스를 받고 있으므로 당장 전문의를 찾아가야 함

출처 : 양찬삼(2005).

직무스트레스의 예방과 관리는 매우 어려운 일이며, 개인의 적절한 방법과 조직적 협력이 필요하다. 몇 가지 대처방법을 제안하면 다음과 같다(보건복지부 · 어린이집안전공제회 · 중앙육아종합지원센터, 2015).

첫째, 주위 사람들을 활용하라.
둘째, 여가생활을 즐겨라.
셋째, 적극적으로 스트레스 원인을 해결하라.
넷째, 슈퍼바이저를 만들어라.

또한 영유아보육법 제7조(육아종합지원센터)와 영유아보육법 시행령 제16조(상담전문요원의 자격)에 근거하여 육아종합지원센터에 상담전문요원을 배치하여 보육교직원들의 직무스트레스 및 정서적 · 심리적 어려움에 대해 심리상담을 실시하고, 아동학대 예방 관련 업무를 수행하여 보육교직원들의 직무스트레스를 줄이고자 보육환경을 조성하고 있다.

Chapter 10

영유아교사의 인간관계

1. 영유아교사의 인간관계
2. 영유아교사의 인간관계 유형별 어려움

CHAPTER

10 영유아교사의 인간관계

인간은 사회적 존재로 다른 사람과 관계를 맺으며 살아간다. 이러한 인간관계는 개인에게 만족감을 줄 수도 있고 때로는 불만족감을 줄 수도 있다. 유치원이나 어린이집 같은 교육기관도 다른 조직과 마찬가지로 여러 가지 인간관계가 발생하게 되며 이는 교사들의 이직에도 영향을 미친다. 즉, 많은 교사들이 원장과의 관계, 동료교사들과의 인간관계에서 만족감을 얻지 못할 때 원을 그만두거나 다른 원으로 옮기게 된다. 또한 인간관계는 직무만족도와 밀접한 관련이 있어 조직에 대한 만족이 높은 사람은 직무에 대하여 만족도가 대체로 높다. 그리고 이러한 조직에 대한 만족을 좌우하는 요인은 바로 교사-행정가, 동료교사들 간의 인간관계라 볼 수 있다.

1. 영유아교사의 인간관계

1) 인간관계의 정의

현대사회의 중요한 특징은 조직사회이다. 조직은 인간이 모여 구성하는 사회적 유기체이다. 그러므로 조직 내에는 어떤 형태든 사람과 사람들 사이에서

서로 간의 만남에 의하여 여러 가지 인간관계를 이루며, 이러한 인간관계는 그 조직의 목표 달성 여부를 좌우하는 결정적 요소로 작용하기 때문에 매우 중요하다고 볼 수 있다.

인간관계라는 말은 다양한 의미를 포함하고 있어서 한마디로 정의하기는 어려우나 인간 상호 간에 일어나는 관계를 의미하는 것으로, 조직의 공동 목표를 효율적으로 달성하기 위하여 구성원의 경제적 · 심리적 · 사회적 욕구를 만족시켜 줌으로써 조직 내에 자신을 참여시킬 수 있는 기회를 제공해 주고 자발적인 협력체제를 조성하는 수단 또는 기술이라고 정의할 수 있다(김현수, 1999).

2) 영유아교육기관에서의 인간관계

우리나라 영유아교육기관의 조직은 타 상급 학교기관과 비교해 볼 때 규모가 작고 직원 수가 적으며, 모든 권한이 원장에게 독점되어 있어 전문성이 미약한 조직의 특성을 지니고 있다. 이러한 영유아교육기관의 특성상 다른 상급 교육기관과는 달리 나름대로의 갈등이 존재하게 되며, 발생된 갈등은 여러 가지 면에서 교사에게 영향을 끼치게 된다.

첫째, 인간관계에서 오는 갈등은 교사의 이직에 영향을 준다. 이직이란 구성원 스스로의 의사에 의한 자발적 이직을 말하며, 자신이 근무하던 유치원에 대한 불만이 원인이 되어 유치원을 그만두거나 또는 다른 유치원으로 옮기는 전직을 주로 의미한다.

플라이셔(Fleisher, 1985)는 교사에게 필요한 정보, 즉 교사훈련이나 유치원 정책에 대한 원장의 이해 혹은 지지의 부족이 교사 이직률의 주요 원인임을 밝혔다. 즉, 원장의 지지부족은 낮은 성취를 가져오고 명확한 피드백을 받지 못하기 때문에 직장을 떠나는 교사가 생긴다는 것이다. 즉, 원장과의 관계에 대한 만족 정도나 원장의 인정 유무 등이 교사의 이직에 영향을 미친다고 볼 수 있다. 동료관계에 대한 만족감 역시 이직에 잠재적으로 중요한 영향을 미친다고 보았다. 동료들의 지지가 많거나 유사한 동료들로 구성되어 있는 집단의 교사들일수록 유치원 직장생활에 잘 적응하고 응집력도 잘 형성한다고 한다.

강진옥(1994)은 낮은 보수, 과다한 업무, 원장의 지나친 영리추구, 형편없는 후생복지, 원장의 독단적인 운영방식에서의 불만이 유치원교사들의 주요 이직 요인이라고 하였다. 또한 이춘화(1991)의 연구에서는 교육과 보육은 물론, 학부모와의 관계, 원장과의 접촉, 사무처리 및 심지어 청소 및 간식 관리 등 많은 역할수행에 있어 직무명료화의 부족과 자신의 교육관과 무관한 행동에 갈등을 느끼고, 이들이 연쇄적으로 관계기관의 질과 맞물려 교사들의 이직원인이 되는 것으로 나타났다.

둘째, 인간관계의 갈등은 조직풍토에 영향을 미친다. 조직풍토란 한 학교가 다른 학교와 구별되는 그 학교 특유의 개성이라고 말할 수 있으며, 이러한 조직풍토는 오랜 기간에 걸쳐 형성되고, 일단 형성된 분위기는 쉽게 변화되지 않고 유지되는 경향이 있다. 조르드-블룸(Jorde-Bloom, 1989)이 제시한 유아교육기관의 조직풍토에 영향을 미치는 열 가지 요인 중 인간관계와 관련된 요인을 살펴보면 다음과 같다. 먼저 동료관계는 교사들이 서로 우호적이고, 지지적이며, 신뢰하는 정도를 말하는 것으로 교사들의 동료 결속을 뜻한다. 동료들 간에 강한 결속력이 있는 학교에서는 교사들이 단합된 팀 정신과 집단적인 효율성을 보이며 상호작용이 원활하고, 개인은 자신의 생각을 자유롭게 표현할 수 있다. 다음으로 교사에게 명확한 기대, 지지, 격려를 제공해 주는 원장의 지도력은 교육환경에 결정적인 요소가 되며 교사의 개인적 · 전문적 변화에 방향을 제시해 준다. 유아교육기관을 운영 · 관리하는 원장은 유아교육기관의 운영에 있어 민주적이고 합리적인 의사결정을 해야 하며 민주적이고 개방적인 태도를 지녀야 한다.

셋째, 인간관계는 직무만족도에 영향을 준다. 직무만족이란 개인의 태도와 가치, 개념 및 욕구 등의 수준이나 차원에 따라 조직구성원이 직무를 통해서 경험하는 바를 평가하여 얻는 유쾌한 감정적 태도라고 정의할 수 있다. 조직에 대한 만족이 높은 사람은 직무에 대하여 만족하며 이러한 만족과 불만족은 직무만족도로 평가된다. 국내의 많은 연구에서 교사의 직무만족과 관련된 요인 중 하나로 동료 및 상사와의 인간관계를 꼽고 있다(김미량, 1986; 이명주, 1984).

2. 영유아교사의 인간관계 유형별 어려움

1) 원장과의 인간관계

영유아교육기관에서 최고 경영자인 원장은 교육 개선, 교사의 직무만족에 영향을 주는 중요한 요인이며, 영유아교육의 질을 좌우한다고 볼 수 있다. 그러나 원장과 교사 간에는 항상 갈등이 존재하게 되는데 원의 효율적인 운영을 강조하는 원장과 개인적인 권익을 옹호하는 교사들의 입장이 다르기 때문이다. 이러한 갈등을 해소하기 위해서는 전체적인 조직관리를 해야 하는 원장의 어려움을 이해하고자 하는 교사의 태도와 영유아교사로서의 업무 특성을 충분히 이해하고 격려해 주는 원장의 지지 등 서로의 입장을 이해하려는 노력이 필요하다. 이러한 갈등이 해소되지 않는다면 기관에 대한 부정적인 태도와 이직을 결심하는 데 중요한 요인으로 작용하기도 한다. 또한 원장의 교사들에 대한 심리적인 지지가 높은 경우는 자신의 직업이 가치롭다는 명확한 인식을 주기 때문에 직무만족도가 높다고 볼 수 있다. 다음의 사례에서 원장과 교사

간에 어떠한 갈등으로 교사들이 어려워하는지 갈등유형과 만족도를 분석해 보면 초임 교직생활에 도움이 될 것이다.

(1) 만족도가 높은 경우

구 분	내 용
사례 1	원장님께서는 항상 유치원 방학 때 교사에게 책을 선물해 주셨어요. 소설이나 에세이, 전공 관련 서적 등을 한가득 사오셔서 각자 마음에 드는 책을 두 권씩 갖도록 해주셨죠. 덕분에 방학 동안 좋은 책도 읽고, 또 원장님이 교사를 배려한다는 생각에 마음이 따뜻해졌어요.
사례 2	원에 오시면 항상 교실 한 반씩 들어가셔서 아이들과 인사를 나누고 아이들의 이름을 불러주면서 안아주시고 환하게 웃으시는 모습을 볼 때 원장님의 교육관이 존경스러웠어요. 그리고 교사들에게도 항상 환하게 웃으시면서 인사를 해주시고 언제든지 힘든 일이 있으면 상담 요청하라고 말씀하실 때 여기 원은 교사가 존중받는 곳이구나라는 생각을 하게 되었어요.
사례 3	교사들이 일이 많을 땐 틈틈이 원장님께서 함께해 주셨던 부분이 교사로서는 보기 좋았고 원장님과의 관계가 그리 나쁜 것만은 아니라고 생각했었어요. 다른 원장님들의 경우는 일만 시키고 퇴근하시거나 같이 일해보시지도 않고 못한 것에 대해서 야단만 치시는데 같이 남아서 사소하게 가위질하는 것도 도와주시고 할 때면 우리 교사의 마음을 이해해 주시는 것 같은 느낌이 들었어요.
사례 4	초임 때나 경력이 낮을 때에는 학부모와 상담하는 게 힘들잖아요. 그리고 아이가 다쳐서 교사가 난감할 때가 많잖아요. 그럴 때 원장 선생님이 나서서 상황을 한 번 더 설명해 주시고 비록 제가 실수했지만 교사의 입장을 대변해 주실 때 든든하다 싶고 원장님 믿고 교육할 수 있겠다는 생각이 들었어요.

위의 사례처럼 원장에 대한 만족도가 높은 경우 교사들에게 전문지식을 습득할 수 있도록 책을 구입해서 주는 경우와 교사를 존중하는 모습 등 정서적인 지지를 해주는 경우와 교사의 업무에 대한 이해도가 높은 경우이다. 즉, 교사들은 일의 많고 적음을 떠나 교직에서 힘든 일이 발생했을 때 직업에 대해 정체성과 자부심을 가질 수 있도록 격려해 주며 공감을 해주는 원장의 심리적 지지를 제일 중요하다고 보고 있다.

(2) 만족도가 낮은 경우

구 분	내 용
사례 1	저희 유치원 원장님께서는 학급에서 수업이 진행되고 있을 때 수업을 참관하는 것을 좋아하셨어요. 이야기나누기 시간에 교실 문이라도 조금 열려 있으면 계속 서서 지켜보셨죠. "ㅇㅇ반 선생님 수고 많네" 하시며 계속 수업을 지켜보시는데 정말 그럴 땐 불편하고 부담스러웠어요.
사례 2	신입 영아의 학부모가 불안증으로 CCTV를 보고 싶다고 한 민원 대처 방법에 실망을 하였어요. 교사와 CCTV를 먼저 본 뒤 문제 상황이 없는 것을 확인하였지만 학부모가 교사의 바른 행동을 부정할 때 학부모 앞에서 교사의 입장을 대변하지 않았어요. 그리고 학부모의 거짓말을 묵인하였고 원장님은 교사에게 연차를 보낸 뒤 해당 학부모와 해결하려는 방식으로 일을 처리하였어요. 교사가 아무런 잘못이 없는데도 학부모에게 쩔쩔매는 원장님의 모습을 보고 신뢰감이 떨어져서 퇴사를 결심하게 되었어요.
사례 3	인터넷 매체 등의 발전으로 인해 요즘은 좀 더 편한 방식으로 일을 처리할 수 있는데도 기존의 틀을 유지하려 하시거나, 한 사람 말만 듣고 상황을 왜곡하여 판단하실 때 답답함을 느꼈어요.

사례 4	교사가 실수를 하였을 때 해당 교사의 말보다는 주변 동료교사들의 말만 듣고 크게 화를 내시며 해당 교사를 질책하는 모습을 보았어요. 교사가 잘못을 한 경우에라도 먼저 해당 교사의 말을 듣고 꾸중을 하시면 될 일인데도 다른 동료교사의 말을 듣고 판단하는 모습에 실망을 하였어요.

위의 사례 1의 경우 교사의 수업이 불안한 경우 원장이 수업을 지켜본다는 느낌이 교사 자신의 자신감을 떨어뜨려 원장에 대한 불만이 생긴 경우이다. 교사 자신의 입장에서 보면 기분이 나쁠 수 있으나, 원장의 경우 전체적인 수업관리 차원에서 초임교사나 경력이 낮은 경우 자주 수업상황을 참관할 수밖에 없는 상황일 것이다. 영유아들에게 좋은 교사가 되기 위해서는 초임교사 기간 중에 이루어지는 수업참관이나 지도가 꼭 필요함을 인식하는 교사의 발전적인 태도가 중요하다. 또한 다른 사례처럼 학부모의 의견과 다른 동료교사들의 말을 우선적으로 받아들이는 경우와 교사들과 비교를 하는 경우는 원장에 대한 만족도가 낮았다.

조직에서 원장과 교사의 입장 차이는 분명히 존재하기 때문에 항상 서로가 이해하고 부족한 부분은 채워 나가려고 하는 노력만이 갈등을 극복할 수 있는 방법일 것이다. 또한 원장들에게도 교사들에 대한 만족과 불만족 사례를 이야기하라고 하면 위의 사례와 마찬가지로 많은 사례들이 나올 것이다. 실제 영유아교육 현장에서 초임교사들을 보면, 깜짝 놀랄 정도로 교사로서의 자세와 태도가 부족하다는 이야기가 많이 나오고 있다. 퇴근시간이 되면 시계만 쳐다보는 교사, 교사답지 않은 복장과 말투, 사직한다는 말도 없이 출근을 하지 않는 교사, 항상 핑계와 말대꾸를 하는 교사 등 상상도 못할 이야기들이 나오고 있다. 원장에게 무엇인가를 바라고 불평하기 전에 교사 스스로 인정받고 교사다운 자세를 갖추려고 노력하는 것이 우선일 것이다.

2) 원감과의 인간관계

원감은 영유아교육기관이라는 조직의 운영에서 원장의 교육방침과 유치원의 업무를 효율적으로 분배하여 교사들에게 전달해야 하며 또한 교사들의 수업 및 학급 운영의 어려움을 원장에게 전달해야 하는 중간 관리자의 역할을 수행해야 한다. 원장과 교사 사이에서 중간 관리자 역할을 하는 원감은 교사들에게 원장 다음의 지위와 서열로 인식되어 원감의 리더십 부재로 인한 낮은 만족감은 이직에 또한 영향을 미치는 중요한 요인으로 작용한다. 초임교사들에게는 원장과 대면하는 시간보다 실제 원감과 접촉하는 시간이 많기 때문에 원감과의 원활하지 못한 인간관계로 인한 어려움이 더 많은 것이 현실이다.

(1) 만족도가 높은 경우

구 분	내 용
사례 1	교사의 간식을 잘 챙겨줄 때 간식 먹고 선생님들이 더 기분 좋게 일했답니다. 원감 선생님은 교사들이 모여 단체 작업이나 몇 시간씩 공동 작업을 할 때 떡볶이나 만두 등 간단한 요리를 해주셨어요. 아줌마 선생님이라 그런지 솜씨도 좋으셨죠.
사례 2	교실에서 문제행동을 일으키는 유아가 있을 경우 원감 선생님에게 도와달라고 할 경우 언제든지 교실에 오셔서 힘든 유아를 봐주실 때 너무 고마웠어요. 그리고 힘든 점이 없는지 물어봐 주시고, 학부모 상담에 관한 팁이나 행사에 관한 자료 등을 주실 때 너무 고마웠어요.
사례 3	몸이 아파서 교실에서 수업을 할 수 없는 상황이 발생하였을 때 원감 선생님이 먼저 내 컨디션이 좋지 않은 것을 눈치채시고 교실에 들어오셔서 내 대신 수업을 해주셨을 때 눈물이 나올 정도로 고마웠어요.

사례 4	변화되는 교육과정에 대한 정보 및 자료도 제공해 주시고, 교실에서 원아 혹은 학부모님과의 관계에서 힘든 점이 있을 때 기꺼이 조언을 아끼지 않으시는 모습을 보면서 존경스럽고 앞으로 내가 원감이 된다면 본받고 싶다는 생각이 들었어요.

위의 사례처럼 원감에 대한 만족도가 높은 경우는 원감이라는 서열과 지위를 내세우는 권위적인 역할이 아니라 교사들의 입장을 충분히 이해하고 교사에게 정서적 지지와 공감하려고 하는 경우이다. 또한 교육과정 운영 및 학부모 상담 등에서 교사의 전문성을 지원해 주는 원감의 역할에 교사들의 만족도가 높은 편이다. 원감의 역할은 원장의 지시를 교사들에게 그대로 전달하는 역할이 아닌 교사들과 원장의 사이에서 적절한 조절을 하는 원감의 역할이 중요하다고 볼 수 있다.

(2) 만족도가 낮은 경우

구 분	내 용
사례 1	저희 원에서의 회의형식은 원장 선생님과 원감 선생님이 먼저 의논하신 뒤 교사들은 원감 선생님과 회의를 하는 형식이었어요. 그런데 너무 무리한 일들은 원감 선생님이 원장 선생님과 의논할 때 교사의 입장에서 좀 생각을 해주셨으면 좋겠는데, 그런 원장님의 요구를 여과 없이 수용한 뒤 교사에게 일을 강요할 땐 많이 힘들었어요. 한 번은 학기 말에 앨범 정리로 정신없이 바쁜데 각 학급마다 교구를 만들어 주말에 제출하라 했는데 정말 황당했어요. 좀 더 융통성 있게 교사와 원장 선생님 사이에서 조율을 잘 해주면 좋겠다고 다들 생각했어요.

사례 2	저희 원감 선생님은 청결을 가장 중요시 여기시는 분이셨어요. 어느 날 점심시간이었어요. 그날따라 아이들이 많이 산만하고 들떠 있었어요. 그래서 그런지 밥을 흘리는 아이들, 심지어는 아예 밥을 엎은 아이도 두 명이나 있었지요. 힘들게 치우고 이제 식사를 하려는데 제가 미처 발견하지 못한 부분이 있었나 봐요. 원감 선생님이 지나가다 보시고는 "선생님! 식사 그만 하시고 이것 좀 보세요. 이런 것 놔두고 밥이 넘어갑니까?" 하시는 거예요. 조용히 치우라고 하셨으면 좋았을 걸 인격적으로 모욕을 당한 것 같아 너무 속상했어요.
사례 3	원장님께 내가 한 말이 사실과 다르게 전달된 경우가 있었어요. 원감 선생님이 내가 한 말을 다르게 해석하여 왜곡되게 전달한 거죠. 원장선생님께서 저를 불러서 사실인지 확인하는 순간 너무 놀랐어요. 내가 한 말이 너무 다르게 전달되어 바로잡느라 진땀이 났어요. 원감 선생님은 교사의 입장을 중간에서 왜곡되지 않게 잘 전달해야 하는데 우리 원의 원감 선생님은 이런 역할을 잘 못해서 교사들이 힘들어해요.
사례 4	교사가 일 처리를 잘못한 적이 있었어요. 그런데 원감 선생님이 교사를 감싸기보다 원장 선생님과 주임 선생님이랑 같이 그 교사에 대해 험담을 하고 그 교사의 이전에 잘못한 일들까지도 계속 이야기를 할 때 실망을 했어요. 교사가 일처리를 잘 못할 경우 다시는 그렇게 하지 않도록 주의를 주거나 일처리 방식을 한번 더 알려주는 그런 모습의 원감 선생님을 기대했는데…

위의 사례들은 원장과의 업무조절 실패로 무조건 교사에게 일을 강요한다든지, 인격적인 무시 발언, 교사의 입장을 대변해 주지 못하는 경우로 인한 갈등에 관한 것들이다. 원감이라는 중간 관리자 역할도 무척 어려울 것이라고 생각되지만 원장과의 갈등보다 원감과의 갈등으로 교직생활을 그만두는 사례가 증가하는 현실에서 원감이 교사들을 이해하고 중간 관리자의 역할 수행을 성공적으로 할 수 있도록 해야 할 것이다.

경력이 10년 이상 차이나는 원감과 교사 간에 원감이 평교사 시절 눈물 흘리면서도 무조건 참으면서 일했으니 너희들도 그렇게 해야 한다는 이야기는 교사들에게 이해할 수 없는 과거의 이야기로만 존재할 뿐이다. 결국 영유아교육기관의 보수적이며 강한 위계적인 서열중심의 조직문화가 개선되지 않으면, 교사들이 교사의 꿈을 펼치기도 전에 좌절하는 일이 증가할 것이다. 영유아교육의 발전을 위해 힘들게 고생하며 참아온 경력교사들의 고충도 충분히 이해되나 교사들에게 10년 전 혹은 20년 전 교직문화를 그대로 답습하도록 강요할 수는 없을 것이다.

3) 주임과의 인간관계

주임교사 또한 원감과 마찬가지로 원의 최고 경영자인 원장과 교사 사이의 중간 관리자 역할을 해야 하는 입장이다. 서열중심인 영유아교육기관이라는 조직에서 주임교사의 지위 또한 교사들에게는 쉽게 다가가기 어려운 존재일 것이다. 원감보다 주임이 교사들과 접촉하는 시간이 많아 교사들에게는 주임과의 갈등도 상당히 많은 편이어서 유치원을 이직하는 요인으로 작용하기도 한다.

결국 교사들은 당장 유아와의 수업이나 행사에 대한 걱정보다 경력교사들인 주임과 원감과의 인간관계로 힘들어하는 것이 현실이다. 또한 중간 관리자 역할을 하는 주임과 원감은 요즘 교사들은 사명감도 없고 책임감도 없을뿐더러 조직에서의 규정을 따르기보다 불평과 이기적인 모습이 많다고 고충을 토로하기도 한다. 다음의 사례들을 보면서 주임교사에 대한 인간관계를 어떻게 준비해야 할지 알아볼 수 있을 것이다.

(1) 만족도가 높은 경우

구 분	내 용
사례 1	주임 선생님께서는 근무경력이 많으셔서 다양한 경험들과 노하우가 있었어요. 1년 차 때 참여수업 계획안을 작성하는데 특별한 수업 아이디어가 떠오르지 않아 고민했는데 주임 선생님이 많이 도와주셨어요. 교사의 실수나 부족함을 홍보기보다 조용히 도와주는 주임 선생님이 있어서 많이 도움이 되었어요.
사례 2	제가 학부모 참여수업 때 과학실험 수업을 맡았는데, 실험 진행이 잘 안 되는 거예요. 시연을 하고 했는데도 행사 당일 실험이 잘 이루어지지 않아서 원장님의 얼굴이 일그러지고 그랬어요. 그때 주임 선생님이 와서는 아이들과 어머님에게 기분 나쁘지 않게 유머러스하게 말씀해 주시면서 대처를 하시더라고요. 저는 눈물이 쏟아질 것 같아서 당황했는데 주임 선생님이 나서서 해결해 주셔서 고마웠어요. 그때 주임 선생님이 정말 존경스러웠어요.
사례 3	주임 선생님이 원장 선생님한테서 야단맞는 걸 어쩔 수 없이 들은 적이 있어요. 주임 선생님이 연차 낮은 선생님들 관리를 제대로 못 한다고 야단을 맞으시는 거예요. 그래서 저는 속으로 저희들이 또 주임 선생님에게 불려가 야단맞겠구나 싶었어요. 그런데 며칠이 지나도 주임 선생님이 아무 말씀이 없으신 거예요. 그래서 회식 때 사실 그 이야기를 어쩔 수 없이 듣게 되었다고 왜 저희들 야단치지 않으셨냐고 물었더니 그렇게 큰 문제가 아니라서 주임 선생님이 야단맞고 그냥 넘기셨다는 거예요. 그 말을 들으니 야단맞은 것보다 더 죄송한 마음이 들더라고요.

위의 사례에서 주임교사가 초임교사들의 입장을 충분히 이해하고 주임이라는 권위적인 모습을 버리고 수업과 학급 운영에 대한 멘토로서 다가갈 때 교사들은 만족감을 느낀다는 것을 알 수 있다. 이런 주임교사의 모습을 모델링할 수 있도록 초임교사들은 배워야 할 것이며 주임교사에게 자기를 낮추고 마

음을 열어 먼저 다가가는 모습을 보여야 할 것이다.

(2) 만족도가 낮은 경우

구 분	내 용
사례 1	1년차 보조교사의 역할을 할 때 주임 선생님께서 보조교사에게 함부로 대해서 불만이었어요. 한 번은 "너희들 쉬지 말고 일해라"라는 말까지 했었어요. 주임 선생님인 본인은 정교사이지만 본인 또한 보조교사의 시절이 있었고 힘든 시기가 있었을 텐데 아랫사람이라고 너무 함부로 대하는 주임 선생님은 정말 매너 없고 인격이 의심될 정도였어요.
사례 2	제가 주임 선생님과 함께 반을 사용하던 때였어요. 저희 원은 두 교사가 함께 반을 운영해 나가는 '투 담임' 제도로 운영되고 있었지요. 하루는 청소시간이었는데 또 선생님이 안 보이시는 거예요. 처음에는 원장님과 회의 중일 거라 생각하고 여느 때처럼 혼자 청소를 하고 있는데 알고 보니 다른 반 선생님과 개인적인 일로 티타임을 즐기시고 계셨어요. 더운 여름에 전 혼자 땀을 뻘뻘 흘리며 일하는데 즐겁게 웃으면서 시원한 냉커피를 마시며 더위를 식히고 있는 모습을 보니 정말 이건 아니다 싶었어요.
사례 3	육아휴직을 앞두고 있었는데 유치원에 일이 하나씩 터질 때마다 나의 업무가 아닌데도 휴직하기 전까지 업무를 전부 처리해 놓고 가라는 말을 계속 반복적으로 할 때 속상했어요.

위의 사례는 주임교사에 대해 불만족감을 느끼는 경우로서 주로 인격적인 무시와 배려받지 못한다는 인식, 주임교사의 이기적인 행동에 관한 것이다. 주임교사의 개인적인 성품도 다양하겠지만 주임교사들이 잊고 있는 본인들의 초임교사 시절과 주임교사 때문에 힘들었던 과거를 떠올린다면 위의 사례와 같은 일은 일어나지도 않을 것이다. 영유아교육기관에서 경력교사로 살아간다

는 것은 유아들과의 상호작용도 중요하지만 후배교사들도 유아와 같이 키워나간다는 사명감도 요구되는 사항이다. 유치원 일도 힘든데 왜 후배교사까지 뒤를 봐주어야 하는지 불평한다면 할 말은 없지만 경력교사란 다른 사람들을 많이 보듬어 주는 마음의 그릇이 커지는 것을 의미하지 않을까?

4) 동료교사와의 인간관계

영유아교육기관에서 가장 많은 시간을 보내고 인간관계로 많이 부딪히는 경우가 동료교사와의 관계일 것이다. 영유교사들이 교사에 대한 부푼 꿈을 안고 교사로서 첫발을 내딛는 순간 유아들에게 좋은 교사가 되리라는 굳은 결심이 교사들과의 인간관계로 인해 확고해질 수도 있고 교사로서의 꿈을 접게 되는 경우도 발생하게 된다. 그만큼 동료교사들과의 인간관계가 교직생활을 유지하는 중요한 요인이 된다. 교직에 대한 만족도가 높은 경우는 주로 주어진 일에 협력하며 해결하기, 고충을 이해해 주고 들어주기, 동료 간 서로 칭찬해 주는 경우 등이며 만족도가 낮아 불만을 느끼는 경우는 원의 일에 비협조적이며 뒤에서 동료교사를 험담을 하는 경우 등이다. 따라서 동료교사와의 좋은 인간관계를 형성하고 이직 의도를 낮추기 위해서 뒤에서 말로 불평하지 않으며 성실하게 원의 일에 협조하여 본인의 역할을 수행해 간다면 동료교사 간의 어려움을 이겨낼 수 있을 것이다.

(1) 만족도가 높은 경우

① 주어진 일에 합심 · 협력함

올해 학부모 참관 수업행사에 요리활동, 과학활동, 미술활동 등 교사가 한 가지씩 수업을 나누어서 진행을 하기로 했어요. 그런데 준비할 것이 많은 요리활동을 제가 맡게 되었어요. 주임업무에, 원아모집에, 종일반 시범운영에, 정말 할 일이 많아 행사 당일까지도 요리활동 준비를 다 못한 거예요. 아침 일찍 혼자서 요리 재료 씻고 요리 도구를 준비하고 있었는데 평소에 자기 일만 하시던 선생님이 제 옆에 오셔서는 오이도 썰어주시고 야채도 씻어주시고 요리도구도 준비해 주시는 거예요. 얼마나 고맙던지…. 행사 끝나고 학부모 설문지를 봤더니 각 반에서 수업이 충실히 이루어져서 만족했다고 적혀 있는 걸 보고 기분도 좋았고 저를 도와준 선생님에게 고마운 마음이 한 번 더 들었죠.

② 자신의 어려운 문제를 솔선하여 도와줌

초임 때는 행사문제, 인간관계 문제, 힘든 일 투성인데 학부모님 중 한 분이 자기 아이를 혼냈다고 저한테 와서 마구 따지시는 거예요. 차근차근 설명해도 어머님은 막무가내로 저에게 교사의 자질에 대해 운운하시면서 큰소리를 내시는데 눈물밖에 안 나더라고요. 다른 선생님 보기에도 부끄럽고 제 자신 스스로도 속상해서 화장실에서 울고 있었어요. 옆 반 선생님이 몰래 제 옆에 오셔서는 등을 토닥여 주시면서 위로해 주시고 자신이 나서서 해결해 주시지 못하지만 자기 일처럼 분을 내시더라고요. 제 편을 들어주시면서 그냥 무시해 버리라고 하고 조언도 많이 해주셨어요. 원에서 초임이라 늘 혼자라는 느낌이었는데 그래도 나를 지원해 주는 선생님이 있어서 든든했어요. 원장 선생님이 저에게 그런 일이 있었던 걸 알게 되셨는데 저 대신 그 선생님이 전후 상황을 말씀해 주셨어요. 인간적인 면에서 참으로 고마웠어요.

③ 자신의 고충을 들어주고 이해해 줌

작년에 만 5세반 아이 한 명이 발달이 지체되고 정서적인 문제를 보여서 초등학교에 가지 않고 다시 원에 다니기로 했어요. 작년에 맡았던 선생님 반이 아니라 저희 반으로 배정이 되었더라고요. 공격적인 행동이 워낙 심한 탓에 모든 교사들이 그 아이를 알고 있었어요. 그래도 어쩌겠어요. 우리 반에 왔으니 제가 노력해야죠. 그 아이의 문제행동에 대한 대처법이 맞지 않을 때에는 작년 담임 선생님에게 조언도 구

했어요. 그 선생님이 그 아이 학부모님과 상담할 때 방법도 알려주시고 해서 도움이 많이 되었어요.

④ 책임감 있고 성실한 자세로 일함

전 우리 주임 선생님을 보면 정말 태어날 때부터 유치원교사로 태어나셨구나라는 생각이 들어요. 아이들을 너무 사랑하세요. 귀가지도하고 들어오시면 저희들은 녹초가 되어서 쉬기 바쁜데 주임 선생님은 또 아이들이 보고 싶다고 말씀하시는데 그 이야기를 들으니 고개가 숙여지더라고요. 사실 하루 종일 아이들과 지내고 나면 쉬고 싶은 마음이 당연하거든요. 4살 아이 엄마인데도 우리 주임 선생님은 저희 원에 제일 먼저 출근해서 요리활동을 준비하시고 환경 정리하시고 그래요. 항상 아이들 생각이 먼저예요. 좀 더 재미있는 수업을 위해 교재 만드시고, 연구하시고, 방학 때는 연수도 열심히 들으시고, 배울 점이 많고 아이들 한 명 한 명에게 최선을 다하시는 모습을 보면 정말 예술의 경지라는 생각이 들어요.

⑤ 동료교사 간에 서로 칭찬 · 격려해 줌

초임교사 시절에는 정말 하루를 무사히 보내는 것만으로도 감사할 정도로 실수가 많잖아요. 경력교사들이 보기에는 얼마나 어설프겠어요. 잘한 것보다 잘못한 것들이 눈에 잘 보인다고 지적을 하실 만도 한데 같이 근무했던 선생님들은 칭찬을 많이 해주셨어요. 정말 사소하고 작은 일에도 초임교사인데 잘한다고 해주실 때면 더 잘해야겠다는 생각이 들더라고요. 회의시간에 항상 제 의견도 물어보시고 제 의견이 좋으면 그걸 유치원 행사에 넣어주시기도 하셔서 초임교사 생활이 무섭고 시집살이했다기보다는 오히려 저는 교사로서 자신감을 얻었던 것 같아요. 그 유치원 분위기가 또 그랬던 것 같아요.

(2) 만족도가 낮은 경우

① 행사 시 협조하지 않음

한 기관이라면 학부모 참여수업을 같은 날에 해야 되는 건 당연한데, 다른 반 선생님이 혼자서 참여수업 날짜를 정해서 원장 선생님한테 결재를 맡으시고는 저에게 통보를 하시는 거예요. 제가 너무 기분이 나빠서 그런 행사날짜는 의논을 해서 같이 정하면 좋지 않겠냐고 했더니 개인적인 일이 있어서 그랬다면서 변명하시는데, 그런 행사를 각자 준비하면 원장 선생님 보기도 그렇고 학부모님들 보기도 그렇고…. 그리고 제가 운동회나 참여수업 날짜를 정하려고 의논하면 개인적인 일 핑계를 대니 행사 준비보다 날짜 정하는 사소한 일에 시간을 더 보낸다니까요.

② 업무나 수업을 소홀히 하고 불성실함

모든 경력교사가 일을 다 잘하시는 건 아니더라고요. 서류함 정리를 제대로 하지 못하셔서 제가 다시 했던 적이 많았죠. 문서번호대로 정리를 해놓으시든지 아니면 월별로 정리해 놓고 라벨지를 붙여 놓아야 다음에 그 업무를 맡은 교사가 쉽게 할 수 있는데 그렇게 해놓지 않으셔서 제가 몇 년치의 서류를 재정리해야 했어요. 하다못해 공문을 쳐도 오타 투성이고, 형식에 맞지 않게 작성하셔서 꼭 제 손을 거쳐야 하고, 그런 모습을 보면서 저 선생님의 경력은 어디로 갔나 싶은 생각이 들더라고요. 이야기를 해보려고 해도 괜히 말했다가 서로 언성만 높아질 것 같아서 그냥 참고 할 수밖에 없었어요.

③ 본인이 없는 데서 모욕 · 험담함

사실 사람인데 생각이 다른 건 당연한 것이고 저도 의견을 낼 수는 있는 거잖아요. 그런데 의견을 말하라고 해놓고는 결국은 자기 뜻에 따라야 한다는 거에요. 제 의견이 안 되는 이유에 대해서 말해주지도 않으면서요. 그러면서 다른 반 선생님한테 가서 제 의견이 말도 안 되는 것이라면서 험담을 하시더라고요. 저의 행동이나 일 처리

방식이 마음에 들지 않을 때마다 다른 동료교사에게 이야기를 하시고. 저한테 직접 말씀하시면 되지, 왜 저 없는 다른 곳에 가서 험담을 하시는지….

④ 관리자 앞에서 다른 사람이 한 일을 자신이 한 것처럼 자랑함

제가 근무하는 곳의 한 선생님이 복도환경 구성을 멋지게 해놨어요. 그런데 원장선생님이 오셔서 보시다가 "이거 잘 했네" 하시는 거예요. 근데 다른 선생님이 "고맙습니다"라고 마치 자기가 한 것처럼 이야기를 하는 거예요. 속으로 저건 아니다 싶었어요.

⑤ 행동보다 말을 앞세움

졸업식을 앞두고 졸업식 행사에 대한 회의를 할 때였는데 한 선생님이 행사장을 어떻게 꾸밀지, 어떤 순서로 할지, 의견을 많이 내놓으시더라고요. 그런데 듣다 보니 교사들이 해야 할 일이 너무 많은 거예요. 하지만 의견은 좋아서 그 선생님의 의견을 몇 가지 따르기로 했어요. 그래서 업무분담을 해서 졸업식 행사준비를 하는데, 그 선생님은 자기는 의견을 내놓았으니 일은 안 해도 되지 않느냐는 거예요. 졸업식 행사까지 시간이 얼마 남지 않아서 일은 해야 했고 그 많은 일들을 거의 제가 해야 했어요.

⑥ 학생들에게 무리한 체벌로 학부모 원성을 들음

아이들이 현장학습을 가거나 하면 뛰어다니기도 하고 시끄럽게 놀기도 하잖아요. 평소 옆 반 아이들이 좀 조용하긴 해요. 그 반 선생님이 워낙에 조용한 스타일이셔서 아이들도 차분하긴 해요. 그런데 야외에서 한 아이가 시끄럽게 하고 마구 뛰어다닌다고 불러서는 아이의 등을 때리시는데 같은 교사로서 보기가 참 그렇더라고요. 작은 체구의 아이가 등을 한 대씩 맞을 때마다 앞으로 밀려나는 모습을 보고 같은 교사로서 저건 아니다 싶은 생각이 들기도 하고 부끄럽기도 하고, 내가 나서서 말리기도 그렇고.

5) 학부모와의 어려움

영유아교사라는 직업이 유아들을 사랑하고 수업을 잘하면 되겠지라는 영유아교사의 생각은 입학식 첫날부터 무너지기 시작한다. 담임을 발표하는 순간 유아 외에 학부모의 눈길이 예사롭지 않기 때문이다. 영유아교사의 특수성은 바로 다른 초·중등학교 교사와 달리 학급 유아 수와 학부모 수를 합한 것이 학급 학생 수라고 볼 수 있다는 것이다. 영유아교사와 학부모의 공통점은 유아의 성장과 발달을 위해 기여해야 한다는 같은 목적을 지니고 있다는 것이지만, 학부모들은 자기 자녀 개개인에 대한 특별한 관심과 사랑을 요구하고 교사는 전체 유아들을 지도해야 한다는 차이점이 있다.

이로 인해 학부모와 교사 간에 갈등이 존재하며 이러한 갈등으로 인해 원을 이직하기도 한다. 학부모와의 어려운 점을 살펴보면 안전사고에 대한 항의가 가장 크게 작용하며 학부모들의 무리한 요구, 학습에 대한 지나친 요구, 동료교사들과의 비교, 유아교육에 대한 인식 부족, 교사를 보모로 대하는 경우, 학부모 개인적인 일로 장시간 유아를 떠맡기는 경우, 학부모의 반말이나 무시하는 언행 등이 있다. 그러나 학부모로 인해 교사가 어려움을 겪는다 해도 교사의 길을 접을 수는 없을 것이며 경력교사나 원감으로부터 학부모와의 상담기법과 노하우를 배워 스스로 학부모에 대한 스트레스를 극복하려고 노력할 수밖에 없을 것이다.

6) 영유아와의 어려움

교직생활 중 영유아와의 어려움은 당연히 교사로서 극복해야 하는 과정이며, 초임교사 1년 동안은 유아들에게 최선을 다한다고 하여도 여전히 후회와 아쉬움이 남는 정말 초보교사이기 때문에 항상 유아들에게 미안한 마음이 들 수밖에 없는 시기이다. 실수와 혼란투성이인 초임교사 기간은 경력교사라도 없애고 싶은 과거일 것이다. 그만큼 대학 졸업 후 바로 현장에서 담임을 맡아 유아들과 지낸다는 것이 쉬운 일이 아닌 것이다.

외국의 경우 교사로 출발하기 전 인턴과 수습 기간을 1년 정도 강화하여 학습자에게 최대한 초임교사로서의 실수를 줄이려고 하고 있다. 영유아들이 좋아 유치원교사가 되기로 결심한다는 예비교사 시절에 영유아들과 자주 만나고 접촉하는 일을 많이 할수록 좋다는 것을 기억해야 할 것이다. 다음의 사례에서처럼 대학에서 배운 이론과 실습만으로는 영유아들에게 부족한 교사가 되기 쉽기 때문이다. 그렇기 때문에 캠프나 행사 시 부지런히 자원봉사를 하여 영유아들을 가까이에서 관찰하는 시간이 정말 소중하다.

구 분	내 용
사례 1	대학교에서 아이들의 발달이나 특성에 관해 배우고 실습을 했어도 정말 그야말로 개성이 다양한 아이들과의 첫해는 전쟁터나 다름없었어요. 영유아들과의 관계에서 초임교사 때는 아무래도 초임이다 보니 아이들의 마음을 읽어주는 것이 가장 힘들었어요. 초임교사를 하루살이 교사라고 말하곤 했어요. 하루를 무사히 보내는 게 목표였고 그것도 힘들었으니까요. 개성이 강한 아이들 20명 한 명 한 명의 마음을 매 순간 진심을 담아 읽어주긴 힘들었어요. 그래서 그런지 어떤 아이들은 어린이집에 오는 것이 재미가 있어서 눈뜨면 어린이집에 가고 싶다고 말하는 아이가 있었던 반면에 몇몇은 어린이집에 가기 싫다고 하는 아이가 있어 아침마다 그런 전화를 받을 때마다 교사로서 좀 좌절했었어요. 아이들이 어린이집에 오기 싫다고 하니 전적으로 교사인 제 잘못인 것 같고 또 재원의 부담을 안고 있기 때문에 그런 이야기를 듣는 게 좋지 않았어요. 그런데 어린이집의 하루일과가 워낙에 바쁘다 보니 그리고 아이들의 행동, 소위 말하는 문제행동을 보이는 아이들

	의 행동이 그 아이의 어떤 마음을 표현하는 것인지 전혀 알 수 없어서 그런 아이가 있으면 그 아이와는 1년 내내 싸워야 했어요. 경력자들은 영유아들과 상호작용도 잘하시고 아이들도 잘 이끌어 가시던데 초임교사 시절에는 애들에게 끌려다녔던 것 같아요.
사례 2	교사생활 3년 때 만 5세 신입반 담임을 맡게 되었어요. 그런데 학급의 27명 중 2명이 인공와우를 착용하는 아이였어요. 처음 아이들 입학 때는 뭐든지 다 해낼 수 있을 것 같았던 나의 마음도 막상 아이들과 생활이 시작되니 많이 지치게 되었고 게다가 청각장애가 있는 아이들이 아직 와우에 적응이 되지 않아 와우를 착용하지 않고 원에 오는 날들도 많았어요. 이야기나누기 등 수업에 있어서 불편한 점들이 많았기 때문에 다른 아이들까지 불편을 겪기도 하였어요. 그래서 교사 회의시간에 원장님과 의논하였더니 원장님께서는 보조교사를 담임경력이 많고 아이가 있는 주부로 맞춰주셨어요. 보조교사의 도움으로 이야기나누기 등 수업을 분할하여 많은 도움을 받았어요.

위의 사례 2는 특수한 요구를 가진 유아를 담임했을 때의 어려움이다. 요즘 영유아교육기관에서는 장애영유아들을 자주 볼 수 있다. 만약 초임교사라면 더더욱 장애영유아를 지도하기가 힘들 것이다. 그러나 장애영유아들을 통합하는 추세이기 때문에 앞으로 장애영유아들에 대한 교육과 지도방법도 충분히 받아야 할 것이다.

7) 기타 직원과의 어려움

영유아교육기관에는 교육을 맡고 있는 교사들 외에 업무의 원활한 추진을 위해 다른 직원들도 채용하고 있다. 특히 등하원 시 차량을 운행하는 기사,

급·간식을 담당하는 조리원, 특별활동 강사, 방과후 과정 강사 등 다른 직원들과의 관계도 형성해야 한다. 다음의 사례는 급·간식을 담당하는 조리원과의 어려움에 관한 것이다.

> 초임교사에게는 그 환경이 처음이지만 조리원은 그 유치원에 오랫동안 있으신 분이셨어요. 조리원이 퇴근하고 교사가 저녁까지 일할 때 교사들끼리 부엌에서 간식이라도 만들어 먹은 날이면 그 다음날 조리원은 초임교사에게 짜증을 내거나 자신의 영역인 부엌에서 뭔가를 했다고 제가 부엌에 들어가는 그 순간에 중얼거리십니다. 그런 짜증은 주임교사나 경력교사에게 이야기를 하셔야 저녁을 시켜먹든지 그런 부분에 대해서 원장님께 이야기를 드릴 텐데 그런 야단은 초임교사에게 꼭 하시고 얼마나 눈치를 주는지 몰라요. 그리고 점심 때 반별로 밥과 반찬을 분배해서 아이들에게 내어주고 나면 밥이 모자라거나 반찬이 좀 남을 때가 있어요. 그러면 교사가 밥을 생각 없이 많이 떠줘서 밥이 남았다고 눈치를 주시고, 아이들이 반찬을 깨끗하게 먹지 않고 남기면 또 눈치를 주시고, 초임교사인 저에게 어찌나 텃세를 부리시는지, 조리원한테 잘 보이려고 반찬이 맛있다는 둥, 어떻게 그렇게 요리를 잘 하시냐는 둥, 그런 칭찬을 수없이 해드렸고요. 교실에 음료수라도 들어오면 억지로라도 조리원도 챙겨드리고 그랬어요. 조리원도 또 한 명의 경력교사예요.

위의 사례처럼 조리원도 또 한 명의 경력교사라는 말을 기억해야 할 것이다. 유치원뿐 아니라 다른 조직에서도 초임은 서열상 제일 막내이기 때문에 이런저런 눈치를 많이 볼 수밖에 없다. 그러나 초임은 1년이 지나면 지나가게 되어 있으니 희망적이지 않은가? 조리원이든 기사분이든 항상 웃는 얼굴로 대한다면 어려움을 극복해 나갈 수 있을 것이다. 분명한 것은 본인이 교사라는 권위를 내세우기보다 자세를 낮추며 겸손한 태도로 교직생활을 유지해야 한다는 것을 기억해야 할 것이다.

나의 장단점 찾기

자신의 장점과 단점을 살펴봄으로써 이러한 장단점이 인간관계에 어떤 영향을 미치는지에 대해 생각해 본다.

나의 장점	나의 단점

• 자신의 장점과 단점에 대해 어떤 생각이 드나요?

• 단점을 장점으로 변화시킨 것이 있나요?

• 인간관계 개선을 위해 자신의 단점에 대해서 앞으로 보완해야 할 점은 무엇인가요?

• 이러한 장점과 단점들이 자신의 생활이나 인간관계에 어떠한 영향을 미치나요?

출처 : 김은영(2015).

참고문헌

강진옥(1994). 유치원교사의 이직원인에 관한 연구. 중앙대학교 교육대학원 석사학위논문.

고 전(1997). 교사의 법적 지위에 관한 연구. 연세대학교 대학원 박사학위논문.

곽현주 · 구수연 · 박성희 · 서동미 · 서혜정 · 손혜숙 · 이명순 · 이혜경(2010). **유치원교사를 위한 교직실무**. 서울 : 파란마음.

곽희영(2014). 유아교사의 교직윤리 인식과 실천에 따른 교사효능감 및 전문성에 따른 연구. 경남대학교 대학원 석사학위논문.

교육과학기술부(2009). **유치원특성화 교육과정 운영지원을 위한 사전교육자료 : 전문가용**. 서울 : 교육과학기술부.

교육과학기술부 · 보건복지부(2013). **3~5세 연령별 누리과정 교사용 지침서**. 서울 : 교육과학기술부 · 보건복지부.

교육과학기술부 · 육아정책연구소(2010). 2010 시 · 도 유치원 컨설팅단 중앙연수.

교육법전편찬위원회(2004). **교육법전**. 서울 : 교학사.

교육부(2015a). 교원자격검정 실무편람.

______(2015b). 교원자격검정령 시행규칙.

______(2020). 교원자격검정 실무편람.

권건일 · 신재흡(2006). **유아교사론**. 경기 : 양서원.

권미량 · 조채영 · 좌승화 · 최진원(2015). **유아교육개론**. 경기 : 공동체.

김길숙 · 황현숙 · 길현주(2012). **교직실무 101가지**. 서울 : 동문사.

김미경(2005). 공 · 사립 유치원 교사의 직무실태 및 직무만족도 비교. 군산대학교 교육대학원 석사학위논문.

김미량(1986). 유치원 원장의 역할유형과 교사의 직무에 대한 태도연구. 이화여자대학교 대학원 석사학위논문.

김병두(1988). 학교중심 장학의 기능 쇄신을 위한 방향 탐색. 서강대학교 대학원 박사학위논문.

김순예(1988). 보육시설 보육교사의 근무조건과 직무만족도에 관한 연구. 경남대학교 교육대학원 석사학위논문.

김순옥(2003). 초등학교 초임교사의 교직관과 교직 적응 관계 연구. 공주교육대학교 교육대학원 석사학위논문.

김승인(2002). 유아교육기관의 교직선택 동기와 직무만족도의 관계. 한국외국어대학교 교육대학원 석사학위논문.

김신영(1997). 유치원 자율장학에 대한 교사들의 인식과 현황 및 활성화 방안 연구. 이화여자대학교 대학원 석사학위논문.

김양자(2002). 유아교사의 직무만족도를 통한 전문성 제고. 신라대학교 교육대학원 석사학위논문.

김은심 · 서동미 · 엄은나 · 이경민 · 강정원 · 김정미(2018). **유아교사를 위한 교직실무**. 서울 : 학지사.

김은영(2006). 유치원 교사의 직무 분석. 이화여자대학교 대학원 박사학위논문.

______(2015). **인간관계의 이해와 적용**. 서울 : 동문사.

김은주(2008). 보육교사의 직무만족도에 영향을 미치는 변인분석. 경남과학기술대학교 대학원 석사학위논문.

김은주 · 권미량(2008). **유아교사교육 : 생태적 접근**. 경기 : 공동체.

김지현(2007). 교사, 학부모가 선호하는 유아교사의 자질에 관한 연구. 아주대학교 교육대학원 석사학위논문.

김현수(1999). 초등학교 조직의 인간관계에 관한 연구. 경인교육대학교 교육대학원 석사학위논문.

김혜린(1993). 유치원 교사들의 교직전문성 인식과 역할수행. 이화여자대학교 대학원 석사학위논문.

김회용(2007). 좋은 교사의 자질. **교육철학**, 38, 27-46.

김희규(2003). 학습조직 육성을 중심으로 한 변화전략. 교직문화 변화를 위한 학교실천 사례 및 지원과제 탐색 워크숍(pp. 141-169).

노길영(2000). 경력 유치원 교사를 통해 본 교사 발달의 제 요인 및 유형. 이화여자대학교 대학원 석사학위논문.

도미향 · 정미현 · 이명숙(2010). **보육과정**. 경기 : 정민사.

라은미(2018). 교사-영유아 상호작용과 관련변인들 간의 관계연구 : 심리적 안녕감, 자아탄력성, 직무만족도를 중심으로. 배재대학교 대학원 박사학위논문.

류동훈(2004). **교사론**. 서울 : 창지사.

류진희(2000). 교육실습과 교육활동. 경기 : 양서원.

문정아(2007). 보육교사의 직무만족도에 영향을 미치는 요인에 관한 연구. 성균관대학교 생활과학대학원 석사학위논문.

문혁준 외(2011). 보육교사론. 서울 : 창지사.

문혁준 외(2014). 보육교사론(제2판). 서울 : 창지사.

박근주 · 송원호 · 김연진 · 이화영(2009). 영유아교사론. 경기 : 양서원.

박근주 · 조경옥 · 김연진 · 이경미 · 이경례(2015). 영유아교사 실무전략. 경기 : 양서원.

박선아 · 문승연 · 김춘희 · 이정아 · 최인숙(2014). 보육교사론. 서울 : 동문사.

박선해 · 김미정(2015). 보육교사론. 경기 : 공동체.

박세정 · 박지영 · 석은조 · 오성숙(2014). 보육교사론. 경기 : 공동체.

박은혜(2009). 유아교사론(제3판). 서울 : 창지사.

______(2013). 유아교사론(제4판). 서울 : 창지사.

백혜리(2014). 보육교사론. 서울 : 동문사.

변영계(1990). 수업자의 수업기술 향상을 위한 수업장학 기법의 구안. 한국교육공학회, 6(1), 241-263.

보건복지부(2020). 2020년도 보육사업안내. 서울 : 보건복지부.

보건복지부 · 어린이집안전공제회 · 중앙육아종합지원센터(2015). 어린이집 보육교직원 안전교육 : 어린이집 내 사고와 안전관리, 아동학대 예방. 서울 : 어린이집안전공제회.

서소정(2010). 유아교사론. 서울 : 창지사.

서혜성 · 김경화 · 신지현(2007). 보육실습. 경기 : 공동체.

성미영 · 김진경 · 서주현 · 민미희 · 김유미(2015). 보육교사론. 서울 : 학지사.

신은수 · 안부금 · 이선명(2014). 표준직업분류(ISCO, KSCO)에 의한 유치원교사와 초등학교교사, 보육교사 직업 비교 분석. 유아교육학논집, 18(5), 127-152.

신지음(1990). 유치원 교사의 직무만족에 관한 연구 : 서울시를 중심으로. 중앙대학교 교육대학원 석사학위논문.

양승희 · 유지연 · 조현정(2012). 보육과정. 서울 : 동문사.

양창삼(2005). 인간관계의 이해. 서울 : 창지사.

염지숙 · 이명순 · 조형숙 · 김현주(2014). 유아교사론. 경기 : 정민사.

오채선(2010). 교사재교육 참여를 통한 교사교육자들 간 협력 경험의 의미. 유아교육학논집, 14(5), 471-502.

오현석 · 김정아(2007). 전문성 연구의 주요 쟁점과 전망. **기업교육연구**, 9(1), 143-168.

이경민 · 엄은나(2005). 유아교사 자질에 대한 유치원 1급 정교사 자격 연수 참여 교사의 기대와 자기 평가. **유아교육학논집**, 9(4), 133-152.

이기향(2001). 어린이집 보육교사의 직무환경과 직무 만족에 관한 연구. 동덕여자대학교 여성개발 대학원 석사학위논문.

이대균 · 김주영 · 임자영 · 박지성(2010). **유치원교사를 위한 교직실무**. 경기 : 양서원.

이명순 · 곽승주 · 전영희(2010). **영아보육과정**. 경기 : 정민사.

이명주(1984). 학교조직에 있어서 교원의 인간관계 개선을 위한 연구. 중앙대학교 교육대학원 석사학위논문.

이미화 · 김경회 · 김문정(2008). 육아지원인력의 재교육 실태 및 개선방안 연구. 서울 : 육아정책개발센터.

이선임(2004). 유치원교사의 직무만족도 및 직무스트레스와 이직 성향과의 관계. 순천대학교 대학원 석사학위논문.

이승신(2003). 유치원 교사관련법에 기초한 근무환경 실태조사. 이화여자대학교 대학원 석사학위논문.

이연섭(1984). **유아교육과정**. 서울 : 창지사.

이영애(2008). 유아교사의 전문성 발달수준에 따른 장학유형과 장학기법. 계명대학교 교육대학원 석사학위논문.

이영애 · 이정욱 · 이금구(2015). **교직실무**. 서울 : 한국방송통신대학교출판문화원.

이윤식(1999). 교사발달의 관점에서 본 장학. **한국교사교육**, 16(2), 1-27.

이윤식 외(2007). **교직과 교사**. 서울 : 학지사.

이은상 · 김명희 · 김보현 · 민광미 · 배정호 · 성소영 · 이소정 · 이완희 · 홍자영(2015). **보육교사론**. 경기 : 공동체.

이은화 · 배소연 · 조부경(1995). **유아교사론**. 서울 : 양서원.

이인숙(2010). 공립유치원 교사의 직무 스트레스와 직무 만족도와의 관계. 충남대학교 교육대학원 석사학위논문.

이정환(1999). **유아교육 교수학습 방법**. 경기 : 교문사.

이정희 · 조성연(2009). 보육교사의 직무만족도와 소진과의 관계에 대한 자아탄력성의 중재효과. **한국지역사회생활과학회지**, 20(4), 559-570.

이종명(2008). 보육교사의 전문성 인식과 직무만족도 연구. 국제문화대학교 대학원 석사학위논문.

이홍우(2005). 교육의 근본 : 그 말살과 회복. **도덕교육연구**, 16(2), 1-20.

임부연 · 김성숙 · 송진영(2014). **유아교사론**. 경기 : 양서원.

전재선(2011). 유아교사 인성 자기평가도구 개발 및 타당화연구. 성균관대학교 대학원 박사학위논문.

전호숙(2009). 유치원 교사의 극활동 컨설팅 장학연구. 공주대학교 대학원 박사학위논문.

정병오(2003). 교직문화 개선 어떻게 할 것인가?. 교직문화 변화를 위한 학교 실천 사례 및 지원과제 탐색 워크숍(pp. 109-104).

정옥분 · 권민균 · 김경은 · 김미진 · 노성향 · 박연정 · 엄세진 · 윤정진 · 임정하 · 정순화 · 황현주(2011). **보육과정**. 서울 : 학지사.

정정숙(2006). 보육교사의 직무만족도. 한국방송통신대학교 평생대학원 석사학위논문.

조경자(2007). 예비유아교사들이 인식한 좋은 유아교사의 특성. **미래유아교육학회지**, 14(4), 561-586.

조부경(1989). 유치원 교육 실습 지도를 위한 임상장학모형 개발. 이화여자대학교 대학원 박사학위논문.

______(1994). 유치원교사의 교직전문성 인식과 관심사와의 관계 연구. **교수논총**, 10(2), 131-161.

조성연(2004). 보육교사의 직무만족도와 직무스트레스. **한국영유아보육학**, 36, 23-44.

조정녀(2012). 유아교사의 전문성 인식과 직무만족도에 관한 연구. 숭실대학교 교육대학원 석사학위논문.

조혜선(2008). 유치원 교직문화 분석-경력교사 10인의 인식을 중심으로. 이화여자대학교 대학원 박사학위논문.

좌승화 · 최애경 · 김길숙 · 김혜윤(2015). **놀이지도**. 서울 : 파란마음.

진동섭 · 김도기(2005). 컨설팅 장학의 개념 탐색. **교육행정학연구**, 23(1), 1-25.

차정윤(2007). 유아교육현장에서 요구하는 유아교사상에 대한 질적 연구 : 원장, 시설장, 유아교사와의 면담을 중심으로. 중앙대학교 사회개발대학원 석사학위논문.

최애경(2010). 유아교육기관을 위한 통합교육 컨설테이션 모형 개발과 적용 타당성 연구. 부산대학교 대학원 박사학위논문.

최자윤(1996). 초등교사의 자기 장학 형태연구 : 교사발달 단계를 중심으로. 목포대학교 대학원 석사학위논문.

최지영(2013). **유아교육론**. 서울 : 동문사.

통계청(2007). 한국표준직업분류. 대전 : 통계청.

한국교육개발원(2005). **유치원 실태조사보고**. 서울 : 여성부 보육기획과.

한국보육진흥원(2017). **어린이집에서의 실습지도**. 서울 : 한국보육진흥원.

__________(2013). **보육교직원 자격기준 변경사항 안내**. 서울 : 한국보육진흥원.

한수진(2001). 어린이집 교사자질에 대한 기대수준 및 자기 평가에 관한 연구. 성균관대학교 교육대학원 석사학위논문.

허수윤 · 서현아(2014). 예비유아교사의 교직관 수준에 따른 심리적 안녕감과 자아탄력성의 차이. **유아교육연구**, 34(4), 423-440.

현미옥(2005). 보육교사 직무만족도에 관한 연구. 원광대학교 가정복지대학원 석사학위논문.

황기우(2005). 현대 교직관의 분석적 연구. **총신대 논총**, 25, 414-435.

황보영란(2005). 유아교사들 간의 협동과 관련된 사회 조직적 변인 연구. **유아교육연구**, 24(1), 109-127.

______(2012). 유치원 교원의 권리와 의무에 관한 인식 연구. **유아교육연구**, 32(5), 375-393.

Burden, P. R.(1990). Teacher development. In W. Houston(Ed.), *Handbook of Research on Teacher Education*(pp. 311-328). New York : McMillan Company.

Burke, P. J., Christensen, J. C., & Fessler, R.(1984). *Teacher Career Stages : Implications for Staff Development*(Fastback No. 214). Bloomington, IN : Phi Delta Kappa Educational Foundation.

Davis, M., & Zaret, E.(1984). Needed in teacher education : A development model for evaluation of teachers, preservice to inservice. *Journal of Teacher Education, 35*(5), 18-22.

Feiman, S., & Floden, R. E.(1981). A developmental approach to the study of teacher change : What's to be gained?(Institute for Research on Teaching. Michigan State University). ERIC Document No. ED204343, 25-28.

Fleisher, B.(1985). Identification of strategies to reduce turnover among child care workers. *Child Care Quartely, 14*.

Fuller, F.(1969). Concerns of teachers : A developmental conceptualization. *American Educational Research Journal, 6*, 207-226.

Fuller, F. F., & Brown, O.(1975). Becoming a teacher. In K. Ryan(Ed.), *Teacher Education(The Seventy-Fourth NSSE Yearbook)*. Chicago : University of Chicago Press.

Glatthorn, A. A.(1997). *Differentiated Supervision*(2nd ed.). Alexandria, VA : Association for Supervision and Curriculum Development.

Jorde-Bloom, P.(1989). Measuring Work Attitudes in the early childhood setting. Technical manual for the early childhood work environment survey. Illinois : Early Childhood Professional Development Project.

Katz, L.(1972). Developmental stage of preschool teachers. *The Elementary School Journal, 73*(1), 50-54.

Katz, L. G., & Goffin, S. G.(1990). Issues in the preparation of teacher of young children. In B. Spodek & N. Saracho(Eds.), *Early Childhood Preparation*(pp. 192-208). NY : Teachers Colleges.

Phyfe-Perkins, E.(1981). Effects of teacher behavior on preschool children(ERIC document Service No. ED211176).

Spodek, B.(1985). *Teaching in the Early Years*(3rd ed.). New Jersey : Prentice Hall Inc.

Tsai, C. T.(1990). A survey study of Chinese kindergarten teacher concern. Unpublished Doctoral Dissertation. University of Illinois.

공무원보수규정. [대통령령 제31559호]

교원 등의 연수에 관한 규정. [대통령령 제31359호]

교원 등의 연수에 관한 규정 시행규칙. [교육부령 제223호]

교원자격검정령 시행규칙. [교육부령 제188호]

교원의 지위향상 및 교육활동보호를 위한 특별법. [법률 제16743호]

교육공무원법. [법률 제17954호]

교육기본법. [법률 제17954호]

국가공무원 복무규정. [대통령령 제31118호]

근로기준법. [법률 제17862호]

남녀고용평등과 일 · 가정 양립 지원에 관한 법률. [법률 제17602호]

대한민국 헌법. [헌법 제10호]

민법. [법률 제17905호]

사립학교법. [법률 제17659호]

영유아보육법. [법률 제17785호]

영유아보육법 시행령. [대통령령 제31513호]

영유아보육법 시행규칙. [보건복지부령 제399호]

유아교육법. [법률 제17954호]

유아교육법 시행령 [대통령령 제31145호]

인성교육진흥법. [법률 제17472호]

보육인력국가자격증 http://chrd.childcare.go.kr/ctis/content/cnt_kind_01_1.jsp

연합뉴스(2015. 12. 14). '또 어린이집 아동학대' 네 살배기 앞니 두 개 부러뜨려. www.yonhapnews.co.kr

전남일보(2015. 12. 22). 강제로 먹이고 때리고… 또 유치원 아동학대 적발. http://www.jnilbo.com

중앙교육연수원 http://www.neti.go.kr

중앙육아종합지원센터(2016). 어린이집 원장 및 보육교사 윤리강령. http://central.childcare.go.kr

저/자/약/력

■ **최애경**

부산대학교 대학원 교육학석사(유아교육 전공)
부산대학교 대학원 교육학박사 수료(유아교육 전공)
부산대학교 대학원 교육학박사(특수교육 전공)
현 부산과학기술대학교 사회복지과 교수

■ **김혜윤**

부산대학교 대학원 교육학석사(유아교육 전공)
동아대학교 대학원 교육학박사(교육과정 및 교육방법 전공)
현 창신대학교 유아교육과 교수

■ **좌승화**

University of Texas at Austin 교육학석사(유아교육 전공)
University of Texas at Austin 철학박사(유아교육 전공)
현 동의과학대학교 유아교육과 교수

영유아교사 인성론

|공저자| 최애경 · 김혜윤 · 좌승화

|1판 1쇄| 발행 2023년 10월 30일
|1판 2쇄| 발행 2024년 2월 29일

|발행인| 김동훈
|발행처| 공 동 체

|주소| 경기도 고양시 일산동구 호수로 358-39, 동문타워 I 905호(백석동)
|전화| 031) 814-3000(대표)
|팩스| 031) 814-3100
|홈페이지| www.compub.co.kr
|전자우편| compub@naver.com
|출판등록| 2005년 10월 6일
|등록번호| 제396-2005-36호

|ISBN| 979-11-6725-519-8
정가 19,000원

MEMO

MEMO